과로의 섬

過勞之島: 台灣職場過勞實錄與對策

黃怡翎 · 高有智 著

Copyright ⓒ 2015 黃怡翎

Korean Translation Copyright ⓒ 2021 by NARUMBOOKS.

All rights reserved.

This Korean edition published by arrangement with Huang Yi Ling.

과로의 섬

죽도록 일하는 사회의 위험에 관하여

황이링·까오요우즈 지음 | 장향미 옮김

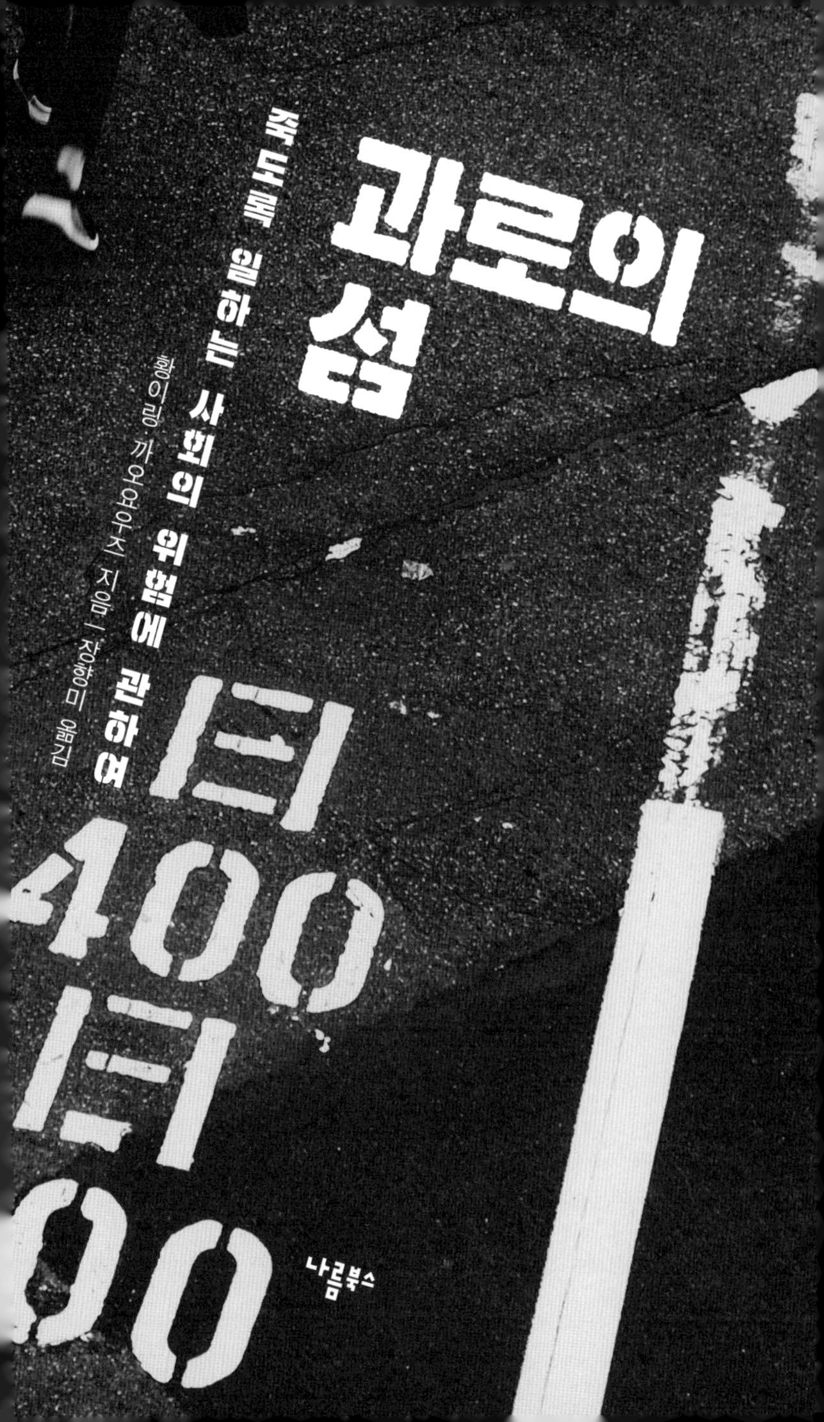

나름북스

* 일러두기

본문의 각주는 모두 옮긴이의 것입니다.

저자 주는 각 장의 후주입니다.

본문에 등장하는 대만 통화(위안)는 괄호 안에 원화 환산 금액(1위안 당 40원 기준)을 기재했습니다.

차례

노동자 과로 문제,
대만과 한국의 동병상련

　지리적으로 인접한 동아시아 국가인 대만과 한국은 문화적, 역사적 발전 배경에 유사한 점들이 있다. 그래서 정치, 경제, 사회 문제에 관한 정책이나 사회 현상을 관찰하고 비교하는 일도 많다. 과로사 문제와 관련해서는 더욱 그렇다. 매년 공표되는 경제협력개발기구(OECD)의 나라별 취업자 연간 총 노동시간 통계에서 대만과 한국은 항상 높은 순위에 오르며 심지어 오명의 수준에까지 이른다. 대만은 오늘날까지 연간 총 노동시간 2,000시간 이상을 유지하고 있고 한국은 바로 그다음에 근접해 있다. 비록 2018년부터 감소하기 시작했지만, 여전히 2,000시간에 육박한다. 미국의 1,700여 시간, 프랑스의 1,500시간, 덴마크의 1,300여 시간을 훨씬 초과한다. 대만과 한국 두 나라의 노동자가 직장에서 맞닥뜨리는 장시간 노동의 문제는 가히 동병상련이라 말할 수 있다. 사실 현재 세계 각 나라 중 일본, 한국, 대만에서만 과로로 인한 뇌심혈관질환을 직업병 보상 범위에 포함하고 있다.

2019년 대만직업안전보건연대台灣職業安全健康連線는 아시아직업환경피해자네트워크(Asian Network for the Rights Occupational and Environmental Victims, ANROEV)에 회원으로 가입했다. 그해 ANROEV가 한국 서울대학교에서 개최한 컨퍼런스에서 우리는 한국과로사·과로자살유가족모임과 함께 '아시아의 과로사와 과로자살'을 주제로 토론회를 열었다. 대만, 한국, 일본, 홍콩에서 온 발제자들은 토론회를 통해 자국의 과로사 현황을 공유했다. 우리는 동아시아 국가에서 과로 문제가 이미 노동자의 건강과 생명을 심각하게 침해하고 있으며 더욱이 과로사 유가족에게 지울 수 없는 고통을 안겨주고 있다는 사실을 목도했다.

서울에서의 컨퍼런스 이후 우리는 한국과로사·과로자살유가족모임의 장향미 씨, 해당 모임에 활동가로 참여하고 있는 직업환경의학 전문의 최민 씨와 연락을 이어가며 각자 나라에서 과로 반대 활동 경험을 교환했다. 2020년에는 한국의 기획과 제안을 바탕으로 '동아시아과로사통신(Karoshi Watch in East Asia, KWEA)'을 공동 설립했다. 각 나라의 비영리단체―한국노동안전보건연구소(Korea

Institute of Labor Safety and Health, KILSH), 대만직업안전보건연대와 일본의 POSSE가 연대하여 함께 정보공유 플랫폼을 만들고 한국, 대만, 일본 세 나라의 초과 근로와 과로사 문제를 감시한다. 우리는 정보 공유를 통해 더 많은 사람이 이 문제에 관심을 두기를 바라며 나아가 제도와 정책의 변화를 꾀하고 갈수록 심각해지는 동아시아 노동자의 일터 건강 문제 개선을 촉구하고자 한다.

2015년 이 책을 대만에서 처음 출판하면서 과로사 문제에 대한 사회적 관심을 성공적으로 끌어냈다. 같은 해 국회가 '근로기준법'을 개정해 법정 노동시간 상한이 기존 2주 84시간에서 1주 40시간으로 바뀌었다. 2017년 '근로기준법'이 재개정되면서 기존 규정의 7일 중 1일은 정기휴일로 지정해 근로할 수 없도록 했고 휴일 1일을 추가했다. 또한 휴일의 연장근로수당을 평일 연장근로수당보다 높여 고용주의 휴일 연장근로 남용을 막았다(이 개정법을 속칭 '일례일휴'라고 한다). 그럼으로써 2018년 연간 총 노동시간은 2,028시간으로 감소했다. 이 책이 출판되기 1년 전인 2014년 연간 총 노동시간 2,135시간과 비교해 총 107시간이 감소했고 감소 폭은 5%에 달해 뚜렷하게 줄었다. 한국어판에서는 변화한 상황을 반영해 일부 내용을 수정했다.

우리가 출판과 사회활동을 통해 대만의 노동시간 변화를 촉진하는 데 성공했지만, 아직 개선이 매우 부족하다는 것을 잘 알고 있다. 대만의 총 노동시간은 여전히 세계 상위권이다. 과로사 사건 역시 지속해서 발생하고 있다. 전체 노동환경과 직장문화는 더 바뀌어야 한다. 우리는 이런 이야기들을 더 많은 사람이 알고 관심을 가지도록, 그래서 노동자의 과로 현실을 뒤바꿀 수 있도록 끊임없이 노력하고 싸우며 고발해야 한다. 우리는 이 책의 한국어판 출간을 계기로 한국의 경험과 교류하며 함께 과로 문제를 해결해 나갈 수 있게 되기를 기대한다.

2021년 4월

황이링黃怡翎

: '붕괴세대'의 과로사를 직시하자

린종훙林宗弘 중앙연구원 사회학연구소 부연구원

2014년 3월, 대만에서 발발한 해바라기 학생운동太陽花學運*이 세계의 이목을 집중시켰다. 이 운동은 왜 일어났을까? 양안** 무역 의제 자체의 정치 날치기 반대 외에도 수많은 매체나 여론은 해바라기 학생운동의 원인을 소위 '붕괴세대崩世代'***의 곤경으로 보았다.

....

*   2014년 3월 18일부터 4월 10일까지 진행된 대만의 학생 · 사회운동. 국회의 '양안서비스무역협정' 졸속 처리에 항의하며 촉발되어 대학생과 사회운동세력이 국회 점거 농성을 벌였고 318학생운동, 해바라기 운동, 국회점령 사건 등으로 불린다. 시위 참여자의 다수가 청년층이었던 것은 해당 협정이 체결되어 중국에 노동시장까지 개방, 통합되면 저임금 노동력 유입으로 일자리를 빼앗긴다는 위기감이 있었기 때문이다. 해바라기는 희망을 상징한다.

**   대만 해협을 사이에 둔 중국 대륙과 대만을 지칭.

***   빈부격차의 극대화로 부모와 자녀를 부양할 여력이 없어 전체 세대의 몰락을 야기하는 젊은 세대를 지칭. 한국의 'N포세대'와 비슷한 의미로 쓰인다. 대만노동전선台灣勞工陣線이 펴낸 책 『붕괴세대』(2011)에 따르면 '붕괴'는 세대의 붕괴뿐만 아니라 폭발하는 분노를 상징한다. 이 책은 대만의 양대 정당 모두 재계의 이익을 중심에 두고 노동자의 권리는 주변부에 둔 채 불평

붕괴세대는 어떻게 만들어졌나? 나를 포함한 공동 저자들은 세계화 아래 재벌그룹이 정부 정책을 더 제어할 수 있게 되었고, 고위계층은 자가 복제하며, 자본의 해외 이전은 창업과 취업의 어려움 및 사회 유동성 정체와 청년 빈곤을 야기했다고 지적했다. 청년세대는 결혼과 출산에 어려움을 겪고 이에 따라 고령화 문제가 나타났다. 그런데 청년세대는 왜 또다시 미래의 경제 파탄도 겪어야 하나?

대만 경제 기적이 퇴색한 10여 년 동안 미디어가 이 문제에 대답한 방식은 대만 사회 내 계급분화와 세대 갈등을 점점 더 심각하게 만들었다. 대만에서 자본과 언론 발언권을 통제하는 1941~1960년생 세대는 경제 매체에 자주 등장하는 저명인사, 특히 '자기 위치에서 자기 기준으로 세상을 판단하는' 대자본가와 베테랑 경영인으로서 여러 이유를 들어 쉽게 피해자를 질책한다. 젊은이들을 '딸기세대'*나 '완쥔婉君'**으로 부르며 이들은 스트레스 저항력이

....

등한 소득 분배를 조성했으며, 청년 노동자가 다음 세대를 생산하지 못하고 이전 세대를 부양할 수 없게 만들어 세대 붕괴를 초래했다고 지적한다.

* 1981년 이후 출생한 세대를 쉽게 무르는 딸기에 빗댄 말. 부모세대와 달리 사회적 압력을 견디지 못하는 나약한 세대임을 뜻한다.

** 비이성적인 온라인 집단을 일컫는 왕쥔網軍에서 변형된 인터넷 용어. 특정 조직이나 진영에 유리하도록 인터넷 댓글 등을 이용해 여론을 유도하고 조작하는 집단.

부족해 힘든 일을 기피하고, 근시안적이고 자만심이 높으며, 무역 개방과 국제 경쟁을 거부한다고 말한다. 이들 기득권자는 기본적으로 청년세대를 꾸짖어야 한다고 여기는 것이다.

나쁜 재벌의 '자수성가' 신화

그런데 소위 대만 경제 기적의 수혜자를 찬찬히 살펴보면 스스로 권세를 쥔 것 말고 도대체 대만 사회를 위해 어떤 공헌을 했는지 알 길이 없다. 우리는 이들 재벌그룹 총수와 대다수 경영진에게 시련을 견뎌낼 능력과 자질이 없다는 사실을 종종 보았다. 과거 학술계는 대만 경제 발전 연구에서 활발한 수출 유도 중소기업의 창업정신이 성장 동력 중 하나라고 보았다. 그러나 이들 중소기업은 줄곧 저임금에 기대 직원을 착취하고 환경을 오염시켰으며 심지어 저급한 상품을 통해 성장해왔다.

1990년대 대만에 노동자인권 조직이 생기고 환경보호 의식이 높아짐에 따라 대만 기업주는 두 가지 전술, 즉 기술 향상과 혁신에 투자하거나 더 취약한 착취 대상을 찾는 일 중 하나를 선택해야 하는 상황에 직면했다. 전자는 전문 경영의 어려움과 장기 투자의 위험을 반드시 극복해야 했고 심지어 기업주 자신도 연구에 몰두해야 했다. 그러나 후자는 값싼 생산요소에 의존해 이미 대만에서 해왔던 방식을 해외로 나가 반복하는 것이다.

대만에도 산업 고도화를 통한 성공 사례가 있지만, 대다수 자본가는 착취경제의 경험을 복제하는 쪽을 선택했다. 과거 20년간 대만 자본의 '글로벌화'란 값싼 노동력과 토지를 제공할 수 있는 곳, 아직 환경오염을 개의치 않는 권위주의 국가—통상 지리적으로 가장 가깝고 언어가 통하는 중국—를 선택해 해외 이전한 것이다. 최근 중국 임금 상승에 따라 아직 망하지 않은 대만 기업은 또다시 베트남, 캄보디아, 인도네시아로 이전했다. 요컨대 값싼 생산요소로 염가 착취할 수 있는 곳이 있다면 대만 기업은 그곳으로 갔다.

기업의 대다수는 대만의 정경유착 풍토 아래서 토지 점유, 하천 수탈, 노조 탄압을 하거나 중국에서 공산당과 통하는 정치 관계에 기대 농민 토지를 빼앗고 저임금 노동자의 자살을 야기했다. 이런 '좋은 투자환경'에서 잘 자란 신흥재벌은 강을 거슬러 온 연어가 아니라 상어나 악어였다.* 대만에서 근래 벌어진 일들—수많은 공장 폐쇄 노동

....

*   귀향한 대만 사업가가 생태계(대만의 사회경제)를 파괴한다는 의미. 중국에

자의 점거 농성, 반도체 회사 ASE의 오염수 배출, 딩신그룹頂新集團*의 불량식품 파동, 위안슝그룹遠雄集團**의 뇌물 공여, 타이베이 전자상가 아키하바라에서 영업 정지된 훙하이鴻海***가 신문 지면에 거액의 광고를 실어 시 정부를 위협하며 반발한 일 등은 모두 이들 대재벌의 악질적인 본색을 폭로한다.

남의 자식은 죽어도 상관없다?
딸기세대와 태자당

발전 과정에서 대만 한 세대의 노동자를 착취하고 중국에서 한 세대의 농민공을 착취한 뒤 수많은 재벌그룹은 이미 노인이 통치하는 거물이 되어 있었다. 대만 자본 재벌그룹의 지도층을 관찰해보면 6,70세 이상의 전후 1세대

....

서 사업을 하다 은퇴할 나이가 되었거나 막대한 부를 쌓은 후 돌아온 대만 사업가를 '귀향 연어'라고 표현한다.

* 1958년에 설립된 대만의 식품 생산 기업. 2014년 폐식용유 파동에 따른 불매운동으로 라면 점유율 1위이던 자회사 캉스푸康師傅가 대만에서 철수했다.

** Farglory Group. 1969년 설립된 건설 업체. 대만 50대 기업 중 하나로, 타이베이돔 건설 공사 수주를 위해 당시 타이베이 시장이던 마잉주 전 총통과 결탁한 혐의를 받았다.

*** 대만훙하이정밀공업. 아이폰 등을 제조하는 세계 최대 전자제품 제조사 폭스콘의 모기업.

기업가가 지금까지 권력을 꼭 움켜쥐고 있음을 발견할 수 있다. 늙은 황제들 대다수는 온라인 데이터 관리 능력조차 없으면서 전문 경영자를 찾아 위임한다는 것은 전혀 고려하지 않고 아직 경험과 능력이 없는 태자당*에게 기업 경영권을 물려줄 준비를 하고 있다.

우리는 늘 재벌 그룹의 오너가 매체에서 '딸기세대'를 꾸짖는 것을 본다. 그러나 기업 승계 문제에서는 자신의 자녀와 별개의 일이 된다. 이들 고위급 자제야말로 진정 금수저를 물고 태어난 '천룡인'**이다. 이들의 첫 번째 직업은 통상 가만히 앉아 월급을 받는 상장회사의 이사, 또는 부자 아버지의 스페셜 어시스턴트다. '봐라, 그는 젊은 나이에 외국 학교 졸업장과 국제금융업 경험이 있고….' 실은 그들이야말로 명실상부한 딸기세대다. 그들의 비위를 상하게 하면 안 된다.

주류 매체는 한쪽에서 '국제관을 지닌 젊은이'라고 태자당을 떠받들고, 다른 한쪽에서는 빈곤한 청년세대를 향해

....

*   정재계 고위층 인사들의 자녀를 이르는 말. '금수저'와 뜻이 통한다. 부모의 권력을 이용해 비리를 저지른다는 부정적 의미로 쓰이기도 한다.
**   일본 만화 〈원피스〉에 등장하는 종족으로 자칭 창조주의 후예. 다른 인간을 하등하게 여기며 모든 법과 질서 위에 군림하므로 천룡인을 거역해선 안 된다는 설정이다.

'안락한 곳에 숨어 감히 세계화에 도전하려 하지 않는다'고 공격한다. 이는 분명 이중잣대이며 피해자를 되레 공격하는 일로, 공공 정의의 위반이자 자아 모순의 기득권 심보다. 마르크스의 말에 따르면 바로 '부르주아 이데올로기'다.

대부분 청년세대는 당연히 기득권 2세가 아니다. 그들은 지금도 실제 창업 전선과 직장과 가정의 스트레스에 맞서 열심히 싸우고 있다. '붕괴세대'는 위에서 언급한 오명을 결코 받아들일 수 없을 것이다. 2014년 해바라기 운동과 근래 대만 정치에서의 세대 간 충돌*은 세대 불공정에 대한 청년들의 응답이다.

청년세대가 경제 파탄의 현실에 직면하게 된 이유는 무엇일까? 이 책에서 논하는 과로사 의제는 '붕괴세대' 피해자의 진면목을 보게 한다. 그들은 전력을 다해 일한 엔지니어, 책임감 있는 보안요원, 야간근무를 하는 서비스업자, 환자를 돌보는 실습의사나 간호사이며 모두 부모님의

....

*   최근 중국과 대만과의 관계 및 국가 인식에서 대만 각 세대 간 차이가 두드러지게 나타난다. 40대 이하 세대에서는 대만 사람으로서의 주체적인 인식이 강하며, 중국과의 관계에서도 통일보다는 독립을 더 지지하는 등 40대 이상 세대와 인식의 차이를 보인다. 정치적 문제뿐만 아니라 동성 결혼과 같은 사회적 이슈에 대해서도 세대 간 의견 충돌이 드러난다.

귀한 아들딸이다. 착실히 일했고-때로는 아마도 너무 많은 부담을 졌다-고도의 착취가 벌어진 직장에서 뜻밖의 사고로 세상을 떠났다. 이런 비참한 과로사나 신종 산업재해는 개별 사건인가 아니면 전반적인 사회 문제인가?

까도 까도 계속 나오는
산업재해 실상

과거 39년간(1980년부터 2018년까지)의 노동보험 산업재해 보상 지급 수치에 근거해 근래 산업재해 현황에 관한 몇 가지 초보적인 이해를 얻을 수 있다. 동시에 딸기세대에 관한 허다한 미신을 깨부술 수 있다. 우선 대만의 산업재해보험 지급 총 건수는 1980년대의 1만6천여 건에서 증가해 2008년 평균 4만 건을 초과했다. 바꿔 말하면 대만의 산업안전 혹은 산업재해 위험이 1980년대보다 악화된 듯하다. 왜일까?

재해 위험 이론에 따르면 산업재해 위험을 피해자의 노출(exposure) 정도와 취약(vulnerability) 정도의 총합으로 볼 수 있다. 노출 정도는 산업재해를 일으키는 확률 단위의 총합을 말한다. 예를 들면 노동시간과 취업 기회 등이다. 간단히 말하면 노동시간 분초마다 모두 사고가 일어날

가능성이 있다고 가정하는 것이다. 확률로는 10만 초 내 무작위로 5건의 사고가 발생할 수 있다. 노동자 한 사람의 평균 노동시간이 길수록 그리고 취업인구가 많을수록 곱셈하면 취업자 총 노동시간과 산업재해 총 건수는 정비례 관계여야 한다. 반대로 만약 노동시간이 감소하거나 취업 기회가 낮아진다면, 예를 들어 법정 노동시간이 줄거나 은퇴 인구 혹은 실업률이 오르면 산업재해 확률이나 발생 총수는 떨어져야 맞다.

그리고 이른바 취약 정도라는 것은 노동조건의 차이를 말한다. 예를 들어 비교적 위험한 산업의 종사자, 업무 경험이 적은 신입직원, 비정규 취업 인원은 취약 노동자다. 또는 전반적인 저임금 환경에서 노동자들이 장기간 연장근로, 교대근로를 하거나 워킹푸어(직업이 있지만, 임금이 너무 낮아 가족 부양이나 생계유지가 어려운 계층) 인구가 늘면 겸업으로 인한 업무 피로, 조작 소홀, 기계 파손 등이 야기될 수 있어 취약 노동자의 피해 위험을 높인다.

각 계층에 대한 연구 데이터가 부족하기 때문에 전국 데이터를 이용해 노출 정도와 취약 정도의 노동보험 산업재해 보상 지급 건수에 대한 영향을 추정했다. 대만의 월평균 노동시간은 200시간 이상이었다가 2000년에 2주 84시간 근로제를 시행한 이후 180시간 정도로 감소했다. 이론대로라면 산업재해는 줄어야 맞다. 그러나 노동시간 혹은 노동참여율은 산업재해 건수에 대한 영향이 크지 않다. 필자는 통계 결과에서 대만 기업의 대외 투자가 실업률 상승을 야기하고 인구 노령화로 많은 제조업 노동자가 은퇴한 것 등이 산업재해가 간혹 감소한 주요 원인이었음을 발견했다. 요컨대 산업재해 증가의 주된 원인은 노출 정도가 아니다.

서비스업,
산업재해와 과로사의 중대 재해 구역

그래서 대만 산업재해 총 건수가 2배 이상 증가한 주요 원인은 노동자 취약 정도의 악화일 수 있다. 취약 정도 면에서 산업재해 총 건수와 높은 상관이 있는 변수 두 가지를 특별히 눈여겨 볼만하다. 첫 번째는 서비스업 취업인구 비율이다. 우리는 서비스업을 위험이 낮은 화이트칼라나 핑크칼라(여성) 업무라고 생각하는데 이는 포괄화의 오류다. 서비스업은 분명한 산업 분류가 아니며 국제 혹은 국가 통계 기준이 항상 바뀐다. 어떨 때는 건설업을 포함하고 심지어 물, 전기, 가스도 포함된다. 이들 산업에선 중대한 사고가 빈번하게 발생한다. 운송, 창고보관, 도매,

소매, 요식으로 말하자면 더더욱 산업재해의 중대 재해 분야다. 주요 문제에는 차 사고와 기계사고, 무거운 물건을 옮기다 발생하는 상해나 화상 등이 포함되며, 최근 들어 전자상거래와 배송 등 탄력적 일자리로 인한 업무상 교통사고는 더욱 심각해졌다. 이 밖에도 실습의사와 간호사와 같이 흰색 제복을 입는 업종은 비록 업무와 임금이 보장되는 편이지만, 장시간 교대근무와 업무 스트레스에 늘 질병, 병균이나 독성물질에 접촉하고, 최근에는 COVID-19 전염병의 영향을 크게 받으면서 사실 상당히 고위험 업종이라고 할 수 있다. 마지막으로 경찰과 소방업무, 심지어 지하 조직이 운영하는 8대 업종* 역시 항상 서비스업에 들어간다.

대만의 도시화, 산업 해외이전과 전환에 따라 취업인구 중 60%가 서비스업에 속한다. 그중 많은 업종의 취업자가 젊은 편이다. 가오슝시 가스 폭발 사고**와 타오위안 화재

....

*   주로 유흥업소인 특수 업종을 통칭 '8대 업종'이라고 한다. 대만 정부는 특정한 조건에 부합하는 영상노래방, 이발소, 사우나, 룸살롱, 나이트클럽, 주점, 바, 이색 카페의 총 8개 업종을 '공공안전 유지방안—영리사업 관리' 항목에 포함시켜 규제·관리한다.

**   인구 280만 명의 대만 제2의 도시 가오슝에서 2014년 7월 31일 자정 무렵부터 8월 1일 새벽 사이에 석유화학공단의 프로필렌 공급관 가스 누출로 연쇄 폭발이 일어난 사건. 화재를 진압하던 소방관 4명을 포함해 최소 26명이 사망하고 290여 명이 다쳤다. 특히 가스 누출 신고를 받고 경찰, 소방관들

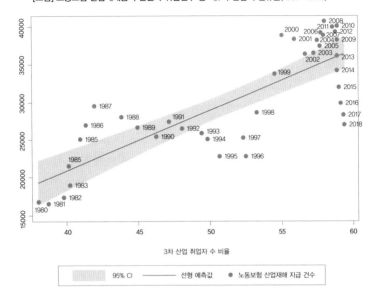

[그림] 노동보험 산업재해급여 인원과 취업인구 중 제3차 산업의 점유율(1980~2018)

3차 산업 취업자 수 비율

95% CI ———— 선형 예측값 ● 노동보험 산업재해 지급 건수

*출처: 노동통계 연보, 행정원 통계처, 재정부 통계처, 중화민국 통계 정보망 인용.

사건*에서 죽거나 다친 소방대원의 절대다수가 30세 이하 청년이었다. 대만 서비스업종의 업무 현장이나 기업 규모는 작은 편이고 관리가 느슨한 데다 불법적인 초과 연장근

....

이 출동해 현장 조사를 벌이던 중 첫 폭발이 발생하는 바람에 인명 피해가 더 커졌다.

* 2015년 1월 20일 새벽 타오위안의 노후한 2층 건물에서 발생한 화재 사건. 화재 진압 도중 2층이 무너지며 6명의 소방관이 목숨을 잃었다.

로도 심각하다. 그러니 업무 위험이 절대 작지 않다. [그림]에서 보듯 전체적으로는 경제 순환으로 야기된 총 노동시간(노출 정도)의 영향으로 산업재해 사건의 기복이 불안정하지만, 서비스업으로 야기된 산업재해 사건은 빠르게 증가하고 있다.

청년 산업재해 붕괴세대

또 다른 변수는 피고용자 임금이 GDP에서 차지하는 비중이다. 피고용자 임금이 GDP에서 차지하는 비중이 높을수록 혹은 임금 조건이 좋을수록 산업재해자 수가 유효하게 줄어들 수 있다. 이 상관관계가 설명하는 가능성은 임금의 GDP 점유 비율이 사실 전체 노동조건의 중요한 지표라는 점이다. 그리고 피고용자 전체 노동조건이 좋아질수록 사측의 산업 안전에 대한 요구도 높아진다는 것이거나, 혹은 찾을 수 있는 취업 기회가 좋아질수록 고위험 업종에 머물 필요가 없다는 것이다. 그러나 대략 1997년부터 피고용자의 통상임금이 GDP에서 차지하는 비율은 감소해, 2008년 세계 경제위기에는 임금 상황이 더욱 악화되면서 GDP의 46%에서 38%로 하락했다. 그해 대만 산업재해자

수는 역대 최고를 기록했다. 달리 말하면 피고용자의 전체 노동조건은 지금 계속해서 하락하고 있다. 아마도 산업재해 사건 증가를 야기하는 주요 원인 중 하나일 것이다.

이 밖에도 필자는 20~24세 청년 노동참여율과 산업재해 건수는 고도의 정비례 상관관계가 있으나 실업률과 산업재해 건수는 반비례 상관관계가 있음에 주목했다. 기타 연령 계층의 노동참여율 및 실업률과 비교해 젊은 세대 실업률과 산업재해의 상관관계는 매우 뚜렷하다. 이러한 변수는 노출 정도와 취약 정도를 종합적으로 설명한다. 한편으로 과거 40여 년간 대만 청년세대 실업률이 큰 폭으로 증가했고 20~24세 실업률은 13% 이상에 달해 평균 실업률의 3배가 넘는다. 청년실업률이 높을수록 산업재해 위험 노출 정도가 감소한다. 또한 이는 나이가 많거나 경력이 많은 취업자와 비교해 갓 직장에 들어간 청년에게 더 쉽게 산업재해가 발생한다는 점을 보여준다.

이런 흥미로운 경제수치의 강한 상관관계에 대해 이렇게 설명할 수 있을 것이다. 대만 청년 취업자가 받는 직업 훈련은 불완전하며 산업안전 위험에 관한 경험과 보호가 부족하다. 그래서 젊은이가 더 쉽게 산업재해를 당하고 사망에 이른다. 청년세대 교육 정도와 노동권리 의식이 상승함에 따라 차라리 실업을 할지언정 상대적인 고위험 직장에 들어갈 확률을 낮출 것이다.

종합하면 주류 매체가 대만 청년세대를 딸기세대, 의지가 부족하며 경제에 악영향을 주는 집단으로 보는 견해는 근본적으로 원인을 결과로 잘못 안 것이다. 재벌집단은 '남의 자식은 죽어도 상관없다'는 식으로 젊은이의 직장문화를 쥐어짜면서 낮은 임금, 잦은 산업재해, 높은 자발성 실업률 그리고 혼인율과 출산율의 대폭 하락을 야기했다. 이것이야말로 대만의 과거 30년간 사회경제 위기를 꿰뚫는 근본 원인이다.

흥미로운 것은 해바라기 운동의 반세계화 항쟁 이후 대만 청년세대의 임금이 점차 반등했다는 점이다. 게다가 이 책이 대만에 첫 출간되고 나서 과로사에 대한 사회적 관심이 일고 산업재해 방지 대책도 개선된 것 같다. 산업재해 사망자 수도 점점 줄었고 대만 정부 당국이 집계한 산업재해보상 지급 건수는 4만 건에서 2018년 2만7,000여 건(교통사고 건수 제외)으로 감소했다.

이 책에 등장하는 비통한 산업재해 과로사 사건은 청년세대가 착취경제 성장 모델 아래에서 지불하는 대가를 보여준다. 백발 노인이 머리 검은 자식을 먼저 보내는 비극을 우리는 어떻게 줄일 수 있을까? 과로사와 산업재해 위험을 마주한 청년 취업자를 어떻게 구해야 할까? 이 책에서 소개한, 대만 노동자단체가 발의한 정책방안을 널리 알리는 일 외에도 우리는 독자가 딸기세대나 완쥔처럼 청년세대에 오명을 씌우는 표식을 단호히 던져버리고 세대정의와 분배정의를 요구하는 정치적 주장을 직시하기를 바란다.

대만 일터 안전에 빨간불이 켜졌다. 흡사 '과로의 섬'이 되어가는 것 같다. 과학기술 엔지니어, 의료계 종사자, 보안요원, 기사 등 과로 고위험 직업군 이외에 각종 직업에 모두 '과로사'의 위험이 도사리고 있다. '과로'라는 단어는 우리에게 원래 낯선 것이었다. 언론에서 관련 주제의 보도가 적지 않았다고 하지만, 늘 단신이거나 개별 사건 보도일 뿐이어서 나무만 보고 숲은 보지 못했다. 업무와 관련해 일터의 참혹한 면모를 하나씩 접하면서 얼마나 많은 가정의 꿈이 산산조각이 나는지 보면서도 도움을 청할 곳이 없었다. 그런 이유로 이 책을 서둘렀다.

우리의 경험에서 보자면 '과로'는 단지 몇몇 노동자가 처한 환경이거나 열악한 조건의 특정 착취 공장의 사례가 아니다. 최근 떠오른 과로 사례는 빙산의 일각일 뿐이다.

배후에 보이지 않는 과로의 함정이 은폐되어 있다. 현재 대만 일터에는 과로 문화가 만연해 있다. 심지어 부지불식간에 직장 성공의 전형이 되었다. 우리는 수많은 일터 사례를 기록해 '과로'의 구체적인 모습을 묘사했다. 이것은 실체 없는 가공의 이야기가 아니다. 피눈물이 또렷하게 새겨진 직장 실록이다. 우리는 이 책으로 회사를 규탄하려는 것이 아니라 몹시도 고달픈 시대에 희망의 빛을 찾아 노동의 존엄을 되찾고 일터에 있어야 할 공평한 정의를 찾고 싶을 뿐이다.

이 책은 나와 요우즈高有智가 함께 완성했다. 나는 전에 국회 보좌관을 지냈는데, 국회에서 일하던 시절에 몇 건의 과로사 사건을 연달아 접했다. 온종일 사건에 몰두해 한 뭉치 또 한 뭉치의 사건 자료를 읽으며 어려운 의학용어를 이해하려고 애썼다. 국회 사무실의 노력 덕분에 지속해서 악덕 고용주에 대항해 노동자의 권익을 쟁취할 수 있었다.

과로사 노동자의 유가족과 동행하면서 나와 전혀 관련 없던 그 노동자들이 삶에 들어오기 시작했다. 영정사진으로의 첫 만남부터 조금씩 인생 이야기의 퍼즐을 맞추며 한 걸음 한 걸음 일상에 다가가 마지막에는 뜻밖에도 그들을 오랫동안 알고 지낸 것 같은 착각이 들었다. 이 사건 중에는 나와 나이가 비슷한 청년 노동자가 적지 않았다. 우리는 같은 시대 경험을 하고 비슷한 성장 배경을 가졌지만, 서로 확연히 다른 운명이었다.

각 사건의 서사를 이해한 후, 입법위원의 직권으로 우리는 행정기관에 개별 사건의 심사를 요구했다. 또한, 기자회견을 진행하고 제도의 문제점을 검토했다. 이것은 국회의 특권 행사가 아니며 개별 사건의 이익을 도모하기 위한 수단도 아니다. 고장 난 제도 아래에서 부득이하게 취할 수밖에 없는 방식이다. 국회 사무실의 노력으로 일부 사건은 직업병으로 인정받는 데 성공했다. 나아가 노동위원회(현재 노동부로 개편)가 과로의 인정 지침을 수정하도록 만들었다. 다른 한편으로는 증거 부족으로 증빙이 어려워 사건을 직업병으로 뒤집을 수 없었던 유가족들이 계속 공격받는 것을 보면서도 나는 그저 무력하게 있을 수밖에 없었다. 이것이 커다란 응어리가 되어 그들을 위해 꼭 무언가 하고 싶다고 생각하게 되었다.

기자인 요우즈는 오랜 기간 약자들에 관한 주제에 관심을 가져왔고 국회 기자를 지냈다. 그는 이 사건들을 알고 난 후 이 주제로 책을 써서 이슈를 드러내 정책과 제도를 검토하고, 대만 노동운동을 위한 기록으로 남겨 사회 각계의 관심을 모으고자 했다.

우리 둘 다 각자의 직업이 있었지만, 수시로 만나 개요와 내용을 논의하고, 자료를 모으고, 유가족과 전문가들을 인터뷰했다. 그러나 출간까지는 우여곡절이 많았다. 각자 두 차례 이직하면서 책을 쓰는 데 4년이라는 시간이 걸렸다. 아직 많이 모자란 식견이지만, 이 책이 사회적 논쟁을 불러 당면한 일터 과로 환경의 문제를 함께 대면하기를 바란다.

실제 현장에 충분히 근접해 쓰였으므로 이 책의 내용은 특히 날카롭다. 그리고 주로 일인칭 시점으로 썼다. 내 국회 경험에서 출발해 인터뷰와 자료를 보충하며 각기 다른 일터의 과로 이야기를 한데 엮었다. 독자가 과로 일터의 상황에 더욱 몰입해 제도의 문제점을 어떻게 해결해야 할지 이해하도록 했다.

개인의 경험에 국한되어 있어 모든 산업을 망라할 수는 없었다. 특히 미디어 종사자, 광고홍보업 종사자, 사회복지사, 경찰 등은 사회적으로 장시간 노동의 위험직군으로 널리 알려져 있다. 그러나 과로문제는 모두의 공통 이슈다. 산업 유형과 특성은 조금씩 다를지라도 과로 문화와 제도의 문제는 일터에 보편적이며 대동소이해서 이 책이 전체 일터 현상을 논의하고 제도와 정책 입안을 검토하려는 데에 걸림돌이 되지 않는다. 추후 다른 논의와 조사가 활발해져 다른 직업의 상황을 보충하거나 다른 관점에서 토론할 수 있기를 바란다.

책을 쓰는 과정에서 과로에 대항하는 운동에 한 줄기 빛이 비치는 것을 보았다. 최근 과로로 제기된 소송 사건에서 승소 판결이 나온 것이다. 또한 이는 점차 증가하는 추세다. 사법계가 고용주의 과로 예방책임을 점차 중시하게 되었음을 보여주는 것이자 과로 반대 운동의 구체적인 성과이기도 하다.

각 업계 노동자들이 점점 과로 환경을 의식하며 의료계 종사자, 사회복지사, 보안요원 등 노동자가 자신의 권리를 지키려 노력하기 시작했고, 미디어 노동자들도 '미디어 노동자 노동권익 소모임'을 조직해 조사 결과를 발표했다. 집계 결과 미디어 노동자의 주당 평균 노동시간은 53.73시간이었다. 주통계처*에서 집계한 각 업계 평균 45.2시간보다 8시간 많다. 어떤 기자는 연속 36시간을 일했고 한 달 내내 휴가가 없었다. 절반이 넘는 응답자가 심신의 피로를 심하게 느꼈다고 했다.

기자의 과로 상황은 심각하다. 신문업계에는 '닭보다 일찍 일어나 말보다 빨리 뛰고, 개보다 늦게 자며, 돼지만도

....
* 　　　대만 행정원 산하 부서로 정부 예산, 회계, 통계조사, 자료 관리를 담당한다.

못하게 먹는다'라는 말이 전해진다. 노동법규 위반 사례가 도처에 널렸다. 이런 실상은 타이베이시 신임 노동국장 라이샹링賴香伶이 취임하자마자 미디어업계 근로감독을 선포하게 했다. 이번 기회에 열악한 일터 환경을 정비하고 과로 근절의 표본을 세우기를 바란다.

이 책의 출판 즈음 행정원이 여론의 압력에 대응하기 위해 법을 개정했다. 현행 2주에 84시간의 노동시간을 일주일에 40시간으로 줄였다. 그러나 산업의 충격을 줄인다는 이유로 한편으로 정규 노동시간을 단축하고 다른 한편으로 연장근로시간의 상한선을 느슨하게 풀었다. 정부가 적극적으로 대응한다는 점은 바람직하지만, 결단이 부족하다는 의문은 피할 수 없다.* 지난 실패에 대한 철저한 반성 없이는 과로 문제를 근본적으로 해결할 수 없다.

그러나 위에 서술한 모든 노력은 이제 막 시작되었을 뿐이다. 우리는 이 책으로 '과로의 섬'의 진상을 폭로하고 사회 각계와 협력해 해결방안을 찾으려 한다. 우리는 스스

....

* 이 책은 대만에서 2015년에 출판되었다. 이후 근로기준법은 노동시간 관련 두 차례 중요한 개정을 거쳤다. 현재(2021년) 법정 노동시간은 일 정규 노동시간 8시간이며 연장근로는 12시간을 초과해서는 안 된다. 정규 노동시간은 주간 40시간을 초과해선 안 되고(연장근로 불포함), 월 연장근로시간 상한은 46시간이다. 개정 연혁은 9장 참고.

로 행동하지 않으면 세상은 변하지 않는다고 믿는다. 세상을 변화시키는 행렬에 동참하자. 자신을 위해서, 또한 다음 세대를 위해서 과로를 끝내자. 일이 삶을 짓밟게 내버려 두지 말자.

이 책을 순조롭게 완성할 수 있었던 것은 수많은 고마운 이들 덕분이다. 양쉔楊璿이 편집을 도와주었고 쑤핑추엔蘇品銓은 디자인과 미술 편집을 맡아주었다. 린종홍은 바쁜 와중에도 대만의 경제 구조와 어려움을 골자로 독서 길잡이를 작성했다. 특히 이 책에서 논하는 직장 과로 실상을 분석해 붕괴세대 청년이 마주한 경제적 어려움에 관해 서술했다.

마지막으로 특별히 왕샨샨王珊珊, 대만노동전선, 허저신何哲欣, 뤼팅위呂廷鈺, 두광위杜光宇, 저우징허周景賀, 린즈한林子涵, 린보홍林柏宏, 린뤼홍林綠紅, 린징이林靜儀, 치우이치邱怡綺, 치우옌위邱彥瑜, 치우샤오링邱曉玲, 홍징쉬洪敬舒, 우웨이양烏惟揚, 장펑이張烽益, 쑨요우리엔孫友聯, 쉬춘펑許純鳳, 궈위량郭育良, 천주이陳竹儀, 천이신陳怡欣, 천량푸陳亮甫, 천준지에陳俊傑, 천요우런陳宥任, 천보저우陳博洲, 황잉하오黃盈豪, 황수펀黃淑芬, 양수웨이楊書瑋, 양즈카이楊智凱, 예안치앙葉安強, 랴오훼이팡廖蕙芳, 텅시화滕西華, 차이완펀蔡宛芬, 정티엔루이鄭天睿, 정주링鄭筑羚, 정야원鄭雅文, 샤오야링蕭雅苓(이름순)에게 감사하며, 또한 무수한 지원을 해준 우리의 동료, 특히 과로 노동자와 그 가족들에게 감사드린다.

당신들의 사심 없는 헌신으로 변화가 가능하게 되었고 세상이 더 좋아질 기회를 얻게 되었다.

: 살려고 일하는가,

죽으려고 일하는가

각각 외국계 기업, 일반 기업, 과학기술 기업에서 일하던 3명의 직장인이 불의의 사고로 죽었다. 저승 명부에 줄을 선 그들에게 염라대왕이 딱 한 번 이승에 전화를 걸어 친지나 친구에게 뒷일을 부탁할 기회가 있다고 말했다.

먼저 외국계 기업 직원이 아내에게 전화를 걸어 은행 예금 처리를 당부하는 데에 5분의 시간을 썼다. 염라대왕은 그에게 5만 위안(200만 원)의 통화료를 징수했다. 그는 수표를 끊어 염라대왕에게 준 뒤 홀가분하게 자리로 돌아왔다.

이를 본 일반 기업의 직원은 '5분에 5만 위안이라니, 짧게 통화해야겠다'라고 생각했다. 그는 내연녀에게 전화를 걸어 주식을 어떻게 처분할지 알려주면서 딱 2분 동안 통화했다. 염라대왕은 "내연녀에게 전화를 걸었으니 50만 위안(2,000만 원)을 내라"라고 했다. 그는 너무 비싸다고 생각했지만, 역시 수표를 끊어 염라대왕에게 주고 기쁘게 자리로 돌아왔다.

　마지막으로 과학기술 기업의 직원은 '짧을수록 통화료가 비싸다면 오래 통화해야겠다'라고 생각했다. 그러나 그는 예금이 없어 아내에게 전할 말이 없었고, 생전에 바람피울 시간도 없었다. 하지만 사장의 지시를 받고도 끝내지 못한 일이 산더미같이 남아 있었다. 회사로 전화를 걸어 동료에게 일을 알려주느라 20시간이 걸렸다. 전화를 끊고 그가 염라대왕에게 통화료가 얼마인지 묻자 "20위안(800원)"이라고 말했다. 그는 깜짝 놀랐다. 그렇게 길게 통화했는데 20위안이라니? 염라대왕이 설명했다. "지옥과 지옥 간의 통화는 망내 사용료로 계산된다."

　위 이야기는 인터넷에 널리 퍼진 유머로 과학기술업계의 노동환경을 풍자한 것이다. 사실 과학기술업계의 엔지니어뿐만 아니라, 최근 몇 년을 관찰해보면 장시간 노동, 높은 스트레스의 직업환경으로 과로사를 야기하는 현상이 모든 업계에 만연해 있다. 과학기술업계, 경비보안업계, 의료계, 운수업계 등은 더욱 심각하다.

　대만 노동자는 장시간 노동의 스트레스에 처해 있다. 과도하게 긴 노동시간은 신체적 피로뿐만 아니라 개인의 휴식, 가정과 사회생활을 침식하며 심리적으로도 피로와 우울을 해소하기 어려워졌다. 심지어 가정 기능의 상실을 야기해 이혼율을 높이고 출생률을 낮춘다. 또한, 어린이와 청소년이 방치되는 사회문제로까지 비화한다.

우리는 묻지 않을 수 없다. 살려고 일하는가? 아니면 죽으려고 일하는가? 우리가 한평생 힘들게 노동하는 것은 행복한 삶을 위해서가 아닌가? 어째서 열심히 돈을 벌어 결국 가족의 정과 건강과 사회활동을 희생하는 걸까?

광고 홍보 회사에서 일하는 친구가 있었는데 특정 업무를 수행하는 기간에는 회사가 3개월 동안 휴가를 금지하기까지 했다. 그는 고통스러워하며 말했다. "매일 출근길에 차에 치였으면 좋겠다고 생각해. 그러면 병원에 입원해서 쉴 수 있으니까." 그 기간의 나날 동안 그는 계속 수면 부족에 시달렸다. 내내 졸린 눈을 비벼가며 애써 부릅뜨고 일해야 했다. 그는 해당 업무 담당자였고 이직하려고 해도 업무를 인계할 사람이 없었다. 회사에 큰 손실을 안기고 싶지 않아 이를 악물고 버틸 수밖에 없었다.

아마도 누군가는 물을 것이다. "왜 과로사할 때까지 일하는 거야? 이직하면 되잖아." 그러나 노동자에게 진짜 선택의 자유가 있을까? 우리는 사건들을 관찰하면서 노동시장이 자유로운 것처럼 보이지만, 실은 보이지 않는 사슬로 노동자를 꽁꽁 묶어둔 현실을 보았다. 낮은 위치에 있는 노동자일수록 이동할 수 있는 유동성은 더욱 부족했다. 사실 노동자가 과로하는 환경에서의 생활이란 외줄 타기와 같다. 조금만 삐끗하면 바닥없는 심연으로 떨어지고 과로 질병에 걸린다.

경제 불황에 노동 기회가 줄면서 노동자는 현재의 직장을 쉽게 떠날 수 없게 되고 끝까지 버티다가 과로사의 수렁에 빠진다. 하물며 우리 노동문화는 어렸을 때부터 '끝까지 노력하는 자가 승리한다'는 관념을 주입한다. 악전고투하는 직장 이야기 역시 노동자가 따라야 하는 모범으로 추앙된다. 하지만 안전하고 건강한 직업환경의 중요성엔 소홀하다. 근면함은 중요한 가치이지만, 정당하고 건강한 노동환경은 노동자의 취업을 지탱하는 중요한 기초다. 이는 기업의 기본 인식이어야 하고, 정부의 책임이 되어야 하며, 국가 노동정책에 필요한 방향이어야 한다.

지금 많은 청년 혹은 신빈곤족*은 저임금의 곤경에 처해 있다. 직업을 찾기도 쉽지 않은데 야근 혹은 심지어 투잡

....

* 근래 도시에 나타난 새로운 계층. 물질적으로는 점차 풍요로워지는 시대에 이들은 막 손에 쥔 월급을 모두 써버린다. 대만에서 신빈곤족을 대표하는 3개 계층은 저임금노동자(워킹푸어), 노동 능력이 있으나 일자리를 구하지 못한 실업 인구, 그리고 여성이 가장인 가구다.

을 뛰어야 겨우 생계를 유지할 수 있다. 예를 들어 보안업종의 경우 기본급이 매우 낮다. 가오슝시 산업노총의 조사결과에 따르면 보안요원의 월평균 임금은 2만2,630위안(약 90만5,000원)으로 일반 노동자의 평균 임금인 4만5,508위안(약 182만 원)보다 한참 낮아 대략 절반 정도에 그친다. 보안요원은 당연히 야근해야 하므로 장시간 노동문화에 일조한다.

『과로의 섬』은 대만에서 처음으로 과로 사건, 직장 실태와 대책을 전면 탐구한 책이다.

제1부 '피로의 흔적'은 일찍이 근면 성실하게 일했으나 마지막에는 결국 생명과 건강을 내어준 노동자의 이야기를 각각의 사건으로 깊이 파고든다. 아울러 과로 문제와 원인의 맥락을 분석하고 과로가 노동자와 가족에게 주는 충격을 보여준다. 이는 노동자의 피로의 흔적일 뿐만 아니라 모든 과로 산업재해 노동자 유가족의 영원히 마르지 않는 눈물의 흔적이다. 개별 사건 이야기뿐만 아니라 특히 과학기술업종, 보안업종, 의료업, 운수업 등 고위험 직군의 직업환경이 처한 문제점을 분석했다.

제2부 '제도가 사람을 죽인다?'에서는 현행 제도와 구조적 문제를 들여다보고 대책의 방향과 정책 건의를 시도했다. 제도의 개선으로 과로 사건의 발생을 막기 바란다. 그

렇지만 제도가 개선되기까지 노동자는 여러 가지 자구책을 마련할 수 있다.

3부 '과로에서 벗어나기'는 노동자 개인의 교전 수첩과 같다. 과로에 대항해 개인의 건강과 안전을 지키고 나아가 노동자 의식을 높여야 한다. 궁극적으로 노동자의 집단적인 힘을 발휘해야 한다. 각 개인의 작은 혁명으로 건강하고 안전한 노동환경을 세울 수 있다.

영국 철학자 밀John Stuart Mill이 말했다. "본성에 따르면 인간은 모형대로 찍어내고 시키는 대로 작업하는 기계가 아니다. 하나의 큰 나무다. 생명을 불어넣는 내면의 힘에 따라 다양한 방향으로 자라며 발전하려 하는 존재이기 때문이다." 우리는 일이 결코 삶의 전부가 아니라고 믿는다. 사람은 삶을 위해 일하는 것이지 일을 위해 사는 것이 아니다. 과로는 노동자 개인이 대항할 수 있는 문제가 아니며 한 일터만의 문제도 아니다. '과로'는 사회 전반의 문제이며 과로하는 문화가 각기 다른 직업 속에 견고하게 뿌리내린 와중에 노동 정책 또한 열악했던 결과다. 사람들은 일자리를 잃을까 두려워하며 목숨 걸고 돈을 벌어 남보다 잘살고 싶어 한다. 하지만 잊지 말자. 일이 목숨보다 가치 있지 않다.

지금 이 순간, 우리에게 과로의 섬의 운명을 바꿀 방법은 무엇인가? 이 문제는 대만 사회를 시험하고 있으며 대만의 미래에 영향을 미칠 것이다.

제1부

피로의 흔적

1장
어느 엔지니어의 죽음

국회 보좌관으로 지냈던 8년여의 기간 동안 나는 각양각색의 진정 사건들을 처리했다. 해결하기 어려운 문제, 기괴한 일들…. 안 겪어본 일이 없을 정도다. 불편부당함에 분노를 가라앉힐 수 없었던 사건들도 적지 않았다. 그러나 가장 침통했던 사건은 역시 '과로사' 사건이었다.

큰 슬픔에 빠진 유가족을 대면하면서 나는 위로의 말조차 어떻게 꺼내야 할지 알 수 없었다. 나는 늘 대만 사회가 '끝까지 노력하는 자가 승리한다'는 가치관을 끊임없이 주입하는 사회라고 생각해왔다. 대만사람 역시 근면함을 준칙 삼아 끊임없이 연마하고 발전하는 걸 일의 가치로 여기지만, 최후에는 이것이 결국 목숨을 앗아간다. 비통하지 않을 수 없다. 지금 일터에서는 대체 무슨 일이 벌어지고 있나?

한 엔지니어의 죽음은 나를 과로 문제에 깊숙이 발을 들이게 했고 뜻밖에 직장 과로사의 인정 기준을 완화한 결정적 사건이 되었다.

갑작스러운 진정

2010년 7월 푹푹 찌는 여름날 오후, 타이베이 거리는 참기 힘들 정도의 뜨거운 열기에 온통 뒤덮여 있었다. 나는 국회 보좌관으로서 늘 이곳저곳에서 회의를 열고 사회 안건의 토론에 참여했다. 그날도 민간단체와 대만전력빌딩에서 길고 긴 회의를 하며 실습생의 착취 문제에 관해 토론했다. 국회(입법원) 사무실로 돌아왔을 때는 온몸이 땀에 흠뻑 젖어 있었다. 한숨을 내쉬며 사무실 의자에 몸을 눕힌 채 눈을 감고 에어컨 바람의 시원함을 만끽했다.

한차례 미풍이 귓가로 불어왔다. 뒤에 앉아 있던 사무실 주임 린뤼훙이 갑자기 몸을 일으켜 명함 크기의 메모를 건넸다. 붉은 글씨로 쓴 2개의 전화번호와 빼곡한 내용이 이어지지 않는 글귀들로 적혀 있었다.

"오전에 쉬徐 씨 어머니라는 분이 전화로 진정을 접수했어요. 아들이 난야테크놀로지南亞科技公司*에 다녔는데 매일 열몇 시간씩 일하다가 갑자기 집에서 사망했대요. 가족들은 과로사라고 생각하는데 우리가 도와줬으면 좋겠다고 하셨어요."

통화 내용이 떠오르는지 린뤼훙의 표정은 무겁고 불안한 기색이었다. 이것이 사무실에 첫 번째로 접수된 '과로사' 사건이었다. 그는 이를 소홀히 넘기지 않고 신속하게 내게 전달했다.

과로사? 몇 년 전 노동보험국**의 국회연락원 왕바오王保(가명)가 이런 종류의 사건에 관해 언급했던 일이 떠올랐다. 왕바오는 과로사가 연장근로시간이 과도하게 길어 발생하는 산업재해에 속하므로 인정 기준이 대단히 가혹하다고 했었다. "과로사가 성립하려면 사망 전 24시간 동안 잠도 안자고 쉬지도 않고 일했고, 게다가 작업장에서 갑자기 사망했어야 해요. 그게 아니면 인정받기가 거의 불가능합니다." 그때 국회에 막 파견나왔던 왕바오는 새롭게 나타나는 수많은 노동문제에 대해 매우 열정적이었고 늘 국회 보좌관을 찾아 이야기를 나눴다. 각종 해결하기 어려운 노동 쟁의 사건을 연구하며 한번 만났다 하면 쉼없이 자기

....

*   Nanya Technology Co., Ltd., DRAM(Dynamic Random Access Memory)의 연구 개발, 설계, 제조 및 판매를 주력사업으로 하는 회사.

**   노동보험 업무를 담당하는 노동국 산하 행정기관. 한국의 고용노동부 산하 근로복지공단에 해당한다.

생각을 전달하곤 했다. 나는 그 당시 국회에 들어온 지 얼마 안 되어 과로사와 관련된 사건을 한 번도 접해보지 못했었다. 처음엔 소수의 사건이라고 생각했는데, 외국에선 학계의 연구 범주에 속하는데도 대만에선 지속적인 연구가 이뤄지지 않고 있는 문제였다. 왕바오의 그 말 이후 몇 년이 지난 뒤에 이렇게 과로사 노동자 유가족의 진정을 받게 될 줄은 생각지도 못했다.

"참, 마음 단단히 먹어야 할 거예요. 진정인이 무척 상심해서 감정이 매우 격한 상태거든요. 통화하면서 계속 우셨어요. 말씀이 제대로 들리지 않을 정도로요. 잘 응대해 드려야 해요." 뤼훙이 신신당부했다. 내가 그 어머니의 마음을 헤아리지 못할까 봐 염려하는 눈치였다. 그 말을 들은 뒤 초조해지기 시작했다. 일단 나는 누군가의 마음을 위로하는 일에 소질이 없다. 게다가 과로사 인정은 정말 어려운 일이기 때문이었다. 유가족의 기대에 부응할 수 있을지 솔직히 자신이 없었고, 대면할 방법이 도무지 떠오르지 않아 종일 망설이며 주저했다. 일단 수중의 다른 사건을 먼저 처리한 다음 나중에 다시 얘기하자고 하고 싶었지만, 주먹을 꼭 쥐고 심호흡을 한 뒤 다음날 연락하기로 결심했다.

"여보세요? 쉬 씨 어머니신가요?" 조심스럽게 상대방에게 물었다. 수화기 저편에서 미세하게 떨리는 여성의 목소리가 전해져왔다. 나는 감정을 싣지 않은 목소리로 차분하게 대꾸하며 7월 5일 오후에 사무실에서 만나자는 약속을 잡았다. 그렇지만 마음 한구석으론 그분이 내 목소리가 너무 냉정하고 딱딱하다고 느끼진 않았을지 걱정스러웠다. 유가족의 심정이 전해져 울컥하기 전에 서둘러 전화를 끊었다. 통화가 끝났다는 뚜뚜 신호음을 듣고 나서야 마음속의 무거운 돌덩이 하나를 내려놓았다.

컴퓨터 앞에 엎드린 엔지니어

7월 5일 오후, 50대로 보이는 한 쌍의 부부가 느린 걸음으로 제남로*의 황쑤잉黃淑英 국회의원 사무실로 들어섰다. 쉬 씨 아버지는 반백의 짧은 머리에 어두운 표정이었지만, 어깨를 반듯하게 펴고 아내를 꼭 붙들고 있었다. 축 가라앉은 쉬 씨 어머니는 단아한 인상의 미인이었다. 그러나 양쪽 뺨이 움푹 패었고 눈 아래 짙고 깊은 그림자가 드리워져 있었다. 짐작건대 아주 오랫동안 잠을 제대로 못 잔 것 같았다.

....
*   대만 입법원이 위치한 거리.

쉬 씨 아버지[1]는 원래 빵집을 운영하는 제빵사였다. 빵을 팔아 버는 돈이 많지는 않아 월평균 수입이 4~5만 위안(160~200만 원) 정도였다. 그러나 식솔을 먹이고 입히며 아들딸 두 자녀를 키우는 데는 족했다. 쉬 씨 어머니는 전업주부였고 빵집에 나와 거들기도 했지만, 생활의 가장 큰 중심은 자녀를 돌보는 것이었다.

최근 대만 제빵산업은 격동기에 처했다. 프랜차이즈 기업화한 빵집이 생겨나고 대다수가 중앙주방 프로세스로 바뀌면서 규모가 작은 가게는 살아남기 어려워졌다. 심지어 폐업하는 처지에 내몰리기도 했다. 쉬 씨 아버지도 그중 하나였다. 대형 프랜차이즈 빵집과의 경쟁을 버틸 수 없던 그는 10년 전 쓰린 마음으로 반평생을 힘겹게 꾸려온 빵집의 문을 닫았다. 그러고 나서 대형 빵집에서 일하고 싶었으나 빵집은 비용을 낮추기 위해 젊은 직원을 골라 채용했다. 제빵기술이 뛰어났지만, 일자리를 찾을 수 없던 그는 중고령 실업자 처지가 되었다. 막막한 상황에서 노동국*에 취업 지원자로 등록해두고 기다릴 수밖에 없었다.

비록 가정 형편이 풍족하지 않았지만, 쉬 씨 부부는 자녀 교육에 힘썼다. 첫째인 딸은 박사학위를 받았고, 막내

....

* 대만의 노동 관련 행정기관. 한국의 고용노동부에 해당한다.

쉬샤오빈徐紹斌은 부모의 기대를 저버리지 않고 순조롭게 석사과정을 마쳤다. 군에서 막 제대했을 때 샤오빈은 또래 젊은이들처럼 학업을 계속할지 취업할지를 두고 고민했다. 원래는 누나처럼 박사과정을 밟으려 했으나 포기했다. '내가 먼저 돈을 벌어 가족을 부양하자.' 샤오빈은 알고 있었다. 아버지가 빵집 문을 닫은 뒤 집의 경제 상황이 어려워졌다는 것을 말이다. 그래서 서둘러 취업해 최소한 학자금 대출을 먼저 갚고 집의 월세를 분담할 수 있기를 바랐다.

일을 시작하고 눈 깜짝할 새에 3년이 지났다. 전역하던 때와 변함없이 그는 오직 부모님을 호강시켜드릴 날을 기대하며 매일 돈 버는 일만 생각했다. 2010년 1월 10일 저녁, 그는 그 달치 생활비를 드리며 어머니를 꼭 안아주었다. 그렇게 저녁 인사를 나누고 돌아서서 방에 돌아가 휴식을 청했다.

"정말 생각지도 못했어요. 그게 아들과의 마지막 포옹이었다는 것을요. 아들은 겨우 스물아홉 살이에요. 아직 해보지 못한 일이 너무 많은데…." 어머니가 흐느꼈다. 그날 밤은 절대 잊히지 않는다. 샤오빈이 방문을 닫기 전까지의 모든 행동을 어머니는 하나하나 또렷하게 기억하고 있었다.

똑똑똑! 다음 날 아침, 어머니는 연달아 방문을 두드렸다. 아무 대답이 없었다. 출근 시간이 한참 지났는데. 아버지는 아들이 늦잠을 자는지 걱정이 되었다. 방문은 안으로 잠겨 있어 들어갈 수 없었다. 뭔가 이상함을 느낀 아버지는 급히 베란다로 뛰어나가서 방 창문을 넘어 들어갔다.

쉬샤오빈은 침대에 눕지 않았었다. 그는 밤새 컴퓨터 앞에 엎드려 있었다. 컴퓨터는 여전히 켜진 채였고 책상 위에는 문서들이 가득 널려 있었다. 아버지가 급히 샤오빈을 흔들어 깨웠다. 아무리 흔들어도 샤오빈은 엎드린 채였다. 그리고 영영 깨어나지 않았다. 이미 맥박과 호흡이 없었다. 너무 늦어버렸다. 일어나 세수할 틈도, 작별할 새도 없었다. 다시는 아버지에게 아침 인사를 할 수 없다.

"저는 아들을 잃었어요." 급히 병원으로 데려갔으나 이미 돌이킬 수 없었다. 아들의 생명을 구하지 못했다. 의사가 사망선고를 내리던 그 순간 아버지는 무너졌다. 그는 병원 바닥에 꿇어앉아 큰소리로 울부짖었다. 가게 문을 닫고, 재취업에 실패하고, 냉소와 조롱을 받으면서 힘들어도 모두 버텨냈던 그인데, 그 순간 그는 오래 참았던 마음속 비통함을 모두 쏟아냈다. 그는 이해할 수 없었다. 어떻게 하늘이 이럴 수 있는지. 그의 아들은 마지막까지 열심히 일하느라 침대보 언저리에도 닿지 못하고 컴퓨터 책상에 엎드린 채 결국 세상을 떠났다.

유가족의 상처

　단란했던 네 식구의 한 구성원이 없어지면서 가족 모두
의 생활에 변화가 생겼다. 쉬 씨네 가족 입장에서는 단순
히 한 사람이 사라진 게 아니라 웃음이 사라지고 두려움이
커진 일이었다. 샤오빈의 누나는 말했다. "매일 밤 아버지
의 코 고는 소리가 들리지 않으면 즉시 일어나 아버지가
숨 쉬는지 확인해요. 그러고 나서야 마음이 놓이고 이어서
잘 수 있어요. 동생이 세상을 떠난 뒤로 잠자기 두려워요.
깨어나면 또 사랑하는 가족이 떠났을까 봐 너무 무서워서
요." 너무나도 갑작스러운 비극에 쉬 씨 누나는 불안에 빠
졌고 쉬 씨 어머니는 날마다 눈물로 지새우며 슬픔에서 헤
어나오지 못했다. 어머니는 아들의 사진만 보며 계속 눈물
을 쏟았고 가족들의 위로에도 줄곧 슬픔을 털어내지 못했
다. 아버지와 누나는 결국 샤오빈의 사진을 모조리 감춰
어머니가 보지 못 하게 했다. 어머니는 눈물을 그쳤지만,
슬픔을 억누르느라 가슴에 통증을 느꼈고 손을 끊임없이
부르르 떠는 증상까지 나타났다.

　어느 날, 쉬 씨 어머니는 가족들 몰래 아들의 사진을 꺼

내 보았다. 혼자 사진을 바라보며 말을 건넸다. 그러다 사진을 품에 안고 한바탕 울음을 터뜨렸다. 눈물이 마치 장대비처럼 흘러내리며 오랫동안 가물어 마른 땅과 같았던 가슴을 적셨다. 그렇게 울고 나서 드디어 마음의 평정을 찾은 것처럼 보였다.

이때부터 쉬 씨 어머니는 아들의 사진을 침대맡에 두고서 늘 멍하니 사진을 바라보며 혼잣말을 했다. 비록 샤오빈은 이 세상에 없지만, 어머니는 매일 아침밥을 차려 아들의 방에 놓아두고 사진 앞에서 "잘 잤니?"하고 아침 인사를 했다. 다른 사람에겐 미친 행동처럼 보였지만, 마음의 상처를 치료하는 과정이었다.

"그 애 혼자 그곳에 있으면 외롭지 않을까." 쉬 씨 어머니는 흐릿한 정신으로 끊임없이 중얼거렸다. "나도 아들을 따라가고 싶어. 혼자 외롭게 두고 싶지 않아." 쉬 씨 아버지는 옆에서 이를 고통스럽게 바라보며 그저 정신을 다잡고 아내를 위로할 수밖에 없었다. 비통한 마음을 참고 천천히 한 자 한 자 내뱉었다. "만약 당신마저 떠나면 우리는 어떻게 해?" 정신이 들면 부부는 끌어안고 통곡했다.

암담하고 처참한 나날에 쉬 씨 어머니는 보건소 심리상담사에게 도움을 청해보기로 했다. 쉬 씨 어머니의 상황을 안 상담사는 계속 격려하고 위로해주었다. 그리고 쉬 씨 어머니가 다른 사람의 입장에서 생각해보는 방법으로 마음을 돌릴 수 있기를 바랐다. 상담사의 질문은 쉬 씨 어머니가 의지를 찾고 출구를 찾게 했다. "만일 어머니에게 그런 일이 생겼더라면 아드님은 어머니를 위해 어떻게 했을까요?"

"제 생각에 아들은 반드시 도리를 다해 열심히 싸웠을 거예요. 저를 위해 진실을 밝히려고 할 것 같아요." 이렇게 대답한 즉시 쉬 씨 어머니는 기운을 되찾았다. 문득 깊은 꿈에서 막 깨어난 것처럼 눈앞에 길이 하나 보였다. 먼 곳으로 떠났던 아들이 멀지 않은 곳에서 미소를 지으며 어머니를 향해 고개를 끄덕였다. 그래서 바닥에 널브러져 있던 그가, 울며 쓰러졌던 그가, 쇠약해진 몸을 지탱하며 일어섰다. 다리를 절뚝거리며 한 걸음씩 아들의 걸음을 따라, 싸우기 위해 앞으로 나아가기 시작했다.

험난한 산재 신청의 길

쉬샤오빈이 사망한 지 이미 반년이 지났다. 쉬 씨 부모님은 이제야 우리 사무실을 찾아와 진정을 냈다. 그동안 동분서주했던 나날의 고단함이 두 부부의 얼굴에 고스란히 드러나 있었다. 초췌하고 근심 어린 얼굴은 도움받지 못했던 무력한 심정을 대변하고 있었다. 그들은 한 묶음 한 묶음 서류 자료를 샅샅이 살피고 자료마다 각종 색깔의 라벨을 붙여 세밀하게 분류했고, 증거 하나라도 누락할까 싶어 크고 작은 자료를 빠짐없이 모아두었다. 그들이 꺼낸 진술서는 책자로 제본해둔 상태였다. 안에는 사건 발생 과정과 관련 증거자료가 기재되어 있었다.

쉬 씨 부모님은 쉬샤오빈의 죽음이 초과 연장근로와 관련 있다고 여겼다. 그들은 우선 회사에 쉬샤오빈의 출퇴근 카드 기록을 요구했으나 회사는 일언지하에 거절했다. 사용자 측 대표는 쉬샤오빈의 사망 원인과 회사는 무관하다며, 순전히 개인적인 질병 때문이라며 책임을 벗어나려고 했다.

벽에 부딪히자 부부는 전략을 바꿔 각각 다른 방법을 시도했다. 먼저 관공서에 고발해 회사의 방어를 뚫어보려 했다. 타이베이현*정부 노동국으로 달려가 소장을 내고 회사의 초과 연장근로 위법행위를 고발했다. 그러나 일의 진전은 더디기만 했다. 다른 한편으로 북구노동검사소**에도

....

고발했지만, 마찬가지로 헛수고였다. 검사소 직원은 반드시 노동위원회에 공문을 보내 위법이 확실한지 밝혀야 한다고 대답했다. 두 시도가 모두 실패한 뒤 남은 방법은 노동보험국을 직접 공략하는 것이었다. 산업재해 보상 지급 신청을 내면서 실패하리라 생각지 못했다. 그러나 정부 당국은 이 사건은 일과 무관하다며 신청을 반려했다.

더는 호소할 곳이 없어 국회의원에게 도움을 청할 수밖에 없었다. 그들은 이미 다른 국회의원도 찾아갔었다. 쉬 씨 아버지가 공문서 한 장을 꺼내 보였다. 모 국회의원 사무실에서 노동보험국 대표에게 보낸 진정서였다. 내용은 대략 '이 사건의 진정인은 국회의원의 지인이며 사건 상황이 동정할 만하니 순조롭게 산업재해 과로사로 인정될 수 있도록 노동보험국 대표가 도와달라'는 것이었다.

이 A4 한 장의 공문서는 붉은 색 동그라미가 쳐진 오탈자로 가득했다. 쉬 씨 아버지가 국회의원 사무실에서 보낸 공문의 복사본을 받고 직접 찾아낸 것들이다. 국회의원 사무실의 무성의한 태도가 여실히 드러나는 것이었다.

국회에서 몇 년 동안 일한 경험으로 나는 그 자리에서

....

산업안전보건 업무도 담당하는 점에서 차이가 있다. 한국은 산업안전보건 업무를 보건복지부에서 맡는다.

'이 사건은 버려졌다'라는 것을 알아차렸다. 이런 종류의 공문은 형식적인 발문일 뿐 영향력이 거의 없다. 행정기관이 이미 내린 처분의 수정을 요구하기란 더욱 어렵다. 설령 사건에 수없이 많은 불합리한 점들이 있더라도 말이다. 통상 그렇게 처리된다. 대부분 소위 '죽은 사건'은 각종 법령 규정 아래에서 모든 방법을 다 써봐도 해결할 수 없는 사건들이다. 공문은 순전히 진정인에게 보여주기 위해 보낸 것으로 국회의원이 이미 협조했다고 느끼게 하려는 것이다. 사실상 이러한 공문의 절대다수는 모두 아무런 성과 없는 헛수고다. 심지어 이런 오탈자투성이의 공문으로 가당키나 할까.

아니나 다를까 쉬 씨 아버지도 이런 사실을 알고 있었다. 이 공문을 보낸 후 노동보험국의 회신은 없었다. 지금까지 감감무소식이다. 이런 상황에서 어떻게 우리에게 도움을 청하러 온 것일까? 쉬 씨 어머니의 말에 따르면 그들은 아무런 방법을 찾지 못했다. 누군가 도와줄 수 있다고 하면 그들은 어디든 가서 부탁했다. 어느날 쉬 씨 어머니는 공원에서 우연히 장쥔슝張俊雄 전 행정위원장의 부인 주아잉朱阿英 여사를 보았다. 쉬 씨 어머니의 하소연을 들은 주 여사가 노동 문제와 관련해서라면 반드시 국회의원 황쑤잉을 찾아가야 한다고 알려주었단다. 그래서 그들이 우리 사무실에 전화를 건 것이다.

매일 수많은 진정 사건이 국회에 들어온다. 어떤 사건은 관심을 받지 못하고 대충 종결된다. 심지어 끝내 결과를 내지 못하고 중도에 흐지부지되는 사건들도 있다. 다이리런戴立忍*이 연출한 영화 〈당신 없이는 안돼不能沒有你〉에는 남자 주인공 천원빈陳文彬이 국회에 찾아가 진정하며 이런저런 난관에 부딪혀 참담해 하는 장면이 있다. 현실 세계가 마치 영화 같다. 때로 문제에 부닥친 사람들은 누구에게 도움을 청해야 할지조차 모른다. 정말 도움을 줄 수 있는 사람은 찾기 어렵다. 그저 타이밍, 우연한 인연에 기대야 할까.

초과 노동의 인생

쉬샤오빈의 사건을 자세히 들여다보며 끊임없이 생각했다. 어떤 사람이었나? 근무환경은 어땠을까? 어떻게 정직하고 젊은 한 청년을 온종일 일에 파묻히게 하고 결국 목숨을 잃게 만들었을까?

쉬 씨 가족의 집에 방문했을 때의 기억이 떠오른다. 쉬

....

* 1966~. 대만의 방송인. 영화감독, 극작가, 배우로도 활동한다.

샤오빈의 방은 원래의 모습대로 유지해 두었다고 했다. 방 안 이곳저곳에는 'OPEN! 샤오장'* 인형과 피규어가 놓여 있었다. 가족들에게 물어보고 나서야 비로소 알았다. 쉬샤오빈은 생활의 거의 전부를 일에 쏟아부었고 대부분의 시간을 회사에서 보냈다. 휴식시간에도 회사 작업장 내의 편의점에 있었다. 회사 말고는 다른 사회활동이 없는 29세의 젊은이에게 작은 즐거움이라고는 뜻밖에 편의점 포인트로 교환한 피규어 수집이었다. 인형과 피규어는 자연스럽게 가장 좋은 친구가 되어 적막하고 피폐한 야근의 나날에 그의 곁을 지켰다.

가족들의 말에 따르면 쉬샤오빈은 변화를 싫어하는 성격이었고, 일단 해야 하는 일이라고 마음먹으면 필사적으로 해내려고 했다. 그는 따통대학大同大學**에서 공부했고 석사 시험을 볼 때도 고민 없이 같은 학교를 선택해 진학했다. 가족들이 다른 학교도 권해봤지만, 다니던 학교를 바꾸고 싶지 않다며 고수했다. 그의 성격이 이러니 쉬 씨 어머니는 장래에 응당 안정적인 직업을 구해 20~30년 계속 일할 수 있기를 바랐다. 그래서 부모는 그에게 제도가

....

*   대만 세븐일레븐의 자체 마스코트 캐릭터.
**   타이베이시에 위치한 이공계열 전문의 사립대학교.

잘 되어 있고, 복리후생도 비교적 좋으며, 상대적으로 안정적인 대기업을 선택하라고 조언했다.

아버지의 격려하에 그는 난야테크놀로지 입사 시험을 치렀고 가족들의 기대를 저버리지 않고 순조롭게 합격했다. 2006년 난야테크놀로지에 들어간 샤오빈은 에칭 공정* 부서 엔지니어를 담당했다. 업무량은 매우 많았지만, 막 입사한 신입사원 역시 의욕이 넘쳤다. 게다가 야근하면 야근 수당을 신청할 수 있었다. 월 급여가 4만 위안(160만 원) 초반대인 신입사원이 이의 두 배가 족히 넘는 9만 위안(360만 원)을 수령했으니 야근이 얼마나 많았는지 알 수 있다.

쉬샤오빈의 '필사적인' 성격은 업무에도 드러났다. 공정에 들어가면 머리를 파묻고 일에 매진하며 맡은 임무를 다했다. 계산해보니 연장근로시간은 매달 기록을 경신해 99시간에서 139시간에 달했다. 다시 말해 그는 모든 휴일을 반납해 하루도 쉬지 않고 일한 것도 모자라 매일 최소 3~5시간씩 더 일했다.

회사 동료들은 성실하고 책임감 있는 그를 매우 의지했다. 한번은 쉬샤오빈이 밤 11시가 넘도록 야근하고 귀가

....

* 　　　반도체 제조 과정에서 액체나 기체를 사용해 회로의 불필요한 부분을 깎아 내는 공정.

하다 사고를 당했다. 반치아오板橋*를 지날 때 신호를 위반하고 급회전한 음주 승용차와 맞닥뜨린 것인데, 다행히 충돌하지는 않았으나 이를 피하다 아래턱과 손발 여러 군데에 골절상을 입었다. 병상에서도 그는 쉬지 못하고 일에 매달려야 했다. 문병 온 동료들은 그에게 기계 여러 대에 문제가 생겼다고 토로했다. 공정 진도를 기록하는 화이트보드의 거의 모든 항목에 '쉬샤오빈이 복귀 후 처리할 때까지 대기'로 쓰여 있다고 했다. 모든 부서에서 그가 퇴원해 자리로 돌아와 주기를 목이 빠지게 기다렸다. 쉬 씨 아버지는 돌이켜보며 말했다. "그때도 아주 이상하다고 생각했어요. 그렇게 큰 회사가 어떻게 한 사람이 처리해주기만 기다리고 있었을까?"

쉬샤오빈은 4,5일 후 퇴원해 집에서 요양하며 매주 한 번 병원에 들러 약 처방을 받았다. 의사가 2~3개월 동안 반드시 휴식을 취해야 한다고 했지만, 한 달도 채 되지 않아 빨리 출근하라는 회사의 재촉이 시작됐다. 당시 턱에 붕대를 감고 있던 그는 전혀 입을 열거나 말할 수 없었으므로 집에서 이메일과 메시지로 회사 업무를 처리했다. 이런 '원격' 업무가 한 달 가까이 이어졌다. "교통사고가 나

....

* 　　신베이시의 지역으로 난야테크놀로지가 이곳에 있다.

도 쉴 수조차 없는데, 도대체 이 일을 계속해야겠니?" 아버지가 이직을 권했지만, 다른 일을 찾기가 만만치 않았고 결국 현재 직장에 계속 남아 있을 수밖에 없었다.

쉬 씨 어머니는 아침 일찍 나가 밤늦게 돌아오는 아들을 걱정해 밤 11시가 되면 전화를 걸어 어서 돌아오라, 건강을 조심하라고 잔소리했다. 가족을 걱정시키고 싶지 않던 쉬샤오빈은 늘 수화기 저편에서 "알았어요. 금방 들어갈게요. 이 일만 마치면 바로 집에 갈 거예요"라고 말했다. 전화를 끊고서도 쉬 씨 부부는 여전히 마음이 놓이지 않아 늘 새벽 한두 시까지 기다리다가 샤오빈이 돌아와 문을 닫는 소리를 듣고서야 비로소 안심하고 잠들었다.

"항상 너무 걱정됐어요. 그 애 건강이 버틸 수 있을지." 쉬 씨 어머니는 지난 일을 기억해냈다. 언젠가 샤오빈에게 목숨 바쳐 일하지 말고 몸을 잘 돌봐야 한다고 말했더니 뜻밖에 아들이 이렇게 말했다. "애초에 엄마가 난야테크놀로지에 들어가라고 했잖아요. 회사가 이렇게 엿 같은데." 여기까지 말한 쉬 씨 어머니의 눈에 눈물이 그렁그렁 맺혔다. 자책과 후회가 가득한 듯했다. "그 말이 지금도 내 가슴에 가장 큰 한이 되었어요. 매번 바늘로 심장을 찌르는 것 같아요."

원치 않는 승진

2008년 회사는 업무 성과가 좋은 쉬샤오빈을 7급 에칭 엔지니어로 승진시키려고 했다. 보통의 사람들은 모두 직장에서 승진 기회를 얻고 싶어한다. 그러나 쉬샤오빈은 그렇지 않았고 오히려 여러 차례 거절했다. 이는 승진 후에 책임이 더 가중되어 재량근로제로 바뀌는 사내 불문율 때문이었다. 승진하면 업무량이 되레 늘고 스트레스도 훨씬 커진다. 출퇴근 시 카드 체크는 하지 않아도 되지만, 야근해도 수당이 없다. '재량근로제'라는 단어는 젊은 청춘을 짓눌러 쓰러뜨리기에 충분했다. 회사는 예정대로 쉬샤오빈을 그해 승진 처리했다.

승진하자 주간업무 외에 교대 야간근무도 해야 했다. 하루 업무시간이 늘 10~19시간이나 되었다. 늦은 밤 귀가하던 도중에 전화를 받고 다시 회사에 불려가기도 했다. 집에서 쉬는 시간에도 24시간 대기하며 휴대폰으로 오는 지시에 따랐고 언제든 동료의 전화가 있으면 업무 처리를 지원해야 했다.

가족들은 차라리 전화기를 끄고 쉬라고 했지만, 쉬샤오빈은 이렇게 대답했다. "이게 소위 '재량제'라는 거예요. 전화를 받지 않거나 업무를 처리하지 않으면 고발당해요.

언제든 처벌받거나 해고당할 수 있어요." 일찍이 아버지가 초과 연장근로 상황을 노동국에 고발하려 했었지만, 샤오빈이 바로 제지했다. "만에 하나 나중에 회사에서 알게 되면 어떻게 다른 직장을 구해요?" 쉬 씨 아버지는 그만둘 수밖에 없었다. 그러나 여전히 마음에 걸렸다.

"이게 전부 그 애가 받은 상이에요." 쉬 씨 어머니가 자료를 뒤적이며 아들이 회사에서 받은 수많은 상장을 꺼내 보였다. 2008년 제3분기 3A공장 에칭 공정부 제조공정과 최우수 엔지니어상, 2009년 제품 우량률 향상 프로젝트 수행, 2009년 제2분기 3A공장 에칭 공정부 제조공정과 최우수 엔지니어상, 심지어 2009년 기술 논문 대회 최우수 제조공정 개선상도 받았다. 원래 자녀의 상장이란 한 장 한 장이 어머니를 자랑스럽게 만들기 마련인데 이 순간 어머니의 마음은 비할 데 없이 침통했다. 이런 뛰어난 성적이 모두 쉬샤오빈의 목숨과 맞바꾼 것들이기 때문이다. 그러나 더 많은 상장으로도 아들의 목숨을 되살릴 수 없다.

대체 얼마만큼의 대가를 일에 지불해야 하나? 수많은 이들에게 애시당초 선택의 여지란 없는 걸까? 이제 막 사회에 나온 청년은 아마 모두 쉬샤오빈과 같을 것이다. 몇 년 열심히 하면 고생에서 벗어날 거라고 생각한다. 청춘의 목숨을 내버릴 거라고 누가 생각이나 하겠는가?

부모님의 고생으로 대학에서 공부하고 석사까지 마친 다음 학교를 나왔을 때, 현실은 아마도 상상 속에 그리던 아름다운, 탄탄대로가 펼쳐진 미래가 아닐 것이다. 먹고 살기도 바쁜 직장인의 쳇바퀴 속으로 들어가 학자금 상환이라는 짐 위에 월세 혹은 주택 대출의 짐을 더 짊어진다. 만약 집에 큰돈이 들어갈 변고라도 생기면 순식간에 삶은 퇴색한다. 그러니 돈벌이 외에 다시 또 돈을 번다. 필사적으로 돈을 번다. 실업이 두렵고 가정 생계를 부담하지 못하는 게 두려워 몸에 문제가 생기더라도 용감하게 앞으로 나가야 한다. 이것이 청년들이 마음속에 짊어진 아무도 모르는 부담감이다. 그들에게 정말 다른 선택이 있을까?

노동시간 인정의 싸움

연이은 며칠 동안 나는 쉬샤오빈 부모님이 가져온 수백 장의 자료와 씨름하며 배후의 진상을 규명하려 애썼다. 먼저 살펴본 것은 '검시보고서'였다. 타이베이 지방검찰청에서 사체를 검안한 보고서에는 이렇게 쓰여 있었다.

쉬샤오빈, 1980년 출생, 2010년 사망.

사망 원인: 비후성 심근병증으로 인한 심인성 쇼크.

기타 사망에 영향을 끼친 다른 질병 혹은 신체 상황: 과로
가 심장병변을 가중함.

법의학자는 특별히 사망 원인과 과로의 관련성을 명시
했다. '과로가 심장병변을 가중함'이라는 짧은 문구가 심
상치 않은 정보를 담고 있어 내 주의를 끌었다. 쉬샤오빈
사망 후 가족들은 초과 연장근로가 과로를 불렀다고 생각
했다. 우선 증명해야 할 것은 '초과근로' 사실이었다. 그래
서 회사에 반년 가량의 출근 기록 제공을 요구했다. 일주
일 정도 뒤 회사에서 보내온 '회사 체류 시간표'에는 7급
이상의 직원이 '재량근로제'로 표시되어 있었다.

회사 규정에 따르면 업무시간은 원칙적으로 월요일부터
목요일까지 오전 8시 30분에서 오후 6시까지였고 금요일
은 오전 8시 30분에서 오후 5시 30분까지였다. 또한, 출
근 시간 외 회사 체류시간은 직원 스스로 결정한다면서 회
사는 직원이 퇴근 후 반드시 즉각 회사를 떠나도록 강제하
지 않으며 모든 업계가 이렇다는 점을 강조했다.

출입이 통제되는 작업장에 들어가기 위해 직원은 식별
카드를 인식해야 한다. 쉬샤오빈이 7급 '재량근로제' 직원
으로 승진하기 전에는 이 카드 기록이 곧 일한 시간이었
다. 그러나 승진 후의 작업장 출입 기록은 회사에 머문 시

간일 뿐이란다. 회사 체류시간이 곧 노동시간이 아닌가?

"회사 건물 안에 커피숍이 있습니다. 직원이 작업장 내에 들어갔다고 하더라도 꼭 일을 하러 오는 것은 아니에요. 커피를 마시러 왔을 수도 있습니다. 회사 컴퓨터로 페이스북을 했을 수도 있고요. 근무시간으로 인정할 수 없습니다." 회사 직원은 두 손을 내저었다. 그리고 여러 차례 반복해서 왜 작업장 출입 기록을 쉬샤오빈의 노동시간 인정에 사용할 수 없는지 설명했다. 쉬 씨 부모님은 수긍할 수 없었지만, 어떻게 회사의 논리를 반박해야 할지 알 수 없었다. 사건은 이렇게 진흙탕 속에 빠졌다.

페이스북에 접속해보았다. 다행히 친구 추가를 하지 않고서도 쉬샤오빈이 올린 글을 볼 수 있었다. 그의 프로필을 누르자마자 눈에 들어온 것은 모두 그의 사망 소식을 받아들일 수 없는 친구들이 남긴 안타까운 글들이었다. 그가 생전에 남긴 글을 자세히 살펴봤다. 개수가 많지 않았다. 몇 개의 음악 링크 공유 외엔 대부분 일과 관련된 이야기였다. 그의 당직 횟수가 다른 동료보다 많다는 것, 기계에 오류 발생이 잦다는 것, 관리자가 긴급하게 처리하라고 한 업무 등에 대한 언급이 있었다. 심지어 지진이 발생한 어느 날엔 회사 기계 데이터에 이상이 생기지 않을까 하는 걱정을 가장 먼저 했을 만큼 온 정신이 일에 매달려 있었다. 게다가 그에게 일찍이 과로 증상이 있었다는 사실도 페이스북에서 확인할 수 있었다.

> 요 며칠 몸이 너무 안 좋다…. 목도 아파 불편하고 온몸이 쑤신다. 두통, 피로, 설사, 구토 증상도 있다. 열이 없으면 됐다! 이따가 병원에 가보면 되겠지.

이것은 쉬샤오빈이 페이스북에 남긴 마지막 글이다. 시간은 사망하기 하루 전 아침 8시 34분이다. 사실 그에게 재해가 닥칠 조짐은 일찍부터 있었다. 지금 와서 보면 모두 '만성 피로증후군' 증상과 일치한다. 이는 일반적으로 감기와 비슷해 사람들은 종종 몸이 보내는 구조 신호를 잘 못 읽고 초기에 대응하지 못한다. 그래서 장시간 몸의 경고를 무시하다가 피로의 부하가 임계점에 도달하게 되고 결국 더 버티지 못하고 쓰러진다.

"다들 똑같이 야근하는데 아무도 안 죽었어요. 당신네 자식만 죽었습니다." 쉬샤오빈의 가족이 난야테크놀로지와 출근기록의 인정을 다툴 때, 교섭 과정에서 회사 측 대표가 이런 무정한 말로 응대했다. 한 글자 한 글자가 피가 맺히도록 가족의 가슴에 새겨졌다.

가족들은 분통이 터졌지만, 노동위원회勞委會*에 고발해 담당 기관이 시시비비를 가려달라고 요청하는 수밖에 없었다. 고발을 접수한 노동위원회 북구노동검사소는 회사가 주장하는 "회사 체류시간은 노동시간으로 볼 수 없다"라는 논리를 한 번에 판단하지 못하고 결국 노동위원회에 공문을 보내 해석을 요청했다.

가족들은 인내심을 가지고 조사 결과를 기다리며 각종 자료를 자세히 정리했다. 마침내 한 줄기 희망의 빛이 보였다. 가족들은 회사가 주장한 퇴근 시간 중에 쉬샤오빈이 클린룸**의 출입 차단문에 카드를 인식한 기록이 있음을 발견했다. "아들이 여전히 클린룸 안에 있었는데, 더 이상 그 애가 일하고 있었던 게 아니라고 궤변을 늘어놓지 못할 겁니다." 온 힘을 다 쏟은 쉬 씨 아버지가 말했다. 사측의 거듭된 회피에 맞서 쓰린 마음을 삼키고 클린룸 출입 기록을 내밀었다.

한편으로 가족들은 또 다른 싸움을 준비했다. 통신사에 쉬샤오빈의 휴대폰 통신기록을 요청했다. 가족들은 보통

....

*   2014년 2월 노동부勞動部로 승격되었다.
**   반도체 등 고도의 기술이 필요한 제품을 만들 때 품질을 유지하기 위해 먼지, 온습도, 압력 등을 제어한 격리실.

어머니의 귀가 독촉 전화인 가족과의 통화 외에 쉬샤오빈 통화 내역의 거의 대부분이 회사에서 걸려온 전화라는 사실을 발견했다. 분명 모두 업무로 인한 것일 텐데, 한밤중에도 통화 횟수는 줄지 않았다.

가족들이 각 관련 기관에 사건을 고발한 지 한 달이 지나 북구노동검사소는 회사의 논리를 뒤집고 '작업장 출입 기록'을 출근기록으로 볼 수 있다고 인정했다. 난야테크놀로지는 근로기준법상 노동시간 규정을 위반했다고 판단해 지방정부 관련 기관에 처벌을 넘겼다.

그러나 이것은 첫 번째 싸움에서의 승리일 뿐이었다. 실제 노동시간과 관련해 매일 식사 시간을 제외한 노동시간 산정 등의 문제에서 가족들과 회사는 여전히 다툼이 있었고 이번 싸움 역시 이겨야 했다.

돌파하기 어려운
의학 전문 판단

회사와의 다툼 외에도 가족들은 고군분투하며 노동시간 관련 자료를 모아 자세히 정리했고, 이를 노동보험국에 보내 산업재해 사망 급여를 신청했다. 2개월여의 심사를 거쳐 마침내 한 통의 공문을 받았는데, 결과는 노동보험국의 급여 신청 반려였다. 노동보험국과 특별 자문 계약을 맺은 의사 2명의 심사 의견서에는 각각 이렇게 쓰여 있었다.

> - 이 사건의 사인은 비후성심근병증 및 그 합병증이다. 이것이 가장 중요한 의학적 기전이다. 연장근로시간이 많든 적든 몇 시간인지 다투는 것은 전혀 관련이 없다(irrelevant). 이 사건은 직업상병에 속하지 않는다.
> - 비후성심근병증은 청년 돌연사를 일으키는 원인 중 하나다. 이 사건의 심인성 쇼크 돌연사는 개인 체질과 관련 있다(비후성심근병증과 직접적인 관련). 이 사건에 노동시간 범위에 대한 분쟁이 있으나 사인(비후성심근병증)은 업무와 무관하며 일반 상병에 속한다.

우리 사무실에서 '과로사'를 평가하는 데 가장 중요한 관건은 '과도한 노동시간'이다. 싸움의 정당성은 노동시간의 인정 공방이었다. 그러한 이때 우리는 가장 큰 도전과 맞닥뜨렸으니 바로 노동보험국 의사의 '의학적 판단'이었다. 이는 마치 구름 위까지 치솟은 장벽처럼 버티고 서서 싸움의 앞길을 가로막았다.

의사의 전문 의학적 판단에 근거하면 쉬샤오빈은 비후성심근병증으로 돌연사했고 노동시간과 전혀 무관하다는

것이다. 그러나 당혹스러운 것은 법의학자의 검시보고서
엔 명백히 사망이 과로와 관련 있다고 쓰여 있었다는 점이
다. 가족들은 쉬샤오빈의 사망 후 관련 자료를 대만대학병
원 직업의학과*에 제출해 진단을 요청했다. 대만대학병원
에서 발급한 직업병 진단 증명서에는 구체적인 결론이 적
혀 있었다.

   업무 과로 관련의 돌연사로 인정.
   우리나라의 직업성 순환기계 질병 인정 기준에 부합함.

  똑같은 전문의인데 완전히 상반된 의견이 나왔다. 어
떤 논리를 채택해야 하나? 내부 회의 중 나는 상관인 황쑤
잉 의원에게 의학적 판단의 영향을 받는 이 사건의 어려움
을 설명했다. 그 자리에서 한 사람을 생각해낸 황쑤잉 의
원은 즉시 휴대폰을 들었고 다름 아닌 국내의 저명한 심장
내과 권위자에게 전화를 걸어 자문했다. 상대방이 수화기
저편에서 "내가 며칠 전에 만난 환자는 아주 젊고 평소 휴
식도 정상이었지만, 수면 중에 갑자기 발병해 세상을 떠났

....
* 　업무와 질병 사이의 연관성을 연구하는 의학의 전문 분과. 일터에서의 노동
  자 건강 증진과 관리, 관련 제도와 정책 연구, 직업병 판정 등의 업무를 맡
  는다. 한국에서는 직업환경의학과.

다, 특별한 이유는 없었다"라고 했다. 그는 비후성심근병증이 야기한 심인성 돌연사는 비교적 본인의 질병과 관련 있을 수 있으며 과로에 의한 것임을 증명하기 어렵다고 말했다. 이는 사형선고와 다름없는 큰 타격이었다.

의학적 판단의 문제를 돌파하기란 무척 어려워 보였고 뚫고 나갈 길이 보이지 않았다. 우리는 어쩔 수 없이 쥐고 있던 사안을 잠시 내려놓고 우선 노동보험국 공무원과 가족을 불러 모아 조정회의를 열어 관련 문제를 규명하고 소통하기로 했다. 조정회의에서 우리는 먼저 가족들에게 사건 발생의 전말을 진술해달라고 부탁했다. 쉬 씨 아버지와 어머니는 말하는 도중에 눈물을 그치지 못했다. 회의에 참석한 사람 모두 눈시울이 붉어졌다. 노동보험국 공무원역시 목이 메어 대답했다. "저는 당신들의 심정을 충분히 이해할 수 있습니다. 제 조카도 과학기술 기업에서 일합니다. 가족들 역시 그의 건강을 몹시 걱정하고 있습니다." 과로하는 업무환경이 직장에 확실히 존재한다는 것을 사실상 공무원이 토로한 것이다. 노동자는 외줄 위를 걷는 것처럼 진퇴양난에 처해 있다. 법규와 제도상 인정의 어려움이 있지만, 모두 마찬가지로 가족들의 상황에 동감하고 마음을 졸이며 걱정하고 있다. 비극이 자기 자식들에게 일어날까 봐 두려워하고 있다.

노동보험국 대표가 현장에서 의사의 의학적 판단을 뒤집을 순 없었지만, 막힌 국면을 해결하기 위해 우리 사무실은 마침내 이런 결론을 내렸다. 노동보험국이 또 다른 의사에게 이 사건 심사를 요청해 만약 그 의사가 과로를 인정한다면 사건을 산업재해 사망으로 정정하는 것이다. 그 반대라면 가족들은 사건을 노동위원회에 보내 쟁의 심의를 신청하기로 했다. 그리고 동시에 직업질병감정위원회*에도 사건 감정을 의뢰하기로 했다. 그러면 사건 전체의 조사 과정에 행정 실수가 없었는지 따져보기 위해 노동위원회가 내부 검토에 들어가야 한다.

　　이제 싸움은 길어질 것이고 또 새로운 싸움이 시작됐다. 세 번째 의사의 심사 결과는 이번 싸움의 결과에 영향을 미칠 것이다. 가족들이 긴 시간 좌절하고 꺾이는 모습을 보며 나는 이번 관문에서 순조롭게 과로를 인정받을 수 있기를, 길고 긴 직업병 감정 절차까지 가지 않기를 마음속으로 기도했다. 그러나 세 번째 특별 자문의 보고서는 바람과 달리 다음과 같은 결론을 냈다.

　　첫째, 법의 부검 보고서에 근거해 이 사건의 사인은 비후성

....

* 　　　한국에선 근로복지공단 산하 질병판정위원회.

심근병증으로 인한 심인성 쇼크 사망이다. 문헌에 근거하면 비후성심근병증Hypertrophic cardiomyopathy은 유전성 질병이다. 즉, 발생 원인은 유전에 기인한다. 유병률 0.2%로 청년 돌연사sudden death의 가장 흔한 원인 중 하나다.

둘째, 비록 이 사건의 발병 전 1개월의 초과근로시간이 94.5시간이고 초과근로의 증거가 있음이 행정상 인정되었으며, 고혈압, 고혈당, 고지혈, 비만 등 개인 위험 요소가 없었고, 또한 과거 병례에서도 운동선수의 극렬한 운동이 비후성심근병증으로 인한 돌연사와 관련이 있음을 발견했다. 그러나 문헌 조사에서 초과근로시간 혹은 심리 스트레스와 비후성심근병증으로 인한 돌연사 간의 관련 연구를 찾을 수 없고, 또한 초과근로시간으로 인한 심혈관질병은 주로 관상동맥질병이거나 혈관 병변과 관련이 있는데 비후성심근병증으로 인한 돌연사는 주로 부정맥과 관련이 있어 병리 기전에 부합하지 않는 부분이 있어 보인다. 한편, 비후성심근병증 운동선수의 돌연사는 주로 신체상의 과도한 부하라서 이 사건의 초과근로시간의 부하와 동일한 부분이 없다고 보이므로 직접적으로 추론할 수 없다.

셋째, 또한 최근 관련 연구에 따르면 초과근로시간이 비후성심근병증으로 인한 돌연사의 위험인자에 들지 않았고 기초 예방에서도 나타나지 않았다.

넷째, 병리 부검 및 법의학자의 논의를 거친 결론, 즉 과로가 심장병변을 가중했다는 보고는 병리해부학적 소견의 전문용어에 속하지 않으며 이 사건의 초과근로시간 정황을 참작해 내린 종합적인 판단이다.

종합적으로 비록 이 사건에 초과근로 사실이 있으나, 연구 증거에서 초과근로시간이 비후성심근병증으로 인한 급사를 가중하거나 야기했다는 증거가 부족하고, 또한 비후성심근병증의 병리 기전은 유전성 질병이므로, 이 사건의 업무 요소와 개인 체질 요소를 가늠해봤을 때 이 사건의 돌연사는 주로 개인 체질과 관련이 있다(전체 요인을 100으로 할 때 개인 체질에 따른 요인이 50보다 큼). 따라서 이 사건의 질병은 직업병에 속하지 않는다.

세 번째 특별 자문의 역시 '과로사'가 아니라는 입장을 견지했지만, 우리는 여전히 마음을 접지 못했다. 의사의 이런 판단에 여전히 의혹이 있었다. 우리는 끝까지 상소하기로 했고, 이어서 직업질병감정위원회의 전문 심사를 요청했다.

과로 인정 신청 과정에서 한 가지 상식에서 벗어나는 일이 있었다. 계속해서 과로 인정이 좌절되자 가족들은 노동보험국 심사 과정을 이해해보려고 변호사에 의뢰해 자료 열람을 신청했다. 그런데 뜻밖에도 노동보험국이 자문의에게 제공한 자료에 심각한 누락이 있음을 발견했다. 매월 연장근로시간 통계표, 직업병 신청 사유서, 대만대학병원 직업병 진단 증명서, 클린룸 출입카드 기록, 북구노동검사소의 회사 위법사실 판정서 등을 포함해 이 사건에 유리한 자료가 모두 보이지 않았다. 남은 자료는 단지 상장, 상패 영인본, 급여명세서 등 자잘한 것들뿐이었다. 여기에 난야테크놀로지에서 제공한 자료가 첨부돼 있었으니 이것들이 의사의 판단에 영향을 준 것이 명백했다.

노동보험국은 문서 담당 직원이 열람 자료를 누락한 것뿐이라고 변명하며 자문의에게 보낸 의뢰엔 참고할 수 있는 모든 자료를 동봉했다고 했지만, 한 번 좌절을 겪은 가족들은 행정기관에 대한 불신이 더 커졌다. 그리고 끝까지 조사를 요구하기로 결심했다.

제도를 바꾸는 계기

자문의는 심사 보고서에서 쉬샤오빈의 사망이 그의 개인 질병과 관련이 있지, 직업병은 아니라고 판정하며 그 근거로 현재 비후성심근병증이 초과근로시간과 관련이 있다는 문헌자료가 없다고 언급했지만, 우리는 그런 논리가 완전하지 않다고 여겼다. 왜냐하면 비후성심근병증이 초과근로시간과 관련이 없음을 증명하는 문헌이 있는 것도 아니고, 관련성을 입증할 문헌이 없다는 것이 그런 상황이 발생하지 않는다는 증명은 아니기 때문이다.

게다가 대만대학병원 직업의학 전문의가 이 사건이 초과 시간 연장근로와 관련이 있다고 판정한 바 있으므로 가족들과 논의한 끝에 기자회견을 열기로 했다. 이 기회에 노동위원회가 직장 과로 현상을 직시하고 가혹한 과로사 인정 기준을 전면 재검토하기를 바랐다.

기자회견이 열리는 날, 테이블 위에 회사가 수여한 상장, 상패가 가득 놓였다. 쉬 씨 어머니는 아들의 영정사진을 안고 구석에서 안절부절 초조하게 기자회견을 기다리고 있었다. 겁에 질린 모습을 보니 사람들 앞에 나서는 일에 익숙하지 않은 것이 분명했다. 줄곧 가정주부였다. 평소 모르는 사람과 이야기하는 데에도 겁을 먹는데 이제 수많은 언론매체와 대면해야 한다. 그러나 아들을 위해 용기를 낸 어머니는 직접 나서기를 원했다.

쉼 없는 플래시 세례를 맞으며 쉬 씨 아버지와 어머니는 손을 꼭 잡고 용기를 다졌다. 많은 카메라 렌즈 앞에서 목이 멘 채 사랑하는 아들을 잃은 과정을 진술하고 노동위원회에 직접 재해 인정을 신청하며 겪은 여러 어려움을 토로

했다.

이 기자회견은 대만에서 최초로 과학기술업계 노동자의 과로사를 조명한 것으로 엄청난 여론의 반향을 일으켰다. 국내외 매체에서 지면을 대폭 할애한 기획보도를 연달아 내보냈고, 국회에서도 노동위원회에 과로 안건 보고를 요구했으며, 인터넷상에서도 '과로 반대'의 연대 움직임이 일어났다.

기자회견이 이러한 호응을 끌어낸 것은 쉬샤오빈의 사건이 결코 특별한 사례가 아니며 수많은 노동자가 처한 환경이라는 사실이 반영된 것이다. 대만 노동자는 장기간 과로하는 업무환경에 처해 있었고 수많은 사람들 역시 과로사의 비극이 자신 혹은 가까운 가족과 친구들에게 일어날까 걱정하고 있었다. 그 때문에 과로 문제가 여론에 불을 붙이는 상황이 가속되었다.

기자회견은 동시에 일터에서 '재량근로제'를 남용하는 병폐를 폭로했다. 대다수 회사의 '재량근로제' 규정은 모두 위법이다. 그러나 재량근로제는 과학기술업계에 보편적으로 존재할 뿐만 아니라 각종 업계에 은밀하게 퍼져 있었다. 많은 사람이 재량근로제가 노사 쌍방이 자발적으로 약정한 일종의 업무규칙이라고 알고 있지만, 사실상 법령 규정은 그렇지 않다. 근로기준법 규정에 따라 재량근로제의 작업자는 우선 노동위원회가 적용을 지정한 대상에 부합해야 한다. 그런 다음 회사가 지방정부 노동 담당 기관에 심의등록을 해야 비로소 인정된다. 노사가 재량근로제를 논의해서 정한다고 절대 바로 가능하지 않다. 많은 노동자가 재량근로제를 강요받으며 부당하게 권리를 침해당하고 있다.

"제조업은 원래부터 재량근로제가 아니었다. 사장이 재량근로제라고 정하면 재량근로제인 것이 아니다." 노동위원회 노동조건처장 쑨비시아係碧霞는 당시 계속 강조했다. 각계 기업의 재량근로제 위법 남용을 묻는 시민 목소리에 응답하기 위해 현직 노동위원회 위원장 왕루쉔王如玄은 앞으로 1개월 안에 노동조건 전문 조사 계획을 세우고 첨단 과학기술 기업 노동자의 노동 권익을 확보하겠다고 공개적으로 말했다.

과로사 문제는 계속해서 주목을 끌었다. 여론의 압력에 노동위원회는 결국 일본의 기준을 차용해 과로사 인정 기준을 완화했다. 직업으로 촉발된 정황이 있으면 관련 질병은 모두 직업병으로 인정했다. 또한 '업무시간' 인정 기준을 낮췄을 뿐만 아니라 '업무 부담의 과중 여부'도 과로사 판정 기준으로 삼았다.

쉬샤오빈 사건은 대중의 관심 속에서 노동위원회 직업

질병감정위원회의 3차 심사를 거쳐 결국 직업병 과로사로 인정받았다. 이는 바뀐 제도가 적용된 첫 번째 사례이자 산업재해 문제의 신기원이었다.

일본의 모 은행 노조원은 일찍이 이렇게 표현했다. "과로하는 노동자는 모래시계 속에 갇힌 개미와 같다. 오랜 시간 과도하게 밀집된 노동을 하다 감당할 수 없는 업무에 함몰되어 결국 죽고 만다."[2] 대만 일터에서 모래시계 속 개미는 늘 존재했다. 누군가는 묵묵히 일하다 견디지 못해 이직해버리고, 누군가는 문제가 생기면 내 몸이 부실해 업무 스트레스를 감당하지 못한다고 여긴다.

쉬샤오빈의 사건은 대만 사회에 모래시계라는 존재에 대한 두려움을 일깨웠고, 과로에 짓이겨지는 현실을 드러내 변화의 목소리를 불러일으켰다. 노동위원회가 초과 시간 연장근로와 재량근로제의 위법 문제를 직시하도록 압박했고, 과로사 인정 기준을 고치게 했을 뿐만 아니라 근로기준법 개정을 촉진했다. 또한, 과도한 노동시간에 대한 처벌을 강화하고 '과로 방지 조항'을 산업안전보건법에 삽입하도록 했다.

쉬샤오빈, 29살의 엔지니어, 모래시계 속에서 함몰된 개미 한 마리. 그 청춘의 역사는 미처 쓰이지 못했지만, 그의 비극은 노동운동 역사의 한 페이지에 기록됐다. 그리고 수많은 개미의 운명을 바꿨다.

재량근로제

일부 업종은 그 특수성으로 인해 중앙주무기관의 사정 공고를 거쳐 근로기준법상 노동시간, 휴가, 연장근로수당, 여성야간작업 등 사항의 규범을 적용받지 않을 수 있으며, 이를 재량근로제라고 한다. 이는 근로기준법 제84조 제1항에 명시되어 있으므로, 기업에서 자체적으로 재량근로제를 실시할 수 없다. 일반적으로 사업주가 '재량근로제'라는 이름을 붙여 노동자에게 수당 없는 연장근로를 강제하고 있는데, 노동부에서 공고한 업종 이외엔 모두 위법 행위에 속한다. 게다가 노동부가 공고한 업종이라 하더라도 사업주와 개별 노동자가 날인한 근로계약을 반드시 지방주무기관에 보내 심의등록을 해야 한다. 만일 심의등록 신청을 하지 않거나 심의등록이 반려되면 근로기준법 제84조 제1항은 적용되지 않는다. 이 밖에도 근로기준법 제84조 제1항이 적용되는 업종에서의 노동시간 역시 무한한 것은 아니다. 여전히 노동자의 건강과 복지가 손상되지 않아야 한다는 전제가 있다.(9장 참고)

첨단과학기술업계의 과로 환경

2014년 10월 29일, 기가스토리지 및 기가솔라*의 전임 회장 천지런陳繼仁이 과로로 세상을 떠났다. 향년 54세였다. 그는 생전에 직원들에게 보낸 마지막 편지에서 이렇게 언급했다. "17년 동안 내 몸을 과도하게 초과 사용했습니다. 이제 그동안 몸을 부당하게 대했던 빚을 천천히 갚아가겠습니다." 인벤테크그룹英業達集團**의 부회장 원스런溫世仁 역시 뇌혈관 파열로 인한 뇌졸중으로 끝내 사망했다. 향년 55세였다.

모두를 안타깝게 한 두 원로의 갑작스러운 사망은 과학기술업계의 일터 환경을 여실히 드러냈다. 첨단과학기술산업은 대만 산업을 이끄는 화려한 선두마차이지만, 긴 노동시간, 높은 스트레스의 노동환경으로 악명 높다. 고위 관리직뿐만 아니라 엔지니어도 고위험군이다. 과학기술업계의 노동자는 늘 노동환경으로 인해 '간이 폭발爆肝'*한다고 자조 섞인

···········

*   기가스토리지(GIGASTORAGE corp.=國碩科技工業股份有限公司)는 태양전지 재료 등 첨단공학 재료 생산을 주력으로 하는 대만공업주식회사이고, 기가솔라(GIGA SOLAR MATERIA corp.=碩禾電子材料股份有限公司)는 기가스토리지의 태양에너지 재료 관련 R&D 전문 회사다.

**   Inventec. 노트북컴퓨터 등 전자통신기기 생산을 주력으로 하는 회사

농담을 하며 갓 졸업한 신입사원을 가리켜 '신선한 간을 팔러왔다'고 한다.

첨단과학기술산업은 왜 이처럼 목숨을 담보로 과로하는 걸까? 이런 현상은 사실 산업의 구조 및 특수성과 연관되어 있다.

대만의 전자과학산업은 1990년대부터 빠르게 부흥하며 수출 주류 산업이 되었다. 대만대학교 국가발전연구소 신빙룽^{辛炳隆} 교수 등은 연구3)에서 대만 전자업계가 대부분 OEM제조 위주로 머물러 있어 시장 통제가 부족하며, 그 때문에 반드시 효율성과 대량 생산으로 여타 글로벌 제조업체와 경쟁해야 한다고 지적했다. 게다가 전자제품 자체의 생존 주기 또한 짧다. 18개월마다 새로운 마이크로프로세서가 생겨나고(무어의 법칙**) 관련 제품도 날마다 마이크로화된다. 제품을 제시간에 시장에 공급할 수 있는지가 경쟁 성패의 관건이므로 더욱 연구 개발 생산을 가속해야 한다. 그러니 클라이언트의 요구를 충족하고 주문을 따내기 위해 장시간 노동은 거의 모든 전자산업의 일반적인 상황이 되어버렸다.

신빙룽 등 학자들은 첨단과학기술업계의 사업주와 노동자들을 대상으로 설문조사를 실시했다. 조사 결과에 따르면 연장근로가 잦은 직무의 노동자가 매주 평균 10시간을 초과해 연장근로하는 비율이 76.4%였고, 20시간을 초과하는 경우도 17.9%에 달했다. 조사에서 초과 연장근로의 원인으로 꼽은 상위 3가지 이유는 각각 업무 특성(53%), 클라이언트의 일정 압박(46%), 주문 물량에 맞추기 위함(36%)이었다. 그리고 '인재 혹은 인력 부족'을 원인으로 꼽은 비율도 30%나 됐다.

설문에 응한 첨단과학기술업계 종사자 중 63%는 "출근 시간은 정해져 있으나, 퇴근 시간은 정해져 있지 않은 재량근로제"라고 답했다. 15%는 "출퇴근 시간 모두 정해져 있지 않은 재량근로제"라고 답했다. 그러나 노동부 규정에 따르면 현재 첨단과학기술업계 노동자들은 재량근로제 적용 범위에 해당하지 않으므로 이 결과는 78%에 달하는 첨단과학기술업체가 재량근로제를 남용하는 위법을 저지르고 있음을 나타낸다.

이 밖에 설문에 응한 노동자의 평균 노동피로 점수는 58점에 달했다(총 100점 만점). 전국 노동자를 대상으로 한 조사에서 평균 점수가 28.2점이었던 데 비하면 2배 이상 높은 것이다. 이 역시 첨단기술업계의 과로 상황이 상당히 심각하다는 것을 보여준다.

첨단과학기술업계는 많은 연봉으로 구직자를 유혹하며 젊고 유능한 다수의 인재를 끌어당기고 있지만, 그 안에서 노동력은 소모품처럼 사용되고 노동자의 건강은 위협받고 있다. 정부, 기업, 노동자 모두 많은 연봉으로도 건강과 생명을 되돌릴 수 없다는 사실을 인식해야 한다. 첨단기술업계의 과로 행태 개선은 더는 늦출 수 없는 일이 되었다.

....

* 과로에 시달려 간이 피로해지고 기력이 나빠지는 것을 이르는 말로 온라인에서 유행했다.

** Moore's law. 반도체 집적회로의 성능이 24개월마다 2배로 증가한다는 법칙. 경험적인 관찰에 바탕을 두고 있다. 인텔 공동 설립자 고든 무어가 1965년에 내놓은 것이다.

* 후주

1) 쉬샤오빈 가족들이 신원 노출을 원하지 않았기 때문에 이름 대신 쉬 씨 아버지, 쉬 씨 어머니, 쉬 씨 누나로만 칭했다.

2) 廣瀨俊雄 編著, 沈永嘉 譯, 『怎麼避免過勞死』, 68頁, 暖流出版社, 1996. 6.

3) 辛炳隆 · 林良榮 · 葉婉榆, 《防範職場過勞並促進產業競爭力之研究》, 2013. 5.

2장
가슴 아픈 장례식

민의를 대표하는 국회의원 사무실에 매일같이 쏟아지는 우편과 팩스 속에는 늘 몇 건의 부고가 섞여 있다. 만장 처리는 거의 모든 사무실에 필수인 관행 업무 중 하나이며 장례식 참석 역시 늘 있는 일이다. 심지어 몇몇 지방의원은 직접 장례식장에 전담 보좌관을 파견해 상주시키고 선거구 내 주민의 장례식에 참석하게 한다. 그날 나는 어느 장례식에 참석했다.

쓸쓸한 작별

고인은 29세의 건물 보안요원 아웨이阿瑋(가명)였다. 장시간 초과근로에 잠도 못 자고 쉬지도 못한 채 일하다 과로사했다. 그는 내가 맡았던 민원 사건 당사자였다. 장례식 며칠 전, 그의 모친 장 씨(가명) 어머니가 사무실로 전화를 걸어와 장례식에 참석해달라고 부탁했다. 지난 수년 동안 그들 모자는 둘만 의지해 생계를 꾸리느라 친지, 친구들과의 왕래가 드물었다.

"빈소에 사람이 없어 썰렁해 보일까 봐 걱정돼요." 연일 뒤처리하느라 분주했던 장 씨 어머니의 목소리는 쇠약했지만, 애타는 심정이 고스란히 드러났다. 한 어머니의 간곡한 부탁을 거절하기란 실로 어렵다. 냉정해 보려 했으나 한동안 마음 한구석이 아려 차마 말이 나오지 않았다. 나는 서둘러 답을 보내 즉시 일정을 잡았다.

그날 장례식은 기독교장으로 치러졌다. 이상한 건 장 씨 어머니도 아웨이도 기독교인이 아니었다는 사실이다. 어떻게 된 걸까? 여기저기서 사정을 듣고서야 알게 되었다. 우리 풍습엔 머리가 흰 사람이 머리 검은 사람을 여일 수 없다는 관행이 있고 장례의식도 복잡한 편이다. 아웨이에겐 장례 진행을 도와줄 동년배 친지도 없었다. 결국, 상조회사의 제안에 따라 더 간단한 기독교식으로 장례를 치르기로 했다.

장례식에 한 무리의 낯선 성가대가 찬송가를 부르고 목사가 의식을 진행하고 있었다. 장 씨 어머니는 얼굴에 피곤한 기색이 가득하고 초췌한 몰골이었다. 검은색 폴로셔

츠를 입은 한 젊은 남자가 영정 앞에 서 있었다. 붉은 콧등이 울었던 흔적을 드러내 주었다. 아마도 아웨이의 생전 몇 안 되는 친구인가 보다. 그 외에 장례식장에는 나와 내 상관인 황쑤잉 국회의원, 몇 명의 노동단체 사람들뿐이었고 다른 조문객은 거의 없었다.

쓸쓸한 장례식이었다. 관 속에 놓인 것은 장 씨 어머니가 결코 받아들이고 싶지 않은 현실이었다. 자신의 금쪽같았던 아들 곁을 홀로 지키며 충혈된 눈으로 그의 마지막을 배웅했다.

아웨이, 이제 막 세상을 떠난 청춘, 그리고 세상으로부터 빠르게 잊힐 청춘. 이 세상에서 장 씨 어머니 외에 그를 마음에 둘 사람은 아마도 거의 없을 것이다. 생전에 목숨 바쳐 일했던 보안회사에서조차 조문 온 사람이 없었다.

청소년 시절 아웨이는 직업고등학교 냉동에어컨과에 진학했다. 졸업 후 과학기술대학에 응시했으나, 집안에 경제적 부담이 지워지는 걸 안 순간 학업의 길을 포기하고 군에 입대했고 취업해서 돈 벌 날만 기다렸다. 제대 후 집안에 돈이 급히 필요했기 때문에 좋아하는 일을 천천히 선택할 엄두를 내지 못했다. 일해본 경험도 부족하니 선택의 폭이 넓지 않던 차에 보안 업무는 나름 최적의 취업 기회였다. 이렇게 곧장 과로 인생으로 들어서서 되돌아갈 수 없는 길에 서게 되리라고는 생각조차 못 했다.

아웨이는 매일 12시간 넘게 일했고 휴가도 드물었다. 매일 퇴근 후에는 녹초가 되어 그저 자고 싶을 뿐이었다. 일을 제외한 다른 여가생활도 거의 없었다. 그는 자신만의 작디작은 생활반경 속에서 이렇게 지냈다. 쓸쓸한 장례식은 그의 삶의 고단함과 적막함을 적나라하게 드러내 보였다.

나는 영정 앞에서 고인의 얼굴을 바라보기가 두려웠다. 나와 비슷한 또래인 그가 끝끝내 삶을 더 누릴 기회가 없다는 사실을 마주하기가 힘들었다. 설마 이것이 우리 세대가 필경 받아들여야 할 잔혹한 운명인가? 스물아홉이면 청춘을 누려야 할 나이인데 어쩌다 차가운 관속에 누워 있단 말인가? 심지어 조문 오는 친구조차 거의 없다. 그가 열심히 일해 돈을 번 것은 '생활'을 위해서가 아니라 겨우 '생존'하기 위해서였다.

아웨이는 모든 것을 희생했고 마지막엔 목숨까지 바쳤다. 얻은 것은 무엇인가?

장례 치를 돈이 없다

우리 사무실이 과로사 문제에 관심을 가지면서 엔지니

어 과로사 기자회견을 열고 난 후, 연이어 수많은 과로 사건 진정이 밀려들었다. 2011년 2월 음력 설이 막 지나고 아직 모두가 왁자지껄한 명절 분위기 속에 있을 때 사무실에 한 통의 진정 전화가 걸려왔다. 상심에 빠진 한 어머니였다.

"제 아들이 보안회사에서 일하다 죽었어요. 영안실에 누운 지 벌써 두 달이 넘었는데 장례를 치를 돈이 없어요. 어떻게 하면 좋을까요?" 장 씨 어머니가 하소연했다. 은행 잔고는 2만 위안(80만 원)가량이고 매달 월세 8,000위안(32만 원)을 내야 하는데 아들이 죽은 지 두 달이 되도록 회사는 거들떠보지도 않는다고 했다. "이제 누구를 찾아가야 할지 모르겠어요."

장 씨 어머니에겐 정말 처참한 설 명절이었다. 그는 아들을 잃었고 생계를 의지할 곳도 갑자기 사라졌다. 아들의 장례도 치르지 못하고 홀로 망연자실 어디로 가야 할지도 모른 채 어렵게 지내고 있었다.

아웨이는 2001년 해당 보안회사에 입사해 9년 남짓 재직했다. 비록 고된 교대근무였지만, 최소한 집안 생계를 지탱할 수 있어 어머니와 단둘이 의지하며 살았다.

2010년 11월 14일 정오, 장 씨 어머니는 평소처럼 아들의 회사로 도시락을 가져다주었다. 일하고 있는 아들에게 관심을 보이며 물었다. "얘, 지금 뭐하니?" 그는 "보고서를 쓰고 있어요"라고 짤막하게 대답하고는 곧바로 머리를 숙여 다시 일에 몰두했다. 어머니에게 대꾸할 잠깐의 시간도 없어 보였다. 노닥거릴 겨를이 없는 걸 본 장 씨 어머니는 아들의 일을 방해하지 싶지 않아 몸을 돌려 집으로 돌아갔다. 집에 돌아오고 얼마 후 아웨이의 동료로부터 전화가 왔다. 뜻밖에도 아웨이가 뇌졸중이라는 소식이었다.

아웨이 동료의 진술에 따르면 아웨이는 당일 오후 건물 당직을 설 때 갑자기 쓰러졌다. 동료가 급히 병원으로 옮겼는데, 현장에서 출혈성 뇌졸중 진단이 내려지고 의사가 응급치료를 시작했다. 입원한 지 22일 뒤 아웨이에게 끝내 사망선고가 내려졌다.

"그게 우리 모자의 마지막 대화였어요. 그때 아들의 목소리는 분명 아주 또렷했어요." 장 씨 어머니는 마지막 장면을 떠올렸다. 자신이 미세한 징후라도 놓쳤을까 싶어 머릿속으로 수십번 되돌려 생각해봤지만, 도무지 알 수가 없었다. 아들이 이렇게 갑자기 이 세상에서 사라져 다시는 돌아올 수 없다는 사실을 받아들이기 힘들었다.

장 씨 어머니는 전에 신문에서 쉬샤오빈의 과로사 기사를 봤던 일을 기억해냈다. 당시 쉬샤오빈과 똑같이 29살이었던 아웨이에게 말했다. "네가 너무 과로하는 게 걱정돼.

그러다 몸이 감당할 수 없을 거야, 쉬샤오빈처럼 되는 거 아니니?" 아웨이는 어머니를 안심시키며 말했다. "에이, 아니에요!" 한 달 뒤에 아웨이가 정말로 쉬샤오빈의 뒤를 따라갈 줄은 생각지 못했다. 장 씨 어머니는 차라리 그런 말을 하지 않았더라면 싶었지만, 모든 것이 부질없었다.

가난한 집의 곤경

아웨이 집안에는 쌓인 빚이 많았다. 가난한 집 아이는 때때로 남모를 부담을 많이 짊어졌다.

장 씨 어머니는 외성인外省人* 2세였다. 부모가 국민당 정부를 따라 대만으로 넘어왔다. 그래서 대만에는 다른 친척이 없었다. 부모는 1996년에 잇따라 세상을 떠났고, 남편과 이혼하면서 홀로 어린 아들을 키우며 생계를 꾸렸다. 최근 몇 년 사이 중고령인 장 씨 어머니가 일자리를 구하기 어려워져, 안정적인 직업 없이 아웨이의 적은 월급에 의지해 생활했다. 늘 수입보다 지출이 많았다. 계속해서 패물과 주식을 현금으로 되팔면서 집에 재산이라

....

* 1945년 일제 패망 이후부터 1980년대 말까지 중국 대륙에서 대만으로 이주한 사람들을 일컫는 말. 특히 1949년 국공내전 당시 중화민국 정부를 따라 이주한 사람들이 가장 많았다.

고는 거의 다 사라졌다. 결국에는 빚을 질 수밖에 없어 가난의 악순환에 빠졌다.

아웨이가 막 입사했을 때 월급은 약 2만5,000위안(100만 원)이었다. 9년 동안 성실하게 열심히 일한 결과 고작 2,000위안(8만 원)이 올랐을 뿐 여전히 3만 위안(120만 원) 문턱을 넘지 못했다. 연평균 200위안(8,000원) 오른 셈이다. 그러나 그의 노동시간은 초장시간이었다. 매일 12시간을 넘기며 일했고 쉬는 날은 한 달에 대략 6일이었다. 그야말로 저임금 노동자였다.

나는 그의 은행 계좌 내역을 살펴보다가 아웨이가 에누리 없는 '월광족月光族'*이었다는 사실을 발견했다. 매월 잔액은 거의 한 자릿수였다. 그의 씀씀이가 크기 때문이 아니었다. 전적으로 월급은 너무 적은데 모자 두 사람의 생계를 부담해야 했기 때문이었다. 그가 아무리 오랜 시간, 열심히 일하더라도 '먹고살기 빠듯한' 운명을 벗어나기 어려웠다. 부자가 되기는커녕 생존하는 것조차 힘에 겨웠다. 거기에 스트레스까지 더해지니 그는 거의 숨조차 쉴

* '월급을 다 쓰는 사람'. 소비 성향이 강한 중국의 신세대를 부르는 신조어. 중국에서는 부정적인 의미로 사용되지만, 여기서는 월세, 식비, 의복비 등 고정 지출을 하고 나면 어쩔 수 없이 월급을 다 써 남는 돈이 없는 워킹푸어에 빗대었다.

수 없을 정도로 짓눌렸다. 하지만 곤경에서 벗어날 수 없었다. 그저 밑바닥 세계에서 발버둥칠 뿐이었다.

한부모 가정 출신의 아웨이는 장 씨 어머니가 걸어온 고생길을 매우 잘 알았다. 가족을 부양하기 위해 버스안내양, 채소행상 등 수많은 일을 전전하며 심지어 탁아방도 열었었다. 공교롭게도 그와 어머니, 외할아버지 3대가 모두 보안 순찰 일을 했었다. 아웨이가 인생의 말로에 이르기 직전 보안요원 제복을 입고 있었던 것은 운명의 아이러니였다.

장 씨 어머니의 부친 위신余信(가명)은 일찍이 캐세이병원國泰醫院* 근처 지역에서 순찰원을 했었는데, 지금의 보안 업무와 비슷한 일이었다. 1996년 위신이 세상을 떠나고 장 씨 어머니가 아버지의 순찰원 일을 물려받아 매일 오후 4시부터 저녁 12시까지 8시간씩 일했다. 퇴근은 매우 늦었지만, 업무는 단순했다. 월급은 약 1만8,000위안(72만 원)이었다. 장 씨 어머니는 돈을 더 벌기 위해 순찰원 일 외에도 환경보호국에서 거리 청소 일도 도맡았다. 늦은 밤 순찰을 끝낸 뒤에 재빨리 미화원 옷으로 갈아입고 빗자루를 들고서 길을 따라 청소했다. 새벽 6시나 돼서야 겨우

....
* 캐세이의료재단에서 운영하는 타이베이시 소재의 종합병원.

집에 돌아와 쉴 수 있었지만, 오후 1시에는 다시 환경보호국으로 돌아가 보고해야 했다.

두 가지 일을 하다 보니 쉴 시간이 거의 없었다. 장 씨 어머니의 모친 왕리王麗(가명)는 당시 73세의 고령이었는데 딸의 거리 청소 일을 대신하겠노라고 말했다. 힘들게 고생하는 딸을 차마 그냥 두고 볼 수 없어 일찍 집에 돌아가 쉴 수 있게 하려는 것이었다. 그러나 모친의 좋은 뜻이 장 씨 어머니의 평생의 한이 될 줄은 미처 몰랐다. 왕리는 일을 하러 간 첫날, 길을 청소하다 차에 부딪혀 현장에서 사망했다.

이것은 장 씨 어머니의 고통이자 무엇으로도 메울 수 없는 상처다. 사고 현장의 목격자가 있었지만, 사건 발생 당시 비가 내리고 있어서 시야가 어두웠기에 사고를 내고 도주한 차량번호와 차량 모델을 확인하기 어려웠다. 당시 현장 처리를 담당한 경찰이 즉시 증거를 수집하지 않아 뺑소니 운전자는 지금까지도 잡지 못했다.

장 씨 어머니는 모친의 억울함을 풀기 위해 뺑소니 차주를 쫓기로 하고 십여 년을 소송에 매달리며 가산과 청춘을 모두 탕진했다. 원래 가난했던 집안 형편에 더욱더 설상가상이었다. 이것은 또한 아웨이가 한쪽 어깨에 짊어져야 했던 부담의 주요한 요인이기도 했다.

초과근로시간의 다툼

  관련 자료를 수집하고 아웨이의 집안 사정을 알게 된 후
우리는 '속전속결' 전략을 채택했다. 하루빨리 과로사 인
정을 쟁취해 장 씨 어머니의 경제 상황 악화를 막고 고인
이 안식을 얻게 하기 위해서였다. 전술은 두 가지였다. 하
나는 노동위원회에 과로사 산업재해 인정을 신청하는 것
이고, 다른 하나는 동시에 기자회견을 열어 노동위원회를
규탄하는 것이었다. 노동위원회가 보안요원의 노동조건
보장에 장기간 소홀했고 과도하게 긴 노동시간이라는 현
실을 경시했다는 내용이었다.

  기자회견 이후 언론은 보안요원의 과로를 대대적으로
보도했다. 이즈음 사무실로 전화가 걸려왔다. 통화 상대
는 아웨이가 보안을 담당했던 건물의 주민이라고 자신을
소개했다. 그의 말에 따르면 당초 아웨이의 사망 소식을
들은 주민들이 보안 당직 도중에 목숨을 잃은 데 대한 인
도적인 배려로 자발적 모금을 했다고 한다. 그렇게 30만
위안(1,200만 원)대의 모금액을 전했는데 왜 장례조차 치르
지 못했냐는 문의였다.

  장 씨 어머니조차 이 모금액에 관해 모르고 있었다. 자
세히 조사한 결과 우리는 이 돈이 건물 관리위원회에 계속

보관돼 있다는 걸 알아냈다. 그러나 관리위원회는 장례 절차가 잘 마무리된 후에야 장 씨 어머니가 모금액을 수령할 수 있다는 입장을 견지했다. 지금 당장 장례 치를 돈이 없는데 말이다. 몇 차례의 교섭 끝에 장 씨 어머니는 비로소 모금액을 받아 아웨이의 장례를 치를 수 있게 되었다.

노동보험 산업재해 사망 급여 신청에선 초과근로 기록이 매우 명확했기 때문에 과로 인정에 논쟁이 별로 없었고 순조롭게 산업재해 과로사 인정이 통과되었다. 회사가 명백하게 법을 어겼으므로 장 씨 어머니는 부당함을 바로잡기 위해 법원에 민사소송을 제기했다. 수년간의 초과근로 수당 및 재해 사망에 대한 손해배상 청구였다.

3년여의 긴 소송 끝에 나온 결과는 좋은 소식이 아니었다. 2014년 11월 19일 대만 고등법원은 장 씨 어머니의 패소를 판결했다. 고용주가 아웨이와 노동시간을 약정한 계약서를 제출했는데 명시된 바에 따르면 매월 소정근로시간이 252시간에 달할 수 있고 매월 연장근로시간은 최대 100시간이었다. 법원은 보안요원을 근로기준법 제84조 제1항의 적용 대상으로 간주하고 해당 약정서 또한 노동자가 서명하여 동의했으므로 비록 지방노동국의 심의등록을 거치지 않았으나 노동자의 의사에 반하지 않는다고 보았다. 설령 회사가 노동시간 상한을 위반하고 초과근로수당을 지불하지 않아 노동국의 처벌을 받았다고 해도 행정 처분은 법원 결정에 구속되지 않으며 고용주가 초과근로수당을 지불하지 않아도 된다고 최종 판결했다.

법원 판결 결과는 장 씨 어머니에게 큰 충격을 가져다주었으나 우여곡절 끝에 판결 확정 이틀 뒤인 2014년 11월 21일 대법관이 726호 해석을 내놓으며 근로기준법 제84조 제1항의 적용대상을 확립했다. 이는 고용주가 지방관할기관의 심의등록을 받지 않았다면 노사 쌍방이 자의적으로 맺은 노동시간 계약은 무효이며 근로기준법의 노동시간 보장으로 귀속되어야 한다고 본 것이다.

2016년 3월 11일 대법원은 초과근로수당 청구분에 대해 노동자가 고용주와 노동시간 등의 사항을 별도 약정한 것을 인정하더라도 노동자 권익을 보호하는 입법 목적에 근거해 시행되어야 하는 만큼, 심의등록을 거치지 않은 별도 약정이 노동자에게 불리하다면 무효에 속한다고 판단했다. 따라서 이전 재판에서 장 씨 어머니의 청구를 기각한 판결을 폐기하고 고등법원 재심으로 돌려보냈다. 그러나 산업재해 사망의 손해배상 부분에 대해서는 원심 결과를 유지했다. 2017년 2월 15일 고등법원은 고용주가 초과근로수당을 지불해야 한다고 확정판결했다. 6년에 가까운 소송 끝에 장 씨 어머니가 최종 승소했다.

사라진 휴일

우리가 다시금 이 사건을 돌아보니 전형적인 과로 사건으로 마치 동시대 보안요원의 축소판과 같았다. 통계부처의 2013년 조사에 따르면 경비보안업은 이발미용업에 이어 장시간 노동 업종 순위 2위였다. 월평균 노동시간은 207.5시간에 달했는데 이는 전체 노동자의 평균 노동시간인 177.1시간보다 30시간이나 많은 것이다. 매일 소처럼 일하는 보안요원이 고단한 업종 순위의 단골이 되는 건 당연했다.

아웨이는 당초 보안회사 면접에서 매일 노동시간은 8시간으로 근로기준법 규정에 부합한다고 통보받았는데 입사 후 매일 12시간 일하게 되고 초과근로수당도 없을 줄은 미처 몰랐다.

자료를 펼쳐 계산해보았다. 아웨이는 4일 일하고 1일 쉬었다. 1년으로 환산하면 휴일 수는 고작 73일이었고 근로기준법에서 보장하는 '특별 휴가'는 영문도 모르게 사라졌다. 보통의 노동자라면 인사행정처가 정한 매년 휴일(법정 휴일 및 공휴일)은 약 115일이다. 거기다 근속연수 만 1년 이상이면 최소 7일의 특별 휴일이 주어지므로 총 122일이 된다. 9년을 일했는데도 1년에 겨우 73일뿐이던 아웨이의 휴일은 일반 노동자의 60%에도 미치지 못했다. 다른 사람이 10일 쉴 때 그는 6일밖에 쉬지 못했고 나머지 4일은 사라졌다. 개인 권익의 손실일 뿐만 아니라 과로가 누적된 장기적 요인 중 하나였다. 더군다나 아웨이의 휴가는 회사 교육 훈련 참가에 쓰였다. 휴식은 사치품이 되었고 스트레스와 고단함이 따랐다.

처음에 아웨이는 신참내기였기 때문에 참고 견디며 순순히 회사의 규정에 따랐다. 그러나 장시간 일을 이어오면서 몸과 마음이 견디기 힘들었다. 그의 매월 노동시간은 288시간에 달했다. 근로기준법에 따르면 기본 노동시간은 월 184시간*이었다. 정당한 초과근로수당도 없었을 뿐만 아니라 충분한 휴식시간도 없었다. 결국, 상황을 참지 못하고 관청에 찾아가 신고했다.

그가 타이베이시 노동사무국勞工局(이후 노동국勞動局으로 개명됨)을 찾아가 제소하자 담당 직원은 아웨이가 재직하는 회사의 본사가 타이베이현(신베이시로 승격되기 전)에 있으니 타이베이현 노동사무국을 찾아가라고 말했다. 어쩔 수 없이 아웨이가 현 노동사무국을 찾았는데 그곳 직원은 다

....

* 2016년부터 법정 노동시간이 2주 84시간에서 1주 40시간으로 개정되어 현행 기본 노동시간은 월 176시간이다.

시 아웨이가 다니는 회사의 소재지인 시 노동사무국에 제소해야 한다고 떠넘겼다.

양쪽 기관에서 서로 공을 넘기느라 많은 시간을 허비했고 결국 책임기관은 타이베이시 정부로 확정됐다. 이 과정은 아웨이에게 좌절과 곤혹스러움을 안겼다. 각종 규정에 따른 처리 절차를 밟기 위해 얼마 되지 않는 휴가 일수를 써가며 양쪽을 뛰어다녔기 때문이다.

2008년부터 아웨이는 타이베이시 노동사무국에 임금 쟁의조정 신청을 냈고, 결국 사업주가 보상금을 지급했다. 보상금은 2008년 10월 이전의 초과근로수당이었다. 이것은 '입막음용 돈'일 뿐이었다. 회사는 얼마 지나지 않아 이전으로 되돌아갔다. 근무시간이 전처럼 과도하게 길어지고 초과근로수당은 주지 않았다. 문제를 개선하려는 진지한 태도가 전혀 없었다.

악랄한 고용주에 대항해 아웨이는 다시 고발하고 구제를 청할 수밖에 없었다. 이듬해 10월 아웨이는 회사의 '임금 허위신고'라는 위법 사안을 노동보험국에 제보했다. 반년에 달하는 긴 시간이 지나서야 노동보험국에서 회신을 보냈다. 조사 결과 위법 사유가 없다는 내용이었다.

마지막에 아웨이는 감찰원을 찾아가서 마침내 결과를 얻었다. 2010년 9월 말 노동위원회 북구노동검사소는 감찰원의 요구에 따라 보안회사에 대한 근로감독을 진행했다. 그리고 초과시간 근로, 초과근로수당 미지급, 특별휴가 미부여 등을 포함해 여러 건에 달하는 회사의 위법행위를 적발해 타이베이시 정부에 처분을 이관했다.

아웨이는 포기하지 않고 끈질기게 물고 늘어졌다. 여러 차례 관할 기관에 고발했으나 오히려 보복을 당했다. 팀장은 인상을 쓰며 계속 욕을 해댔다. 그는 매일 초과근로의 피로를 버텨야 했고 온갖 수단을 가리지 않고 괴롭히며 악담하는 팀장과 대면해야 했다. 높은 업무 스트레스로 심신이 모두 피로했다. 노동위원회에서 회사의 위법사실을 찾아냈으나 해결 조치는 너무 멀어 절박한 순간 도움이 되지 않았다. 아웨이는 힘겹게 버티며 회사에 대한 정부 기관의 처벌을 기다렸지만, 업무환경은 시종일관 나아지지 않았다. 그리고 당직을 서던 중 쓰러져 2010년 12월 6일 세상을 떠났다.

사력을 다해 발버둥 치던 한 사람의 과로 노동자를 구하기에 결국 너무 늦어버렸다. 아니면 정부는 애당초 구할 생각이 없던 걸까?

아웨이는 거의 없다시피 한 휴가 일수를 쓰고 2년 가까운 시간을 들여 여러 차례 기관에 고발하고 신고했지만, 업무환경은 매번 구체적으로 개선되지 못했다. 노동위원회가 조사에 개입했으나 근로감독을 통해 위법사실을 확실히 찾는 동안 회사는 대놓고 직원들에게 초과근로를 강요했다. 정부 노동 관련 기관은 오랫동안 회사의 위법을 묵과해왔고 일 처리도 미숙했으니 실로 책임을 면할 수 없다. 무고한 한 생명을 잃게 했다.

아웨이의 산업재해 사망 조사보고서는 재해 전 초과근로시간을 명시해 나열했다. 재해 1개월 전 초과근로시간은 140시간, 2개월 전은 136시간, 3개월 전은 160시간, 4개월 전은 120시간, 5개월 전은 136시간, 6개월 전은 148시간이었다.

일반인을 훨씬 뛰어넘는 초과근로시간은 장기간 고문과도 같았다. 조사보고서를 차마 끝까지 읽지 못한 나는 자료를 덮고 깊은 생각에 잠겼다. 부실한 관료제도가, 악랄한 사업주가 힘없는 한 목숨을 희생시켰다. 그리고 한 가정을 무너뜨렸다. 마지막 순간에 아웨이는 마음속으로 무슨 생각을 했을까? 여전히 노동시간 조정에 관한 공문을 기다리고 있었을까?

아무도 대답할 수 없을 것 같다. 유일한 회신은 사망증명서뿐이었다.

근로기준법은 보안요원을 보호하지 못한다

이 사건의 근로감독 보고서에서 언급되었듯이 비록 보안요원은 근로기준법 제84조 제1항의 적용대상이지만, 노사 쌍방이 별도로 노동시간, 휴일 및 휴가 등을 약정했더라도 회사가 노동국에 노동시간의 심의등록을 하지 않았다면 마땅히 근로기준법 제30조 노동시간 상한 규정에 따라야 하며 이에 따라 회사는 초과근로 규정을 어긴 것으로 인정된다.

묻지 않을 수 없다. 만약 회사가 심의등록 절차를 완료하면 이 건은 위법이 아닌 것으로 판명되나? 노동위원회는 1998년 공지에서 보안요원을 근로기준법 제84조 제1항의 적용대상으로 지정했다. 고용주가 보안요원과 노동시간을 별도로 약정할 수 있고 근로기준법의 노동시간 상한 제약을 받지 않는다는 뜻이다. 비록 법령 규정이 있지만 노사 쌍방이 약정한 노동시간은 여전히 지방정부에 심의등록을 한 후에야 유효했다. 그러나 각 지방정부는 당시 노동시간 심의등록 기준을 마련하지 않았다. 고용주가 노동시간을 신고하기만 하면 거의 비준되었다는 뜻이다.

사실상 아웨이 사건은 한 개인의 사건이 아니다. 노동자의 권리 보장을 침해하는 규정 아래 보안요원의 노동시간은 일반 노동자의 노동시간 상한선인 월 184시간*을 훨씬 초과해 월 240~360시간이나 되며 명백히 힘든 업종 중 하나로 악명이 높다.

당시 현금수송 보안요원이 과도한 노동시간을 신고한 적이 있었다. 과로 때문에 심신이 부담을 견디기 어려울 정도였으나 타이베이시 노동국은 이를 기각했고 뜻밖에 공문으로 이렇게 회신했다. "매일 12시간, 매월 26일 업무일 기준, 매월 업무시간 상한은 312시간으로 부당함이 없다." 정부 노동기관이 보안요원의 업무환경을 보고도 못 본 체했음을 명백하게 알 수 있다. 사업주가 악의적으로 노동자를 착취하는 것을 방임하고 보안요원이 과로사하는 고위험에 노출되도록 하는 것은 엄연한 살인 방조다.

그렇지만 노동위원회가 2010년 수정한 과로 인정 기준에 근거하면 '장기간 업무 과중' 항목의 기준은 노동자가 재해 1개월 전 초과근로시간이 92시간이거나 혹은 재해 전 2~6개월간 월평균 초과근로시간이 72시간이면 업무 과중에 해당한다.** 다시 말하면 노동시간이 월 276시간을

....

*   2016년부터 법정 노동시간이 2주 84시간에서 1주 40시간으로 개정되어 현행 기본 노동시간은 월 176시간이다.

**   2016년 법정 노동시간이 2주간 4시간이 감소(월 8시간 감소)한 것에 맞추어 과로 인정 기준도 변경되었다. 노동자가 재해 1개월 전 초과근로시간이 100

초과하거나 5개월 평균 노동시간이 256시간이라면 업무 과중에 속한다. 이처럼 보안요원의 노동시간은 노동위원 회가 인정한 업무 과중 기준을 초과하지만, 지방정부는 보안요원의 노동시간을 산정하면서 종종 이런 과로 환경을 완전히 무시한다.

사실 근로기준법 제84조 제1항의 입법 목적과 배경은 원래 근로기준법을 적용받지 못하던 서비스업 등의 노동자에게까지 적용 범위를 확대하되, 응급실·수술실 근무자 혹은 비행 조종사 등과 같은 일부 직업의 업무 특수성을 고려해 고용주가 근로기준법의 관련 노동시간 보장 규정을 적용하기 어렵다는 점에 따른 타협안으로 이러한 예외 조항을 둔 것이다.

그러나 노동자는 기계가 아니므로 업무의 특수성으로 탄력적인 노동시간 배분이 필요하다고 할지라도 근로기준법의 노동시간 상한 기준에 부합해야 한다. 고용주가 노동자에게 초과노동에 응하도록 요구해 과로 고위험군이 되게 해서는 안 된다. 노동부의 연구 조사에서도 위험성이 나타난다. 절반이 넘는 보안요원에게 이미 고혈압 문제가

....

시간이거나 재해 전 2~6개월간 월평균 초과근로시간이 80시간이면 업무 과중이다.

있음이 소변검사에서 발견되었다. 그들의 장시간 스트레스 부담은 확실히 평균치보다 높았다. 보안요원의 직장 건강은 이미 적신호다. 이는 시급하게 요구하고 개선돼야 할 노동안건이다.

보안요원의 과로 사건이 연이어 전해지고 초과근로 논쟁은 계속 발생하는데 각 지방정부의 사정기준이 달랐다. 각계의 압박 속에 노동위원회는 2011년 4월 13일 '보안업 보안인원 노동시간 심사 참고지침'에 대한 연구토론회를 소집했다. 도달한 결론은 다음과 같다. 인신 보안 및 현금 수송 보안요원은 4주간 정상 노동시간이 168시간을 초과해서는 안 되고, 기타 보안요원은 일일 최장 노동시간이 12시간을 초과해서는 안 된다. 그중 10시간은 정상 노동시간이고 나머지 2시간은 연장근로시간이므로 초과근로수당을 줘야 한다. 그러나 위급한 상황에서는 일일 총 노동시간이 14시간에 이를 수 있으며 이때 다음 출근 시간으로부터 최소한 12시간의 간격을 두어야 한다. 또한 7일마다 1일의 휴식이 있어야 한다.

2015년에 당시 노동위원회가 노동부로 개편되고, 개정된 지침이 2016년 1월 1일부터 정식 시행되었다. 노동시간이 재차 줄어들어 보안요원은 월 정상 노동시간 상한 240시간, 연장근로시간 상한 48시간으로 월 노동시간 상한이 288시간이 되었다. 인신 보안 및 현금 수송 보안요원은 4주간 정상 노동시간이 168시간을 초과해서는 안 된다는 규정이 유지되었다.

그러나 노동시간 상한이 월 288시간으로 축소되었다 할지라도 여전히 노동부가 정한 '과로 인정 기준'을 훨씬 초과함으로써 보안요원을 노동자를 보호하는 우산 밖의 피해자로 만들었다.

노동부는 보안업무의 업무강도와 밀도가 비교적 낮기 때문에 노동시간이 일반 노동자보다 훨씬 길어도 부당함이 없다고 보았다. 그러나 실무는 정반대이다. 보안업무가 부담해야 하는 위험, 스트레스, 업무강도와 밀도는 모두 매우 크다. 심지어 일반 노동자보다도 높다. 해당 업무 형태는 근로기준법 제84조 제1항 적용 대상으로 지정되어선 안 된다.

노동부의 태도는 게다가 '8시간 노동제' 정신에 심각하게 위배된다. 1919년 국제노동기구(ILO)가 설립되고 선포한 첫 번째 협약은 '공업 노동시간 협약'으로, 즉 공업 부문 노동시간을 일일 8시간으로 제한하는 것이었다. 다시 이전으로 거슬러 올라가면 1886년 5월 1일 미국에서 있었던 대규모 파업과 시위행렬이 극심한 유혈 충돌을 촉발했고 이후 5.1 국제노동절의 유래가 되었는데 역시 8시간 노동제를 쟁취하기 위함이었다.

8시간 노동, 8시간 휴식, 8시간 자유활동은 인간의 생존을 위해 필요하다. 일과 수면 외에 사람은 사회 참여 활동 시간이 필요하고 심신 건강의 균형을 유지함으로써 존엄한 삶의 질을 누린다. 8시간 노동제의 쟁취는 전 세계 노동운동의 주요 축이다. 노동부는 '노동강도와 밀도가 낮은 편'이라는 이유로 노동자의 쉴 권리를 착취해서는 안 된다. 현재 민간보험에서 보안요원의 보험요율이 가장 높은 것을 볼 수 있는데, 이는 보험회사가 이미 보안요원의 업무강도와 높은 위험을 간파했음을 의미한다. 하지만 개탄스럽게도 노동부는 여전히 보고도 못 본 체하며 법령제도의 맹점을 만들고 있다.

보안요원은 매일 많은 사람의 재산과 안전을 담당하면서 애석하게도 스스로를 보호하지 못한다. 제도 안에서도 보호받지 못하고 과로하는 고위험 직업군으로 전락했다.

3장
무급휴가의 과로 기록

2008년 글로벌 금융시장은 미국 리먼브라더스의 파산 선포, 메릴린치증권의 인수합병과 AIG신용평가등급 하락 등 한 차례 대폭풍이 일었다. 일련의 국제 금융위기가 연이어 터지면서 글로벌 경제는 극심한 타격을 입었고 직장에는 새롭게 발명된 '무급휴가'라는 제도가 나타났다.

글로벌 경기 불황은 2009년까지 계속되었고 대만 경제는 1.81% 마이너스 성장으로 1950년대 이래 가장 낮은 성장을 기록했다. 해당 연도 실업률은 5.85%로 높아졌으며 30년 이래 최고치였다. 실업 인구는 63만9,000명으로 전년과 비교해 18만9,000명 늘었다. 기업은 대규모로 무급휴가를 실시하며 대처하기 시작했다. 그해 가장 많을 땐 약 24만 명에 달하는 노동자가 어쩔 수 없이 무급휴가에 응해야 했다.

그런데 실업률이 치솟고 무급휴가 인원이 폭증하는 가운데 오히려 노동자의 과로 위험이 도사리고 있었다.

금융위기 속 노동자가 처한 환경

금융위기의 쓰나미에 휩쓸린 노동자는 회사로부터 권고사직을 당하거나 무급휴가를 쓰도록 강요받았다. 할 업무가 분명 없는데 과로 위험이 어디서 왔단 말인가? 금융위기 속에서 대만의 수많은 노동자는 무급휴가의 위협 혹은 실직의 위기에 직면했다. 더욱 열심히 일해야 밥그릇을 보전할 수 있었고 자신이 다음 권고사직의 대상이 될까 몹시 두려웠다. 노동조건이 아무리 더 나빠져도 일단 퇴사하면 다른 일을 찾지 못할 것을 걱정해 이를 악물고 버틸 수밖에 없었다. 그래서 노동자가 과로에 대항할 방안은 더 적어졌다.

노동자가 무급휴가 중이라도 계속해서 출근하는 사례도 나타났다. 표면상으로는 휴가지만, 실질적으로는 일하는 것이 직장 내 공공연한 비밀이 되었다. 당시 언론 보도에 따르면 LCD업체, 반도체 생산업체를 포함해 회사가 무급휴가 기간에 직원들을 출근하게 하고는 월급을 주지 않고 보충 휴가로 대체하거나 혹은 강제로 무급휴가를 쓰도록 한 일이 전해졌다. 그러나 지시한 업무량은 전혀 줄지 않아, 일을 못 끝내면 무급휴가 기간에 회사에서 계속 일을 마무리해야 했다. 더군다나 대기업은 지난 3분기 매출이 100억 위안(4,000억 원)에 달했어도 여전히 무급휴가를 실시하겠다고 선언했다. 무급휴가는 불이 난 틈을 타 도둑질을 하는 꼴로 고용주가 변칙적으로 노동자의 임금을 줄이는 수단이었다. 정말 일이 없어서 일할 필요 없이 집에 있는 게 아니었다. 당시 교통부 장관 마오즈궈毛治國의 말처럼 "무급휴가 중인 노동자는 이 기회에 여행을 갈 수 있습니다" 같은 것은 더더욱 아니었다.

무급휴가의 폭풍 속에서 계속해서 불안정한 노동관계에 처한 노동자는 정신적인 긴장과 심리적 스트레스로 과중한 부담을 겪었다. 중앙연구원 생물의학과학연구소의 특별초빙 연구원 정타이안鄭泰安의 연구1)에서 지적한 바에 따르면 1990년부터 2010년까지 근 20년간 대만 우울증 환자의 비율은 배로 증가했으며 증가 추세는 같은 시기 전국 실업률, 이혼율, 자살률의 장기 추세와 부합했다. 정타이안은 또한 언론 인터뷰에서 이렇게 말했다. "현재 첨단기술산산업의 불황으로 수많은 노동자가 실직하거나 무급휴가를 쓰고 있다. 직장인은 언제 감원될지 내일 어디에 있을지 모른다. 경제적 부담과 미래에 대한 불확실성 모두 우울증과 불안장애의 질병 위험을 증가시킨다."[2]

노동부의 과로 인정 기준 역시 정신적으로 긴장하는 업무 부하는 과로를 촉발하는 위험인자임을 명시하고 있다. 내가 예전에 처리했던 과로 진정 사건 중에서 아궈阿國(가명)가 바로 무급휴가의 피해자였다.

도와달라는 댓글 한 줄

쉬샤오빈 과로사 사건이 알려진 이후 사회는 과로 문제를 중시하기 시작했다. 쉬 씨네 가족 역시 과로사 사건이 재발하지 않도록 노동자가 자신의 건강과 노동권익에 주의를 기울이기를 바라며 이를 일깨워주기 위해 인터넷에 블로그를 만들었다. 많은 네티즌이 호응과 응원의 댓글을 남겼다. 그중에서는 개인적인 도움 요청도 있었다. 글을 남긴 네티즌 아롱阿龍(가명)은 쉬샤오빈 사망 4일 뒤 형 아궈에게 거의 같은 일이 발생해 도움을 찾는 중이었다. 쉬 씨 아버지는 글을 받고 서둘러 이 사건을 우리에게 인계했다.

1974년생인 아궈는 금융위기 여파로 2009년 8월 회사로부터 권고사직을 당했다. 당시 그의 아들은 막 5살이 되었고 딸은 겨우 1살이라 경제적인 부담이 매우 무거웠다. 가족 부양을 위해 그는 적극적으로 일을 찾으면서 타이난 취업서비스 사이트에도 구직을 등록했다. 하지만 학력이 높지 않은 터라 번번이 벽에 부딪혔다.

전통적인 가치관대로라면 남자란 모름지기 일해서 가족을 부양하고 아내와 아이를 돌보는 책임을 짊어져야 한다. 실직 기간 아궈는 늘 가족을 볼 면목이 없었다. 실직한 속내를 털어놓을 곳도 없었다. 실직하고 한 달 후인 10월 19일 친구의 추천으로 타이난의 모 과학기술회사에 들어가 현장 책임자 직책을 맡게 되었다. 어렵게 잡은 역전의 기회였다. 그는 부지런하고 적극적이며 성실했다. 매일 아침 일찍 출근하고 밤늦게 귀가하며 일할 기회를 소중히 여겼다. 일하다 어려움에 부딪혀도 더 열심히 노력해 마무리지었다. 성과가 좋지 않아 또다시 실직하는 것이 가장 두려웠다.

현장 전담책임자로서 그는 전체 공정 건조의 성패 부담을 짊어졌고 크고 작은 일을 모두 도맡았으며 인력 조정, 업체 감독 및 작업의 품질관리 등 자질구레한 일을 담당해야 했다. 집에 돌아온 뒤에도 계속 일했다. 정신을 집중해 보고서를 작성하거나 팀장에게 작업 진도를 보고하느라 조금도 쉴 틈이 없었다. 업무가 많고 힘겨운데 인력은 모자라 아궈는 여러 차례 인력 보충을 요청했다. 그러나 시종일관 답을 얻을 수 없었다. 다시 실직하고 싶지 않았기 때문에 이를 악물고 끝까지 버티는 수밖에 없었다. 목숨을 걸고서라도 일을 끝내야 했다.

2010년 1월 14일 아귀가 집안 서재에서 쓰러져 사망했다. 타이난 지방검찰청은 사인을 '부정맥 유발성 우심실 심근증, 심인성 돌연사'로 판정했다. 향년 36세였다.

차디찬 시신 옆에 노트북 컴퓨터가 여전히 꺼지지 않은 채 화면이 밝게 빛나고 있었다. 그 위로 미처 완성하지 못한 업무기록 보고서가 띄워져 있고 커서는 마지막 글자에 멈춰 깜빡거리고 있었다. 마치 못다 한 말이 많다는 듯 모든 것이 맥박과 호흡이 사라진 그 시간에 멈춰 있었다.

엉터리 사인

사인 규명을 위해 검찰관이 부검을 요구했다. 가족들은 전통 관념을 지키려고 시신을 그대로 모셔야 한다고 주장했으나 아귀가 사망한 원인을 빨리 찾으려면 가슴 아프지만 동의할 수밖에 없었다.

"모니터 앞에서 부검의가 차가운 메스로 형의 몸을 한 번 또 한 번 깊이 절개하는 걸 지켜보면서 제 심장에도 피가 흘렀어요. 아무것도 할 수 없는 저 자신을 원망하면서 형의 부검을 지켜볼 수밖에 없었어요." 아롱은 부검하던 날을 회상했다. 사무실 에어컨이 조금 더웠는지 아니면 분위기가 너무 굳어서였는지 모르지만 아롱은 안절부절못했다. 그는 자책했다. 형의 갑작스러운 죽음을 받아들일 수 없었다. 마지막엔 사체 부검까지 겪어야 했다.

일련의 부검 과정을 거쳐 검찰관이 수사실을 열고 가족들에게 설명했다. 부검 후 초검과 균 배양검사 모두에서 이상이 발견되지 않았다고 했다.

"생전에 병이 없었으니 부검에서도 이상이 없겠지요. 제 형이 어째서 서재에서 갑자기 죽은 건가요?" 아롱은 검시 결과를 받아들이기 어려웠다. 서둘러 보고서를 살펴보며 검찰관에게 계속 질문했다. 검찰관은 의미심장한 단서를 넌지시 드러냈다. 부검의가 부검 후에 언급하기를 사체 기관이 팽팽하게 긴장된 상태인 걸 보니 아마도 장기간 과도하게 피로하고 스트레스가 과다했을 것으로 판단된다고 말했다는 것이다.

"과도한 피로? 스트레스 과다?" 아롱은 매우 혼란스러웠다. 곧바로 이해되지 않아 되물었다. "사인이 만약 '과로사'라면 왜 사체검안서에 쓰여 있지 않은 거죠?" 검찰관은 과로사의 인정방식을 설명해 주면서 일반적으로 과로사는 뇌와 심장 부위의 급성 순환계통 질병으로 분류되며, 즉 아궈는 심장 부위의 돌연사에 속하는 것이라고 말했다.

사체검안서는 '심인성 돌연사'라는 증빙을 만들어줄 뿐이었다. "만약 과로사 여부를 명확하게 확인하고 싶다면 국립성공대학병원成大醫院*에 가서 진단 감정을 받을 수 있습니다." 검찰관의 이 말을 듣고 그 자리에서 아롱은 의혹을 풀어야겠다고 결심했다.

　검찰관이 알려준 대로 가족들은 아궈의 출근카드 인식 기록과 출근해서 퇴근할 때까지의 작업 과정, 컴퓨터 업무 기록과 업무환경 등 자료를 수집해 사체검안서와 함께 성대병원으로 보냈다. 의사는 진단을 거쳐 이 사건이 '직업성 순환계통 질병(즉 과로사)' 가능성이 있다고 인정했다. 진단보고서에는 이렇게 명시되어 있었다.

　　유가족이 제공한 카드 인식 기록에 따르면 환자는 매일 평균 2시간씩 초과근로를 하였고 장기간 누적하면 직업성 순환계통 질병 진단 기준인 월 45시간 초과근로시간에 근접한다. 또한, 유가족의 진술에 따르면 환자의 재해 1개월 전 또 다른 공장을 맡아 관리하느라 업무 부담이 증가하였다. 게다가 이전 검시보고서에서 고혈압이 나타나지 않았으므로 해당 사건은 '직업성 순환계통 질병(즉 과로사)'일 가능

....

*　　　타이난시에 있는 종합병원. 이하 성대병원.

성이 있다.

성대병원의 진단보고서에 근거해 가족들이 노동보험국에 산업재해 사망 급여를 신청했는데 뜻밖에도 노동보험국에서 반려 공문을 회신했다.

> 의학이론의 견해에 근거해 첫째, 당사자의 초과근로시간이 명확하지 않고(대략 오전 8시에 출근, 오후 5시 반에서 6, 7시에 퇴근), 토·일요일은 휴일이다. 둘째, 당사자 본인은 흡연하여 개인적 위험인자를 가지고 있었다. 종합해보면 해당 재해가 업무와 인과관계가 있다고 인정할 수 없다. 이에 따라 직업병으로 볼 수 없다.

노동보험국이 답변한 반려 사유에 가족은 아연실색했다. 아롱은 공문을 들고 직접 노동보험국 사무처에 찾아가 해당 부서의 주임에게 반려한 이유를 물었다.

아롱이 사무실에 들어섰을 때 묵은 담배 냄새가 코를 찔렀다. 해당 주임은 제멋대로 담배에 불을 붙여 한 모금 피워물고 아롱을 흘깃 보며 물었다. "무슨 일이에요?" 아롱은 서둘러 다가가 온 이유를 설명했다. 주임은 그제야 공문을 받아 즉석에서 몇 장 뒤적이더니 무성의하게 내뱉었다. "못 알아들어요? 당신 형은 담배 피우다가 죽은 거라고!"

'담배 피우다 죽었다'는 그 말에 가족들은 분통이 터졌다. 분명히 부검의가 아궈의 몸을 부검하면서 장기간의 피로와 과도한 스트레스로 사망에 이르렀을 가능성이 있다고 판단했고, 성대병원 역시 '과로사' 가능성을 인정했는데 노동보험국은 어떻게 일언지하에 '흡연으로 인한 사망'으로 결론지을 수 있는지.

사실상 노동보험국은 애초에 자료 수집을 대충했을 뿐만 아니라 판단의 근거도 '직업 촉발'을 과로 인정으로 보는 정신에 위배된다. 관련 자료를 종합해보면 이 사건의 인정 과정에는 크게 두 가지 결함이 드러난다. 첫째, 노동시간 인정이 지나치게 편파적이다. 노동보험국은 고용주가 제공한 자료만 채택하고 유가족이 제출한 초과근로 증명은 무시함으로써 아궈의 실제 노동시간을 오판했다. 둘째, 아궈가 비록 흡연 습관이 있었다 하더라도 흡연의 정도를 막론하고 일방적으로 흡연을 사망에 이르게 한 주요 요인으로 간주해 직업병 인정을 전적으로 배제할 수는 없다. 노동보험국이 명백히 균형을 잃은 부분이 있다.

노동부의 인정 기준에 따르면 뇌혈관과 심장질병에 걸릴 때 만일 객관적으로 인정되는 '자연 진행 정도를 초월하여 명확하게 악화'한 여러 요인이 있고 그중에서도 '업무 부담'이 악화를 초래한 기여도가 50%보다 크다면 '직업 촉발'로 인정할 수 있다. 따라서 원래 질병이 있거나 나이가 많아도, 혹은 식습관 불균형, 흡연, 음주 등 일상생활 습관이 있더라도 자연 악화의 정도를 넘지 않는다면 이 모든 위험인자가 직업병 인정을 배제할 이유가 되어서는 안된다.

아궈는 재해 사망 당시 겨우 36세였다. 흡연 기간이나 흡연량이나 사망에 이를 정도는 아니었다. 흡연이 사인이 되어서는 안 되며 이 때문에 직장 과로 요인을 경시해선 안 된다.

보이지 않는 초과근로시간

노동보험국이 과로사를 인정하지 않은 또 다른 원인은 바로 노동시간 논란 때문이다. 이 역시 과로사 사건에서 가장 어려우면서 또 가장 중요한 부분이다. 반려 공문에서 당국은 아궈가 매일 오전 8시에 출근하고 오후 6, 7시에 퇴근했으며 토요일, 일요일은 쉰 것으로 보았다. 그렇기 때문에 초과근로시간은 과다하지 않았다는 것이다. 실제로 그랬을까?

첫 번째 의혹: 만약 아궈의 실제 노동시간이 카드 인식 기록상의 출퇴근 시간처럼 고정된 것이라면 어째서 그는 사망 직전 한밤중에 서재에서 보고서를 작성하고 있었을까? 모순이 드러난다.

두 번째 의혹: 아궈의 회의 보고 내용에 따르면 그는 1월 4일 오후 6시 반 전화로 회사 팀장에게 업무 상황을 보고했다. 그러나 회사가 제출한 공정일지표와 대조하면 아궈는 당일 오후 5시 반에 이미 퇴근한 것으로 되어 있다. 퇴근카드 인식 후에 아궈는 여전히 필사적으로 일에 매달린 것이 분명하다. 수많은 숨겨진 노동시간은 출근기록에 드러나지 않지만, 보이지 않는 검은 마수가 되어 아궈를 쓰러뜨렸다.

세 번째 의혹: 회사가 제출한 카드 인식 기록은 여기저기 누락되어 완전하지 않았다. 어떤 업무일에는 퇴근 시간만 있고 출근 시간이 없었고 어떤 것은 심지어 날짜도 맞지 않았다. 게다가 가족들이 처음부터 줄곧 회사에 자료를 요구했으나 회사는 2개월을 미루다 겨우 제출했다. 조작이 의심되었다.

내가 여러 차례 사업주와 대적한 경험에 비춰보면, 노동자의 출근, 초과근로 혹은 업무환경 등 상세 기록은 대부분 회사 수중에 있다. 일단 과로사 사건이 발생하면 노동시간은 가장 관건이 되는 증거이지만, 유가족이 자료를 요구하면 종종 거절하거나 여러 차례 미루니 회사가 악의적으로 자료를 변조하는 게 아닐까 하는 의혹이 있다.

그 밖에도 현재 일터의 업무 형태가 다원화하고 과학기술이 계속 발전하면서 집으로 가져가 할 수 있는 업무가 많아져 반드시 회사에 남아 일을 끝낼 필요가 없다. 그래서 종종 부하가 과중한 다수의 노동자는 출근해서 초인이 되고 퇴근해서는 철인이 된다. 노동자들이 사무실을 떠나면서 자료를 집으로 가져가 초과근로를 하면서 카드 인식 기록이 실제 노동시간을 반영하지 못하고 가족이 과로를 증명하기 어렵게 한다.

우리는 아궈가 집에서 사용한 노트북 컴퓨터를 조사해 회의 기록, 비용 청구 목록, 기기관제표, 공정 목록, 공장 일일보고표, 시공 일일보고표 등을 포함한 수많은 업무 문서 자료를 발견했다. 저장한 시간은 대부분 저녁 10시부터 다음날 새벽 2시를 넘긴 시간까지였다. 심지어 주말에도 문서를 처리했다. 바꿔 말하면 이것은 모두 '보이지 않는 노동시간'이다. 노동보험국이 조사관을 파견해 의혹을 조사하거나 자료를 대조하지 않고 서면 기록만을 근거 삼았기 때문에 '보이지 않는 노동시간'을 끄집어내지 못한 것이 분명하다. 또한, 과도하게 긴 노동시간의 잔혹한 진상을 파헤치지 못했다.

[표] 아궈 사망 당월 출근기록과 비근로시간 내 컴퓨터 파일 저장 시간표

날짜	요일	출퇴근 기록	파일 저장 시간
2010년 1월 1일	금	신년 연휴	
2010년 1월 2일	토		
2010년 1월 3일	일		21:17
2010년 1월 4일	월	08:01-19:16	
2010년 1월 5일	화	07:57-18:20	01:28, 22:40, 23:33
2010년 1월 6일	수	07:55-17:31	00:18, 01:15, 02:30
2010년 1월 7일	목	07:52-18:32	00:14, 01:58
2010년 1월 8일	금	07:54-18:08	00:46, 19:33
2010년 1월 9일	토		02:12, 03:12
2010년 1월 10일	일		16:01
2010년 1월 11일	월	07:55-18:36	20:10
2010년 1월 12일	화	07:56-19:26	01:38, 01:46, 02:42, 23:36
2010년 1월 13일	수	07:54-18:46	01:07, 22:31, 23:47, 23:50
2010년 1월 14일	목	사망한 채 발견	

합리적인 감정을 위해

유가족은 노동보험국의 반려 사유를 받아들일 수 없었다. 그리하여 공평하고 합리적인 직업병 감정을 받기 위해 공문을 받자마자 절차에 따라 '쟁의 심의'를 신청했다. 노동보험감리위원회는 3개월여의 심사를 거쳐 노동보험국의 기존 판정 폐기를 결정하고, 노동보험국에 재조사를 요구했다. 이에 노동보험국은 2010년 10월 12일 이 사건을 노동위원회 직업질병감정위원회에 보내서 '과로사'의 직업병 감정을 신청했다.

당시 과로 문제가 사회적으로 주목받던 시기여서 노동위원회는 마침 과로질병의 인정 참고 지침을 연수 중이었다. 이 때문에 새로운 지침이 나올 때까지 관련 사건 모두 감정이 잠시 유예되었다. 2010년 12월 지침이 완성되었는데, 이에 따르면 과로를 인정하는 근거에는 크게 두 가지 주요 포인트가 있다.

1. 노동자가 표적 질병에 걸렸는지 여부

2. 지침에서 열거한 업무 부하 과중 요건에 부합하는 자

이 두 가지에 부합하기만 하면 원칙적으로 직업질병으로 인정될 수 있다.(부록1 참고) 아궈의 검시보고서에는 사인이 '심인성 돌연사'로 명시되어 있는데 이것은 과로사의 '표적 질병' 중 하나다. 다음 관건은 업무 부하 과중을 어떻게 인정할 것인가다. 새로운 지침에 따르면, '업무 부하 과중'에 세 가지 지표가 있다. 비일상적 사건의 발생, 단기간 업무 과중, 장기간 업무 과중이다.

과중했던 업무 부하

아궈의 재해 전 24시간 이내에 업무상 갑작스럽게 발생한 이상 사건은 없었으나 현장책임자로서 루주과학단지 路竹科學園區*의 모 하이테크전자회사 신규 공장의 기체화학 공정 파이프시스템 건설을 담당하고 있어 공정 진도와 품질관리 부담을 감당해야 했다. 게다가 공정 성격상 고위험 작업환경에 속해 하나라도 실수가 있으면 특수기체가 누출되어 공장 건물과 사람들의 안전에 해를 끼칠 우려가 있었다. 따라서 공정 품질을 더욱 세심하게 감독해야 했다.

이 밖에도 아궈는 갓 입사해 관리직을 담당하면서 인사관리상 때때로 난관에 부딪히더라도 마찰없이 조정해야 했다. 그러나 일부 경력직원은 그의 명령과 지시에 따르려 하지 않았다. 아궈는 공정 진도를 지연시키지 않기 위해 한편으로는 내부 팀을 단합시켜야 했고 또 한편으로는 시공 진도와 품질을 예의주시해야 했다. 게다가 직접 이전 회사 협력업체의 지원을 부탁하러 다니며 겨우 기한대로 공정을 끝낼 수 있었다.

난감한 인사 문제는 늘 아궈를 곤혹스럽게 만들었다. 그

---

*　　　대만 가오슝시에 위치한 과학산업단지.

는 생전 마지막 날 저녁에도 컴퓨터 앞에서 밤을 새웠다. 바로 인사 배치의 업무보고를 위해서였다. 이 보고에서 그는 동료가 계속해서 감독지휘를 받지 않으려 하는 상황을 보고하고 해당 직원과 소통한 경과를 자세히 기록했다. 열흘 전 그는 공정부 임원에게 이미 이런 사실을 보고하며 인사이동 문제를 해결해주기 바랐으나 받아들여지지 않았다.

단순히 루주과학단지 하이테크업체의 공정만으로도 아궈는 충분히 과로하고 있었다. 정신을 못차릴 정도로 바빴던 그가 사망하기 2주 전에 회사는 또 다른 중책을 맡겼다. 남부과학공업단지*에 파견되어 또 다른 하이테크업체 공장 설립 건을 관리하고 게다가 전담 책임자를 맡는 것이었다. 숨돌릴 틈도 없이 일이 계속 밀려왔다. 층층이 쌓인 업무와 부담은 아궈가 숨을 쉴 수 없도록 짓눌렀고 결국 한계를 넘어버렸다.

우리는 관련 자료와 아궈의 업무내용을 자세히 추적조사했다. 노동위원회에서 정한 과로 인정 기준과 대조해 그의 상황이 아래 몇 가지 점을 포함해 명백하게 '업무 부하 과중'의 요건에 부합한다는 점을 어렵지 않게 찾아냈다.

....

* 　　　대만 타이난시와 가오슝시에 있는 과학공업단지.

– 자신 혹은 타인의 생명과 재산을 위협할 수 있는 위험 업무 담당

– 고위험물질 처리

– 사회에 방대한 손실을 야기할 가능성이 있는 책임 감당

– 일정 기간 내 어려운 작업을 수행해야 함

– 복잡한 노사분규 처리 담당

– 주변의 이해를 얻을 수 없거나 지원 없이 고립된 상황에서 고된 작업에 종사

관건인 노동시간 증거에 관해 회사가 제출한 출근기록표는 신뢰성에 의문이 들었다. 그러나 출근기록상 회사에서 초과근로한 시간을 제외하고 단순히 그가 집에서 일한 시간만 봐도 초과근로인 셈으로 장기간 업무 부하 과중의 인정에 부합했다. 가족의 진술에 따르면 아궈는 매일 오전 6시 조금 지나 집을 나서서 저녁 10시가 넘어서야 집에 돌아왔다. 귀가 후에도 종종 서재에서 계속 일하며 당일 업무 보고를 작성했다. 이것들은 낱낱이 컴퓨터 저장기록에 남아있어 증명할 수 있었다. 단순히 아궈가 매일 평균 2시간 초과근로를 했다고 가정하더라도 1개월에 22일 업무일로 계산하면 초과근로시간은 44시간에 달하며 장기간 업무 부하 과중의 노동시간 지표인 재해 전 1개월에서

6개월까지 월평균 초과근로시간이 37시간을 넘는다.(이후 2016년 법정 노동시간이 2주 4시간, 즉 월 8시간 줄어든 것과 맞추기 위해 과로 인정 기준은 '발병일 전 1~6개월 기간 월평균 연장근로시간이 45시간을 초과'하는 것으로 개정되었다.)

만약 업무 부담에 따라 정신적인 스트레스까지 더해진다면, 지침 중 과로사 인정 기준에 마땅히 부합하며 재해와 업무 간 관계성이 더욱 크다.

노동위원회 직업질병감정위원회는 이 사건에 대해 2011년 6월 20일 제3차 심사회의를 소집하기로 했다. 법리와 실무적으로 우리는 이 사건이 과로사로 인정될 거라는 확신이 있었지만, 이전 두 번의 심사회의 결과는 모두 아궈 가족에게 불리했다. 과로 인정 기준이 이미 완화되어 한 줄기 희망의 빛이 있음에도 불구하고 다수 심사위원의 생각은 아직 보수적인 편이어서 우리는 세 번째 심사 역시 통과되지 않을 것이 우려되었다. 그래서 선수를 치기로 했다. 심사회의 2주 전에 기자회견을 열고 여론을 통해 위원회를 압박했다. 심사위원들이 이 사건을 더 꼼꼼하고 신중하게 처리해 노동자와 유가족들에게 정의를 되돌려주기를 바랐다.

2011년 9월 직업질병감정위원회 결과가 발표되었다. 노동시간 증거가 부족해 아궈의 과로사 인정 신청 건은 반려되었다.

책상 위의 판정 결과를 무력하게 바라보다 갑자기 의문이 소용돌이쳤다. 어째서 카드 인식의 계량된 노동시간만 보고 과로를 판단하나? 왜 심사기관은 실제 노동자가 처한 고된 환경을 보지 못하는가? 이런 가슴 아픈 일이 또 발생하는 걸 어떻게 피할 수 있을까?

잘못된 판정을 바로잡으려 다투는 과정에서 60세가 넘은 아궈의 어머니는 두 손주를 데리고 국회를 빈번하게 드나들었다. 어머니는 젊은 아들을 잃었고 두 손주는 아빠를 잃었다. 할머니와 손주 세 사람이 국회의 긴 복도를 걸으며 몇 번이나 왔다 갔다 했는지 모른다.

"내 아들은 아주 착실하고 너무 열심이었어요. 이게 잘못인가요?" 아궈의 어머니는 사랑하는 아들을 가슴 아프게 잃고 집에서 줄곧 울 수밖에 없었다. 늘 혼절할 때까지 울었다. 곁에 있는 어린 손녀는 아마도 아직 죽음의 의미를 이해하지 못해서인지 평소처럼 명랑하게 깡충깡충 뛰어다녔다. 그러나 할머니가 눈물 흘리는 모습을 보면 마치 고통스러운 심정을 이해하는 것처럼 곧 조용해졌다. 그리고 할머니 옆에 서서 작은 목소리로 위로하듯 말했다. "할머니, 울지 마세요. 울지 마세요."

나는 사무실로 가서 문을 닫아걸었다. 국회의 긴 복도

를 보고 있으니 마치 할머니와 손주들의 외로운 세 그림자가 보이는 것 같았다. 노동자 과로 인정의 과정은 여전히 힘겹다. 바뀌려면 아직도 갈 길이 멀다. 그러나 나는 국회의 일개 보좌관일 뿐이다. 눈물이 떨어지기 전에 나는 빠른 걸음으로 국회를 벗어나 북적거리는 인파 속으로 들어갔다.

* 후주

1) "Changing trends in the prevalence of common mental disorders in Taiwan: a 20-year repeated cross-sectional survey", Tiffany Szu-Ting Fu, PhD*, Chau-Shoun Lee, MD*, Prof David Gunnell, PhD, Prof Wen-Chung Lee, PhD, Prof Andrew Tai-Ann Cheng, FRCPsych, *TS-TF and C-SL contributed equally to the writing of the paper, The Lancet, Volume 381, No. 9862, p235-241, 19 January 2013.

2) "대만 정신질환 20년 만에 배로 증가, 불안장애+우울증 11.5%에서 23.8%로 증가, 실업률·이혼율·자살률과 높은 관련성", 펑쉔야彭宣雅 기자, 연합석간신문, 제A1판, 1면 주요기사, 2012년 11월 16일 자.

4장

사람을 살리는 의사가
죽어간다

의사는 주류사회에서 항상 멋진 직업으로 비치고 부러움의 대상이지만, 과로 고위험 직업군이기도 하다. 눈부시게 빛나는 다이아몬드는 피땀을 대가로 한 것이며 그 뒤에는 고통이 가려져 있다.

2011년 4월 8일, 빈과일보蘋果日報* 1면에 큼지막한 표제가 쓰였다. "매일 10여 시간씩 근무, 수술방에서 쓰러져: 기억상실증 의사 3,800만 위안(15억2,000만 원) 보상 청구". 이 보도는 사회를 뒤흔들었다. 내용은 타이난 모 병원 레지던트인 올해 38세의 차이보치앙蔡伯光에 관한 것이었다. 그의 매월 노동시간은 약 360시간이었고 매일 10여

....

* 대만에서 발행되는 중국어 번체자 일간 신문. 홍콩의 동명 신문 빈과일보의 대만 버전으로, 2003년 5월 2일에 창간했다. 홍콩판과 같이 홍콩의 미디어 기업 넥스트미디어의 산하에 있으며 대만 본사는 타이베이에 있다.

시간을 일했다.

2년 전, 레지던트 4년 차이던 그는 수술실에 들어가 탈장 수술을 참관하다 심근경색으로 쓰러졌다. 응급처치했지만, 뇌의 산소 부족 시간이 길어 중증의 기억기능 손상에 이르렀다. 동료는 기억하는데 아내와 아이를 기억하지 못했고 방금 한 말도 돌아서면 잊었다. 일상생활을 스스로 해결하지 못했고 이로 인해 직업도 잃었다.

"차이보치앙, 낯익은 이름인데?" 나는 얼마 전 차이 씨 부인이 사무실에 전화로 문의해왔던 기억이 바로 떠올랐다. 그를 도와 관련 문제를 규명했었다. 언론 보도 역시 이 사건을 조명하며 사회적 논의를 불러일으켰다.

열흘이 채 되지 않아 또 다른 뉴스가 터졌다. 27세의 국립성공대학 실습의사가 장기간 초과근로로 돌연사한 것 같다는 소식이었다. 실습의사는 실제 노동에 종사하지만, 아직 학생 신분이고 병원에서의 신분은 피고용인이 아니므로 누릴 수 있는 보장이 더욱 부족하다.

이 사건이 터진 후 의사와 실습의대생이 근로기준법 적용을 받아야 할지, 합리적인 당직 규범을 정해 적용해야 할지 등 의사의 과로 실태는 사회에 광범위한 토론을 불러일으켰다.

과로하는 의사

인터넷포럼 PTT*에 아이디 'tzh0215(대폭발)'이라는 네티즌이 '이제 그만 됐어'라는 제목의 글을 올렸다. 아마도 젊은 레지던트일 것으로 추정된다. 구구절절 의사의 갑갑한 속내를 토로하며 오래 이어져 온 '의사'의 황금가면을 산산조각 냈다.

나는 의사가 되지 않기로 했다. 차라리 세븐일레븐에서 아르바이트를 하겠다.

7년 동안 의대에서 공부했지만, 실습 1년 동안 개였다. PGY**로 다시 또 1년 개가 되었다.

어제 나는 당직이었다. 아침식사로 빵 하나를 통째로 삼키고 오후 3시까지 내내 밀물처럼 밀려드는 환자무리에 파묻혀 있었다. 삼십몇 개의 병상 환자에게 생기는 일, 상처로 인한 발열부터 호흡 부전 삽관까지 모두 내 일이었다.

내가 열심히 하는 건지 아닌지 잘 모르겠다. 하지만 위장이 아프기 시작한다는 건 안다. 장기간 식사를 비정상적으로

....

*   Telnet BBS를 사용한 대만의 커뮤니티 사이트.
**   Post Graduate Year. 전공을 선택하기 전 병원에서 1년 간 각 과를 돌아가며 수련하는 과정. 대만 의사 수련과정은 본 장의 [표3] 참고.

하다보니 스트레스가 더 커져서다. 서른 살도 안 됐는데 위궤양이다.

아파서 식은땀이 줄줄 흘러내리자 나는 차갑게 식은, 말라 딱딱해진 모래알 같은 도시락을 1분 안에 위 속으로 밀어 넣기로 결심했다.

그리고 도시락을 미처 다 삼키기도 전에 빠른 걸음으로 골수염으로 열이 나는 환자의 병상으로 갔다. 나는 환자 가족이 내가 밥 먹는 시간도 포기하고 그들을 보러 온 것에 고마워하리라곤 기대하지도 않았다. 그냥 그들이 이런 말을 할 줄 예상하지 못했을 뿐이다.

우리 아버지는 아파서 다 죽어가는데, 당신은 도시락을 먹고 있었네요. 당신이 그래도 의사 자격이 있나요?

그 자리에서 정신이 아찔하고 머리가 빙빙 도는 것을 느꼈다. 가슴은 마치 쇠망치로 힘껏 한 대 맞은 것처럼 숨을 쉴 수 없었다.

너무 바빴던 그날 밤, 새벽 2시에야 겨우 당직실 침대에 누웠다. 3시 즈음 간호사가 환자 위출혈로 콜을 했는데, 너무 피곤한 나머지 알람 소리를 듣지 못해 4번째 콜에서야 겨우 일어났다. 처치가 끝난 다음에는 당직실에 돌아가 쉴 엄두가 나지 않아 간호스테이션에서 날이 밝을 때까지 일했다. 이어서 또 영원히 끝나지 않는 병실 업무가 기다리고 있었다. 오후가 되어 나는 토했다. 한동안 머리가 어지럽고 눈앞이 캄캄해져서 화장실로 달려갔다. 아무도 모른다.

다음날 전화 한 통을 받았다. 콜로 나를 깨우지 못한 간호사가 상부에 이를 보고했고 내가 잘렸다고 했다. 건성으로 일하며 환자의 건강을 제대로 돌보지 않고, 당직을 서면서 일부러 휴대폰을 받지 않는 것은 썩어빠진 의사이며 의사 자격이 없단다.

또 숨이 막혀온다.

나는 숨을 쉬어야 한다.

실습의대생과 레지던트가 과로 발병한 사건이 연이어 전해진 뒤 국회의원들의 비판이 잦아지자 보건부는(2013년 7월에 보건복지부로 개명) 서둘러 임기응변에 나섰다. 2011년 전국 87개 대학병원의 직장실태를 조사했는데, 조사 결과 보고서에서 1~2년 차 레지던트의 매주 평균 노동 시간은 겨우 74.5시간이고 당직 횟수는 평균 약 2회로 보건부의 대학병원 평가 규정에 부합한다고 지적했다.

이런 조사 결과에 보건부는 득의양양했다. 병원 당직 횟수가 합당하다며 과로 실태를 전혀 파악하지 못했다. 그러나 해당 보고서는 명백하게 직장 현황에 부합하지 않았고 각계의 문제 제기와 질의가 이어졌다. 감찰원은 이와 관련

한 전담 보고를 제출해 보건부의 조사보고서가 단지 병원에서 작성한 자료를 회수한 것일 뿐이며, 실무인력과 레지던트 방문 조사나 현장 실사도 하지 않았다고 비판했다. 또한, 그 신뢰도와 타당성을 분석하지 않아 공신력에 질의가 쏟아졌고 보건부에 재검토 요구도 이어졌다.

감찰원은 또 '대만 의료노동정의와 환자안전촉진연맹'*의 연구에서 지적한 사항을 인용했다. 만약 각 병원 일정표의 당직 시간에 따라 계산한다면 국내 실습의대생은 월평균 10일의 당직이 있고 매주 노동시간이 약 86.7시간이다. 3개월의 내과 훈련을 마친 실습의대생은 장기 주의력이 떨어지고 충동적으로 결정하는 성향이 비교적 강해지는 현상이 나타났다.

의사의 업무는 직접적으로 대중의 신체를 다루고 어떨 때는 건강 혹은 생명에 영향을 주는 판단을 내린다. 의료 과정은 늘 불확실한 각종 위험이 존재한다. 따라서 만일 의사가 장기간 초과근로를 한다면 전문 업무 수행의 안전을 충분히 보장받지 못할 뿐만 아니라, 심지어 환자의 안전 역시 영향을 받을 수 있다고 감찰원은 강조했다.

....

*　　2012년 의료개혁을 목적으로 의사와 간호사가 주축이 되어 설립한 대만의 공익 사단법인.

138

대만의대생연합회는 '2012년 의사 근로환경 설문조사'
에서 실습의대생, PGY 및 레지던트의 의견을 대면 수집
해 매주 평균 노동시간이 약 94.36시간인 이 세 부류의 의
사가 가장 힘들다는 사실을 밝혀냈다. 그중 실습의대생은
88.06시간, 레지던트는 100.32시간이었고 가장 긴 연속
노동시간은 35.84시간이었다. 이는 하루와 반나절 동안
연속으로 당직을 서는 것과 같다. 이처럼 초과시간 근로는
이미 심각하게 과로에 따른 심신 부하를 야기하고 있다.

세상에서 가장 공평한 것은 모두에게 하루는 24시간뿐
이라는 것이다. 1주면 168시간이다. 의술로 사람을 구하
는 의사라고 해도 마찬가지다.

만약 의사의 주 평균 노동시간이 94.36시간이라면 매
일 8시간의 수면시간을 빼고 자기에게 쓸 수 있는 시간은
1주일에 딱 17.64시간뿐이다. 매일 평균 고작 2.5시간이
남는데 이는 러닝타임이 긴 영화 한 편도 채 다 못 보는
시간이다. 여기에는 식사, 세안, 운동 시간이 포함되지 않
은 것이다.

호주 뉴사우스웨일스대학의 연구[1]에서 보듯이 일반인
이 연속해서 17~19시간 동안 깨어 있는 상태를 유지하면
반응 능력과 판단력 모두 감소하는데 이는 혈중 알콜 농도
가 0.05%인 상태와 비슷하다. 깨어있는 시간이 24시간을

초과하면, 즉 하루 동안 아예 잠을 자지 않거나 혹은 연속해서 7일 동안 4~5시간만 잠을 자면 신체 반응 능력은 혈중 알코올 농도가 0.1%에 달한 것과 같아진다.

대만 형법 제185조 제3항에 따르면 동력 교통수단을 운전하면서 혈중 알코올 농도가 0.05% 이상일 경우 2년 이하의 유기징역에 처하고 과징금 20만 위안(800만 원) 이하의 벌금을 내야 한다. 설문조사 결과에서 의사의 최장 연속 근로가 35.84시간에 달해 반응 능력과 판단력은 운전도 감당하지 못할 정도인데 수술 메스를 들도록 강요당하고 있다. 환자의 안전은 어떻게 보장하며 의료분쟁의 위험은 누가 감당해야 하나?

의료환경의 변질

의사의 임무는 국민의 생명과 건강을 지키는 것이다. 의사 취임 서약은 '제네바 선언Declaration of Geneva'이라고도 하는데, 세계의학협회에 의해 1948년 제네바 회의에서 통과된 뒤 각국에서 상용하는 의사 서약이 되었다.

이제 의업에 종사할 허락을 받음에,
나의 생애를 인류 봉사에 바칠 것을 엄숙히 서약한다.

나의 은사에게 존경과 감사를 드리겠다.

나의 양심과 품위를 유지하며 의술을 베풀겠다.

나는 환자의 건강과 생명을 첫째로 생각하겠다.

나는 환자가 알려준 모든 비밀을 지키겠다.

나는 의업의 고귀한 전통과 명예를 유지하겠다.

나는 동료를 형제처럼 생각하겠다.

나는 인종, 종교, 국적, 정치적 입장, 또는 사회적 신분을 초월하여 오직 환자에 대한 나의 의무를 다하겠다.

나는 인간의 생명을 수태된 때로부터 지상의 것으로 존중하겠다.

어떤 위협을 당할지라도 나의 지식을 인륜에 어긋나게 쓰지 않겠다.

나의 자유의사로 명예를 받들어 위와 같이 서약한다.

의사 서약은 '나의 생애를 인류 봉사에 바칠 것을 엄숙히 서약한다'와 '환자의 건강과 생명을 첫째로 생각하겠다' 등 숭고한 가치를 강조한다. 그러나 오늘날의 의료환경을 돌아보면 병원은 이윤을 추구하며 재단화하고 있다. 거대한 병원 안의 작은 의사는 점차 일하는 기계가 되어 끊임없이 초과근로를 하고 의료행위의 정신적인 스트레스를 받을 뿐만 아니라 부하가 과중한 교대제 역시 종종 의사를

짓누른다. 당초 의사 서약의 '봉사'는 결국 '희생'으로 변질
되어 버렸다.

가장 우려스러운 것은 의료품질을 지키는 문제다. 곧 쓰
러질 듯한 의사들의 과로 근무 환경 위에 전 국민의 건강
이 달린 게 아닌가.

리우청야오 이야기

2012년 7월 16일, 북부의 모 병원 대장항문외과 레지던
트 의국장 리우청야오劉成耀(가명)는 흰 가운을 걸치고 진료
실을 오갔다. 한 무리의 환자들도 진료를 기다리고 있었
다. 젊고 유망한 리우청야오는 겨우 33세로 겉보기엔 원
기 왕성했지만, 사실 몹시 피곤했다. 당일 오후에 막 수술
한 건을 끝냈고 전날은 저녁 내내 꼬박 당직 대기를 했다.
그는 이미 32시간째 연속 근무 중이었다.

리우청야오는 수술실을 나온 지 얼마 되지 않아 갑자기
불편함을 느꼈다. 머리 부위에 극심한 통증과 함께 구토
오심 증상이 나타났다. 급히 응급실로 보내졌고 컴퓨터단
층촬영 검사를 거쳐 마침내 나온 진단 결과는 '전두엽 뇌
경막동정맥혈관기형 및 경막하 출혈', 즉 '뇌졸중'이었다.

수술대 위에 누운 리우청야오는 마치 과로하는 의료인

을 대변하는 것 같았다. 의사는 사람을 구하는 직업이다. 그러나 장기간 왜곡된 노동환경의 의사는 도대체 누가 구원해주나?

리우청야오가 재해를 입은 지 2개월 후, 그의 아내 샤오쩐小真(가명)이 직접 대만노동전선* 사무실에 찾아왔다. 그는 둘째를 임신한 상태였는데 2개월 후 출산할 예정이라 배는 남산만 했고 배를 안고 길을 걷는 것만으로도 숨이 차 조심해야 했다. 하지만 고생을 마다하지 않고 여정의 피로도 두려워하지 않으며 남편을 위해 싸울 수 있기만을 바랐다. 대만노동전선 사무총장 쑨요우리엔이 내게 도움을 청했다.

샤오쩐은 내가 맡았던 사건에서 보기 드물게 비범하고 강인한 성격의 가족이었다. 그는 침착하게 사건 경과를 진술했다. 조용한 어조는 슬픔에 겨워 어쩔 줄 모르는 부분을 이야기할 때에도 그저 한 번 크게 심호흡하고 흥분을 가라앉히려 할 뿐이었다.

샤오쩐은 기억을 떠올렸다. 리우청야오가 막 병원에 들어가 일할 때 항상 너무 바빴고 몹시 피곤해했다. 남편의 건강이 걱정된 샤오쩐이 말했다. "여보, 절대 쓰러지면 안

....
* 1984년 5월 1일 설립된 대만 최초의 노동운동 단체.

돼. 만약에 당신이 쓰러지면 내가 옮길 수가 없잖아." 원래 반농담조로 남편에게 몸을 신경 쓰고 과로하지 말라는 주의였는데 말이 씨가 될 줄 미처 몰랐다.

"일이 이렇게 되니까 제가 정말 남편을 못 옮기겠더라고요. 그러니까 정말 말을 함부로 하면 안 돼요." 샤오쩐은 눈물을 흘리지 않으려 안간힘을 쓰며 과거의 농담을 얼마나 후회하는지 이야기했다. 강인한 성격의 그는 이후에도 좀처럼 남들 앞에서 눈물을 흘리지 않았다.

사건이 발생한 그 날로 돌아가 보면 리우청야오는 거의 온종일 수술하느라 바빴다. 오전 7시부터 시작된 수술은 오후 4시가 되어서야 겨우 끝났다. 자신의 자리로 돌아와 마침내 한숨 돌릴 틈이 생겼다. 그런데 어렴풋이 몸이 불편하다는 것을 느끼고 아내에게 전화를 걸어 몸 상태를 말했다.

샤오쩐은 같은 병원에서 일하는 간호사였다. 그는 당시 남편이 감기에 걸렸다고 생각해 대수롭지 않게 반응했다. 게다가 잔업 중이라 빠져나오지 못하고 남편에게 그저 잠시 쉬라고 조언할 수밖에 없었다. 샤오쩐이 잔업을 마친 후 남편에게 다시 전화를 걸었을 때, 리우청야오는 이미 응급실에 누워 개두술을 받을 준비를 하고 있었다.

수술이 끝난 뒤 리우청야오는 오랫동안 깨어나지 못했

다. 샤오쩐은 끊임없이 자문했다. '남편이 깨어날까?' 경력이 오래된 의사가 와서 신경 써주었다. 샤오쩐에게 마음의 준비를 하라고, 리우청야오는 식물인간이 될 수도 있으니 너무 많은 자원을 쏟아붓지 말라고 조언했다.

"남편이 식물인간이 될 거라는 말을 믿지 않았어요. 저는 늘 남편이 좋아질 거라 생각했어요." 샤오쩐은 희망을 품고 다가올 고난에 맞섰다. 하늘은 스스로 노력하는 자를 저버리지 않는다. 2주 후에 리우청야오는 마침내 천천히 의식을 되찾았다.

길고 고통스러운 재활

비록 남편이 깨어났지만, 재활의 길은 여전히 멀었다. "우리는 앞으로 갈 수밖에 없다고 생각했어요. 다시 돌아갈 수는 없으니까요. 남편이 즉시 좋아지는 건 불가능했죠. 유일한 길은 재활이었어요." 간호사로서 샤오쩐은 모든 걸 완벽하게 되돌릴 수 없음을 알았다. 남편 곁에서 재활의 고난길을 함께하기로 했다.

리우청야오는 운동신경이 손상되어 전신 근육이 마비되었다. 사지 강직뿐만 아니라 음식을 먹기조차 어려웠다. 샤오쩐은 간절한 마음으로 더 열심히 매달렸다. 재활 반년

이 지나서는 억지로 위장으로 통한 관을 뽑고 남편 스스로 음식을 삼키도록 채근했다. 샤오쩐은 자조하며 말했다. "제가 진짜 독해요. 남편이 사레들려 죽을 수도 있었는데요." 말투에는 쓰린 고통이 감춰져 있었다. 속으로는 안타까워 눈물이 흘러도 청야오의 재활을 위해 어떨 때는 독하게 마음먹어야 했다.

"사람의 신념은 매우 중요해요. 당신이 그 사람에게 괜찮을 거라고 말해주면 당신 자신도 그런 용기를 가지고 나아갈 수 있어요." 샤오쩐은 환자에게 자신감과 에너지가 없다면 환자는 좋아질 수 없고 따라서 가족도 지쳐버린다고 믿었다.

시어머니는 청야오가 평생 낫지 않을까 봐 걱정했다. 하지만 샤오쩐은 끊임없이 시어머니에게 용기를 북돋워 주었다. 샤오쩐은 둘째를 낳은 날을 회상했다. 제왕절개였기 때문에 출산시간은 이미 배정되어 있었다. 그가 아이를 낳으러 가기 몇 시간 전, 시어머니가 갑자기 울면서 리우청야오를 데리고 함께 죽고 싶다고 말했다. "어머니가 아마도 스트레스가 너무 크셨던 것 같아요. 제가 아이를 낳으면 도와줄 사람 대신 돌봐야 할 사람 한 명이 더 늘어나니까요." 샤오쩐은 시어머니를 위로했다. 그는 가족들이 서로 지지해야 장기간 싸움을 버틸 수 있다는 걸 잘 이해하고 있었다.

산업재해 노동자는 육체뿐만 아니라 심리적 재활도 필요하다. 2013년 6월 나는 쑨요우리엔 사무총장과 함께 리우청야오의 병문안을 갔다. 청야오는 몸을 일으켜 앉을 수있었고 천천히 음식을 씹어 먹을 수 있었지만, 말하는 것은 여전히 불편했다. 우리가 병실에 온 지 얼마 되지 않아갑자기 의사 한 사람이 와서 샤오쩐을 병실 밖으로 데리고나가더니 작은 소리로 둘이서 이야기했다. 샤오쩐은 새파랗게 굳은 얼굴로 돌아와 청야오에게 말했다. "방금 의사말이 당신이 자살을 생각한다고 그러네요. 당신 지금 상태에서는 죽고 싶어도 못 죽어요. 그러니까 꿈도 꾸지 말아요." 그는 배신이라도 당한 것처럼 단호한 말투로 쏘아붙였다. 리우청야오는 마치 현장에서 딱 걸린 도둑처럼 눈길을 피하며 감히 아내를 똑바로 보지 못했다.

청야오는 쓰러진 뒤 사지 마비로 일상생활을 스스로 할수 없었다. 의식은 비록 또렷했지만, 발음이 제대로 되지않아 말도 느렸다. 늘 침대에 누워 한마디도 하지 않고 눈물만 계속 흘렸다. 그는 동료나 친구가 문병 오는 것을 두려워했다. 어려서부터 늘 우등생이었던 그는 가장 간단한밥 먹는 일, 화장실 가는 일조차 도움받아야 하는 엉망진창의 모습을 다른 사람에게 보여주고 싶지 않았다.

남편이 언제쯤 다시 건강을 회복할 수 있을지 알 수 없었고 자신 역시 두 어린아이를 돌봐야 하는 부담을 짊어졌으니 강인한 샤오쩐도 앞날만 생각하면 망연자실했다. 어디로 가야 할지 알 수 없었다. "원래 멀쩡했던 사람이 어째서 제 눈앞에서 깨어나고선 전혀 다르게 변해버렸을까요?"

하얀거탑 안의 스트레스

리우청야오가 입원해 있는 동안, 대장항문외과 주임이 10만 위안(400만 원)의 위로금을 들고 병문안을 왔다. "뭐든 필요한 게 있으면 우리에게 말해요." 가족은 원래 주임에게 향후 보살핌과 업무배치 요구를 고위 경영진에게 전달해 달라고 청했었다. 그런데 병원 측에서 시종일관 답이 없을 줄은 미처 몰랐다. 마지막에는 결국 돌이 바다에 가라앉듯 흐지부지되고 말았다.

병원은 이후에 해결 방안을 제시했다. 의료보조 부분은 받도록 도울 것이라고 했고 간호 부분에 대해선 병원이 가족들에게 30만 위안(1,200만 원)을 빌려주고 나중에 샤오쩐이 분할 상환하는 방식을 원했다. 그러나 가족들은 이를 매우 불합리하게 여겼다. 어떤 차용증서에도 함부로 날인할 수 없었기 때문에 병원 역시 내내 송금하지 않았다.

병원이 주도해 제안한 협조 방안은 치료 일부를 도와주는 것일 뿐 사고의 발생과 책임은 여전히 리우청야오 개인의 탓이었다. 우리는 일차적으로 리우청야오의 업무 상황을 파악한 후, 그의 재해가 초과시간 근로 및 과중한 스트레스 부하와 관련 있을 수 있다고 생각했다. 만약 업무가 질병을 촉발한 사실이 확인되면 후속적인 의료돌봄과 직업병 보상 등을 병원 측에서 공동 부담할 책임이 있게 된다. 따라서 우리는 샤오쩐에게 노동시간과 업무 스트레스 부하 등 관련 자료를 수집해 과로로 인한 직업병으로 인정받자고 제안했다.

노동자의 과로 직업병 인정에는 직업의학과 의사의 전문 진단이 필요하다. 리우청야오의 재해 후 외과 회진에서 담당 의사가 병원 내 직업의학과에 전달해 평가하도록 했다. 그러나 우리는 병원이 곧 선수이자 심판인 이 상황에서 인정을 담당할 직업의학과 닥터 천陳(가명)이 병원 측의 압력에 굴복할 수도 있다고 우려했다. 그래서 가족들에게 다른 병원으로 옮겨 인정을 진행하자고 건의했다. 그러나 가족은 환자 이동이 쉽지 않고 원래 병원에 남아 있으면 의료비용 할인 감면이 있으며 가족이 오가며 돌보는 교통 문제 등도 고려해야 한다는 점에서 결국엔 이 병원에 남아

치료를 진행하기로 했다.

알게 된 바에 따르면 과로 직업병 인정 과정에서 닥터 천은 오히려 리우청야오의 재해와 직업이 관련이 있다고 주장했다고 한다. 병원 측은 이를 받아들이지 않았을 뿐 아니라 닥터 천에게 적지 않은 압력을 분명히 행사했다 그러나 닥터 천은 도덕적인 용기를 발휘해 마지막에는 병원을 피해 평가보고서를 곧장 노동위원회에 보냈다. 노동위원회가 평가보고서를 받고 과로를 인정하면서 가족들은 마음의 안정을 찾고 병원 측과 보상 혹은 배상*과 후속 재활 돌봄 등 권익을 다툴 자신감이 생겼다.

레지던트의 당직 생활

노동위원회의 평가보고서에 실린 내용에 따르면 2007년 리우청야오가 병원에 들어와 외과 레지던트로서 담당한 매일의 규정 업무는 이랬다. 오전 6시 10분 전후부터 병실을 돌며 환자를 보기 시작해 7시 10분에는 오전회의에 참석해야 했고 그 후에는 수술을 하거나 외래진료를 보거나

....

* 보상은 적법행위로 인한 손실을 보상해주는 것이고, 배상은 불법행위로 인한 손해를 배상하는 것이다.

병실을 지켰다. 퇴근 시간은 오후 6시에서 10시 사이로, 정해져 있지 않았다.

2011년 리우청야오가 대장항문외과 레지던트 의국장으로 승진한 뒤에는 실습의사를 가르치고 지도하는 업무가 더 늘었다. 이뿐만 아니라 인력 배치도 책임져야 했고 화요일 오전엔 암 세미나를 주최해야 해서 사전에 수많은 자료를 소화하고 정리하려면 시간과 에너지를 쏟아부어야 했다.

일상업무 외에도 레지던트는 반드시 교대로 당직을 서야 했다. 매달 당직 횟수는 8번에서 10번이었다. 리우청야오가 재해를 입은 7월엔 1일부터 6일까지 국방부 예비군 교육에 소집되어 훈련을 받았다. 7월 7일에 돌아와 업무에 복귀한 뒤 몰아서 보충 당직을 서도록 요구받았다. 7월 16일 재해 발생 당일까지 열흘 동안 4번의 당직을 섰다. 가장 놀랐던 것은 그가 재해 하루 전 24시간 당직을 선 다음 오후 4시 쓰러지던 그 순간까지 연속 노동시간이 32시간에 달했다는 것이다.

노동검사소의 검찰 보고에 나타난 바에 따르면 리우청야오의 재해 1개월 전 초과근로시간은 144시간이었다. 재해 2개월 전부터 6개월 전까지는 걸핏하면 150시간이 넘었다. 노동위원회가 공표한 과로 인정 기준인 재해 1개월 전 초과근로시간 92시간 혹은 재해 2개월에서 6개월 내 월평균 초과근로시간 72시간을 훌쩍 뛰어넘는다.(이후 2016년 법정 노동시간이 2주 4시간, 즉 월 8시간 줄어든 것과 맞추기 위해 과로 인정 기준은 '재해 발생 1개월 전 연장근로가 100시간이거나 재해 발생 2~6개월 전 평균 연장근로시간이 80시간일 때'로 개정되었다.)

초과근로시간뿐만 아니라 리우청야오는 특별휴가 기간에 여러 차례 업무 전화를 받고 업무 처리를 도왔다. 심지어 A형 유행성 독감에 걸려 입원했을 때조차 지리적으로 가깝다는 이유로 여전히 당직 일정이 잡혀 충분히 쉴 수 없었다.

이러한 초과근로시간과 과중한 스트레스 부하의 증거는 리우청야오의 재해와 업무가 일정한 인과관계가 있음을 보여주었고 과로 인정의 관건이기도 했다.

근로기준법의 보호를 받지 않는다

리우청야오의 재해로부터 과로 직업병 인정까지 5개월이 걸리지 않았다. 병원은 노동위원회의 과로 인정을 통보받은 후 즉시 공상 병가를 주었고 그가 원래 수령하던 급여를 매달 지급했다. 하지만 청야오는 계속 입원치료를 받아야 했고 세심한 재활치료를 진행해야 했다. 그러나 후속 의료보상, 보살핌, 배상 등 문제에 관해 병원 측은 미루기만 하고 가족들과 논의하지 않았다.

1년 동안 재활을 거친 리우청야오의 재활성과는 기대보다는 좋았지만, 여전히 스스로 생활할 능력은 없었다. 민법 손해배상 청구는 사건 발생 후 2년 이내에 제기해야 하므로 시효 기한이 가까워져 왔다. 가족들은 병원에 후속 산업재해 보상과 배상 방안을 달라고 요구했다. 그러나 병원은 회신하지 않았으며 심지어 리우청야오를 해고하고 입원 기간의 비용 40만 위안(1,600만 원)을 내라고 종용했다. 2014년 2월 가족들은 병원 측으로부터 의료비용 청산을 요구하는 내용증명을 받았다.

근로기준법 규정에 근거해 노동자가 만일 산업재해로 부상하거나 직업병을 얻으면 고용주는 필요한 요양비용을 반드시 보상해야 하고, 요양기간에 일할 수 없을 때도 임금을 원래대로 지급해야 하며 임의로 산업재해 노동자를 해고해서는 안된다.

우리는 근로기준법을 병원에 대항할 무기로 삼으려 했지만, 이때 의사는 근로기준법의 적용대상이 아니었다. 나중에 노동부가 2019년 9월 1일부터 '의료보건서비스업에 고용된 레지던트(공공의료원의 공무원 법제에 따른 인원은 포함하지 않음)'는 근로기준법 적용 대상이라고 공표한 바 있다. 이때에도 주치의사는 제외되었는데, 노동부는 주치의사의 자주성이 높고 업무 형태가 다양해 근로기준법 적용 범위에 넣기엔 아직 어려운 점이 있다고 했다.

당시에 기본 산업재해 보상도 없이 근로기준법의 보호 우산 바깥으로 무참히 배제된 리우청야오와 가족들은 더욱 고난과 어려움을 겪었다. 노동국의 조정도 결렬되었다.

리우청야오의 소송이 고전에 빠진 기간에 똑같이 과로로 인해 기능을 상실한 의사 차이보치앙은 아내 리치팡*其芳의 장장 5년여에 걸친 노력 끝에 정당한 권익을 쟁취하여 마침내 고등법원의 2차 재판에서 승소했다. 산업재해 노동자보호법 제7조의 '노동자가 산업재해로 야기된 손해를 입으면 고용주는 배상책임을 져야 한다'는 규정에 근거해 고등법원 역시 의사가 비록 근로기준법의 적용을 받지 않지만, 병원과 여전히 고용관계에 있으며, 따라서 고용주는 산업재해로 야기된 손해배상책임이 있다고 봤다.

이 재판 결과는 리우청야오와 샤오쩐 부부에게도 희망의 빛이 되었고 그들이 힘을 얻어 병원과 싸움을 계속해 나갈 수 있게 했다. 그리고 2016년 2월 3일 마침내 합의에 도달했다. 병원은 리우청야오에게 배상금을 지급했고 양측은 소송을 철회했다.

갈수록 힘들어지는 의사

근래 들어 의사의 과로 사건을 종종 접한다. 리우청야오의 사건에서 그의 월평균 초과근로시간이 140시간 이상이다. 월 초과근로시간이 46시간을 넘지 않아야 한다는 근로기준법상 기준을 훌쩍 넘길 뿐만 아니라 노동부가 인정한 과로 기준 역시 초과한다. 각 병원에 들어가 관찰하면 이렇게 장시간 근로하는 '철인의사'가 일반적인 상태가 되었다. 절대 단일 사건이 아니다.

감찰원은 2013년 병원 근로 실태에 관한 조사보고서를 제출하면서 현재 의사의 업무 부담이 갈수록 무거워지고 있음을 지적했다. 보고서에 따르면 1995년 국민건강보험을 실시한 뒤 의료서비스량이 대폭 성장했다. 국내 대학병원 병상이 60% 증가했다(60.43%). 일평균 외래진료 환자 수는 70% 가까이 늘었다(68.79%). 일일 응급환자 수는 90% 이상 크게 늘었고(90.18%), 일일 수술환자 수 역시 57% 늘었다(56.77%).

2011년과 1998년의 병상 수를 비교해보면, 총 병상은 2만3,367개 늘었다. 그중 일반병상은 1만5,696개가 늘어서 27.17% 성장했다. 그러나 상대적으로 의사가 장시간 근무하거나 혹은 당직을 투입해야 하는 등 적시에 알맞은 의료를 제공하는 특수병상은 7,671개가 늘어 44.84% 성장했다. 대학병원의 병상 점유율엔 뚜렷한 변화가 없다. 병상 수가 대폭 늘어나는 상황에서 환자 수도 당연히 늘었다.

그러나 국내 의학과 모집인원은 1998년부터 매년 1,300명 정도를 유지하고 있으며 대체인력으로 활용되는 실습 의대생, 레지던트의 인원수는 실제로 의료서비스량의 성장에 따라 늘지 않았다. 의사의 업무 부하는 당연히 더 무거워지는 추세다.

환자가 대폭 증가해 의사 인력 부담은 가중되고 노동환경 악화는 의료품질의 저하를 가져오며 의사와 환자의 관계에 긴장을 야기한다. 최근 의료분쟁이 끊임없이 증가하면서 '돈이 적은 일을 하면 감옥과 가까워진다'라는 의사의 자조 섞인 말도 있다. 이런 현상은 내과, 외과, 소아과, 산부인과, 응급의학과에서 더욱 뚜렷하다. 다른 과목에 비해 이 5대 과목은 상대적으로 노동시간이 길고 급여가 낮을 뿐만 아니라 의료분쟁 위험도 높은 편이다.

감찰원 보고에서 지적한 바에 따르면 대만의 의료분쟁 사건은 해마다 증가 추세를 나타낸다. 최근 10년간 약 29.6% 늘었고 내과(27%), 외과(35%), 산부인과(15%), 소아과(6%), 응급의학과(4%)에 높게 집중되었다. 이 5대 과목이 의료분쟁 사건의 87%를 차지했다.([표1] 참고)

[표1] 보건부 의료사건심의위원회가 법원 혹은 감찰기관에 위탁받은 의료사건 감정 수

연도	내과	외과	산부인과	소아과	응급의학과	기타*	합계
2002	128	170	70	35	0	53	456
2003	144	152	84	35	6	36	457
2004	150	155	71	21	6	44	447
2005	119	126	51	21	9	48	374
2006	114	153	54	22	16	59	418
2007	104	141	69	26	38	65	443
2008	111	165	57	26	39	77	475
2009	143	202	53	38	35	86	557
2010	108	172	77	29	48	67	501
2011	153	211	65	21	44	97	591
합계	1,274	1,647	651	274	241	632	4,719

* 기타에는 이비인후과, 치과, 정신과, 한의학과, 마취과 등이 포함됨.

자료 출처 : 행정원 보건부

의료붕괴 시대의 도래

병원이 날이 갈수록 상업화, 재단화하며 인건비가 낮아지고 이윤 극대화를 추구함에 따라 말단 의사의 노동환경역시 갈수록 악화되었다. 의사가 과로하면 의료분쟁 위험은 자연스레 늘어난다. 환자 역시 양질의 의료품질을 얻을

수 없다. 악순환 아래 이미 '과로의 섬'이 되어버린 대만은 점점 의료붕괴의 시대로 나아가고 있으니 이는 필시 심각한 안보 문제가 될 것이다. 그중 내과, 외과, 산부인과, 소아과, 응급의학과의 '5대 공백' 현상은 더욱 심각하다.

5대 과목은 노동시간이 길고 급여가 낮으며 위험이 높은 환경이므로 사정을 아는 의대생은 진입을 꺼리고 다른 과목(안과, 치과, 이비인후과, 피부과)으로 향한다. 의사노조전국연합회 통계에 따르면 2009년부터 2013년까지 전국 의사수는 3만9,200명에서 4만3,556명으로 11.11% 증가했다. 그러나 응급의학과를 제외하면 다른 4개 과목 의사 수는 평균 증가 비율보다 훨씬 낮다. 외과, 산부인과는 심지어 2%가 안 되어 심각한 인력난을 야기하고 있다.([표2] 참고)

[표2] 2009년부터 2013년까지 전국 의사 수와 5대 과목 의사 수 변화 추이

	2009년	2013년	5년간 증감률
전국 의사 수	39,200	43,556	11.11%
내과 의사	8,392	8,796	4.81%
외과 의사	3,433	3,489	1.63%
산부인과 의사	2,180	2,216	1.65%
소아과 의사	2,978	3,177	6.48%
응급의학과 의사	1,350	1,514	12.15%

자료 출처: 의사노조전국연합회

국가보건연구원은 의료인력 관리시스템 데이터베이스, 건강보험자료데이터 및 설문을 운용해 10년 내 의료 인력을 추정하면서 7,000명 가까이 부족하다는 것을 발견했다. 가장 부족한 것은 내과 의사로 4,000명 가까이 부족했다. 국가보건연구원은 동시에 전국 의사 4만 명의 노동시간을 조사해 약 5,000건을 회수했다. 결과에 따르면 외과 의사의 노동시간이 가장 길었다. 주 5일 업무일로 환산하면 매일 15시간 일하는 것과 같았다. 그다음은 내과, 산부인과, 소아과, 응급의학과 순이었다.

국가보건연구원 인구건강과학연구소衛院群體健康科學研究* 소장 송자오熊昭는 언론 인터뷰에서 대만은 빠르게 고령화사회로 들어가고 있고 내외과 이용률이 갈수록 높아지는데, 인력을 보충할 수 없다면 재직 중인 의사의 노동시간은 더길어질 것이라고 지적했다. 아울러 의료 인력 부족 상황은 설상가상으로 의료품질에 더욱 심각한 영향을 줄 수 있다고 덧붙였다.[2]

5대 과목의 의사 수 증가폭은 환자 수의 증가 속도에 대응할 수 없다. 그중 산부인과는 훨씬 더 심각하다. 2012년

....

* 국가보건연구원 산하 연구소로 2008년 9월 설립됨. 주요 집단 건강 문제에 관한 학술 연구, 신진 연구방법 개발, 정책자문, 국내외 연구단체와의 연구 협업 담당.

전국의 개업 의사 평균연령이 46세인데 산부인과 의사의 평균연령은 53세로 훨씬 높았다. 고령화 현상은 미래 산부인과 인력의 급감을 가속하고 젊은 피가 충분히 보충되지 않으면 의료환경은 아슬아슬해진다.

"의료계에 발을 들여놓을 때, 내가 사랑하는 일을 포기하고 싶다고 생각할 날이 올 거라곤 상상도 못 했어요." 산부인과 의사 샤오링曉鈴(가명)은 주치의가 된 지 벌써 8년이다. 그는 산부인과 의사가 된 데 만족하며 기회가 되면 해외 의료봉사에도 참여했다. 그러나 장시간 노동의 업무 환경은 견디기가 너무 힘들었다. 그는 3년 전부터 전직 기회를 찾기 시작했다.

산부인과는 일반외과와 또 다르다. 임산부의 출산 시간이나 중증환자의 긴급 상황을 예측할 수 없기 때문에 자신이 담당하는 환자가 병원에 있거나 출산 대기 기간이면 의사도 반드시 하루 24시간, 1년 365일 대기해야 한다.

"저는 전에 낮에는 외래진료를 보고 밤에는 출산이 임박한 임산부를 맡아 아이 받는 일을 쉬지 않고 일주일 꼬박 했어요." 그때 아이를 받고 나서 집에 돌아온 샤오링은 피곤함에 지쳐 쓰러져 쿨쿨 잠들었는데, 다음날 깨어난 뒤 놀랍게도 전날 저녁 어떻게 집에 왔는지 전혀 기억나지 않았다고 했다.

보건부는 5대 과목 인력 유실 문제를 해결하기 위해 국민건강보험 5대 과목 지급 기준을 강화하고, 5대 과목 의사의 훈련 인원수를 적절하게 조정하고, 5대 과목 전문 간호인력을 늘리고, 의료과실 형사책임 합리화를 추진하는 등의 여러 정책을 제안했다. 이런 조치는 의료인력 자원을 급히 조달하는 데 도움이 될 것이다. 또한 의사의 과로 환경 개선에 영향을 줄 수 있다. 보건복지부(구 보건부) 자료에 따르면 2018년 5대 과목 레지던트 모집률은 거의 정원에 근접했으니 인력 상황은 확실히 개선되었다. 2018년 전국 의사 수는 4만7,654명이고 내과 9,721명, 외과 3,830명, 산부인과 2,412명, 소아과 3,619명, 응급의학과 1,965명으로 2013년과 비교하면([표2] 참고) 의사 수는 전국 9.41%, 내과 10.52%, 외과 9.77%, 산부인과 8.84%, 소아과 13.91%, 응급의학과 29.79%가 늘었다.

[표3] 의사 양성 교육과정*

의학과 대학생 ⇓	– 고등학교 졸업 후 각 대학교 의학과에 진학. 4~5년의 기초교육 수료(학교마다 다름). – 기초교육 수료 후 1차 의사국가고시 응시.
견습의사 Clerk ⇓	– 기초교육 수료 후 실습의사가 되기 전, 병원 견습 진행. 주치의 감독하에 실무훈련으로 실제 업무 수행. 단, 정규인력은 아님. – 학교마다 기간이 다름.
실습의사 Intern ⇓	– 의대 6년 또는 7년에 병원 실습. 주치의 감독하에 실무훈련으로 실제 업무 수행. 정규인력 편제를 위해 임상업무에 대해서는 책임을 져야 함. – 의대 7년에 실무과정 훈련 완료 후 졸업하면서 2차 의사국가고시 응시. 국가고시에 통과하면 정식 의사면허 취득.
PGY** Post Graduate Year ⇓	– 병원에서 2년간 과를 돌아가며 수련 진행.
레지던트 Resident ⇓	– 병원에서 과목을 선택해 전문 수련. 연차에 따라 R1, R2 등으로 호칭. – 3년에서 7년간 수련. 과목에 따라 기간 상이. – 연차가 오래 되면 의국장(CR: Chief Resident)으로 승진하며 레지던트 의사 사무 관리 및 교육지원 담당.
주치의사 Visiting Staff	– 전문과목 수련 후 전문의사고시 응시. 통과 후 전문의사면허 취득. 병원에 들어가 정식으로 주치의사가 됨.

자료 제공 : 의사노동조건개혁모임 / 도표 정리 : 황이링

············

*   한국에서는 의과대학 6년 과정을 마친 후 국가 의사면허 시험을 치르고 1년 동안 인턴 과정(수련의)을 거친다. 인턴 과정을 마치면 3~4년 간 레지던트(전공의)로 일하며, 이후 전문의 시험에 합격하면 해당 전문과의 전문의가 된다.

**   한국의 인턴 과정에 해당.

* 후주

1) A. M. Williamson, Anne-Marie Feyer, "Moderate sleep deprivation produces impairments in cognitive and motor performance equivalent to legally prescribed levels of alcohol intoxication", Occupational and Environmental Medicine, October 2000, Volume 57, Issue 10.

2) "의사 부족, 내과가 가장 심각", 정한원鄭涵文 기자, 연합일보, 제A4판, 1면 주요기사, 타이베이 보도, 2014년 12월 20일 자.

5장

링거를 맞으며
일하는 간호사

2012년 3월 사진 한 장이 대만 인터넷을 뜨겁게 달궜다. 그것은 의료업무 스테이션에 엎드린 간호사의 사진이었다. 염색한 긴 머리를 포니테일로 묶은 뒷모습은 아주 어려 보였고 그의 팔뚝에는 링거 바늘이 꽂혀 있었다. 몸이 좋지 않은데도 여전히 근무지를 지키고 있었던 것이다.

사진이 퍼지고 네티즌의 열띤 토론이 일었다. 어떤 이는 근무지를 굳건히 지키는 정신이 존경스럽다고 하고, 어떤 이는 간호사 업무 스트레스가 과중하며 부담이 과한 것이라고 비판했다. 단번에 간호사의 업무환경, 가혹한 노동조건, 간호인력 부족 등의 문제가 잇달아 도마 위에 올랐다.

이 사진은 신문에도 실렸다. 당사자는 가오슝의 간호사로 24세의 젊은 여성이었다. 응당 자유롭게 날아올라야 할 청춘의 삶인데, 날개 꺾인 천사가 되었다. 얼마 후 이 간호사가 말기 암에 걸렸다는 소식이 전해졌고 3주 후 세상을 떠났다. 수많은 네티즌이 안타까워했고 친구들은 페이스북에 추모의 글을 남겼다. "이제 아프지 마. 하늘나라에서 아름다운 천사가 되렴."

해당 간호사의 친구는 세상을 떠난 간호사의 당시 업무가 상당히 피로했고 '몸이 좋지 않아 휴가를 신청했지만, 인력 부족을 이유로 거절당했다'라고 불평한 적이 있음을 털어놓았다. 그러나 병원 측에서는 이런 이야기를 부인했다.

암의 발생 원인이 복잡해 업무 피로와의 관련 여부를 증명하기 어렵다고 하더라도 부정할 수 없는 사실은 병이 났는데도 충분한 휴식을 취할 수 없었다는 것이다. 간호사의 업무환경에 분명 적신호가 켜졌다.

착취와 억압의 간호환경

암에 걸린 간호사가 링거를 매달고 일한 사건이 있고 나서 2주가 채 안 되는 짧은 기간 동안 CNN iReport의 시민기자뉴스 웹사이트에 대만 간호사의 과로 현장을 파헤치는 글 한 편이 실렸다. 제목은 '대만 간호사 암흑기(The Dark Moment of Nurses in Taiwan)'였다.

말단 간호사 린메이치林美琪가 쓴 기고문으로 한 장의 사진이 첨부되었다. 당직을 서고 있는 간호사가 흰 간호복 위에 붉은색 외투를 걸치고 책상 앞에 앉아서 컴퓨터에 온 신경을 집중해 무언가 입력하고 있다. 오른손에는 링거 바늘이 꽂혀 있었다. 사진의 배경은 하얀거탑, 즉 병원 현장이다. 대만의 열악한 간호업무환경이 해외 언론의 조명을 받았다.

이 글에서 린메이치는 대만 간호사의 업무환경이 이미 극도로 위험한 경지에 돌입했다고 규탄했다. 낮은 임금, 장시간 노동뿐만 아니라 간호사당 환자 수 비율도 높다. 과거 10년간 인력이 부족해져 간호사는 병에 걸릴 권리도 없었다. 병원 관리자는 간호사가 일할 수만 있다면 휴가를 쓰지 못 하게 했다. 의료 종사자가 건강하지 못한 환경에서 일할 때 위험해지는 것은 환자 돌봄의 질이다.

30세의 린메이치는 어려서부터 '백의의 천사'가 되고 싶다는 희망을 품고 9년간 간호 관련 공부를 했으며, 학업을 마친 후엔 한때 호주에서 워킹홀리데이를 하는 등 해외로 나가는 꿈을 꾸었다. 귀국 후 학교 행정보조가 되었지만, 간호사의 꿈을 늘 잊지 못했다. 그래서 현장 간호업무에 몸을 던졌는데 이렇게 착취와 억압의 환경에 떨어지게 될 줄 몰랐다.

그는 언론과 인터뷰하며 대외적으로 자신의 근로조건을 공개했다. 월 기본급 2만2,000위안(88만 원)에 성과급과 수당, 야근비를 더하면 4만에서 4만5,000위안(160~180만 원) 사이를 받을 수 있다. 그러나 데이타임에는 한 사람이 8명의 환자를 돌봐야 하고 이브닝근무에는 12명의 환자를 돌봐야 했다. 나이트근무가 되면 20명의 환자를 책임져야 했다. 급여는 업무량에 비해 턱없이 부족했다. 출근하면 크고 작은 일들이 산더미라 어떨 때는 밥 먹을 시간조차 없이 바빴고, 퇴근하면 '병원 평가' 때문에 일지 등 각종 문서 작업을 해야 했다고 말했다.

린메이치는 말단 간호사의 마음을 대변했다. 적지 않은 사람들이 지켜보고 사회 여론의 압력이 갈수록 커짐에도 불구하고 간호사의 업무환경은 여전히 개선되지 않았다.

2013년 6월, 언론은 또 한 번 착취당하는 간호사의 뉴스를 폭로하며 한 간호사가 위장이 불편하여 링거를 매달고 나이트근무를 하는 사진을 실었다. 그는 왼손으로 링거대를 잡고 오른손으로는 간호카트를 밀어야 했다. 휘청거리는 걸음으로 환자들에게 약을 먹이려고 병실을 돌고 있었다고 한다. 간호장이 집에 돌아가 쉬겠느냐고 물었지만, 이 간호사는 동료들에게 부담을 주고 싶지 않아 아직 괜찮다며 계속 일했다.

장기간 인력 부족은 나이트근무를 하는 각 간호사가 돌봐야 할 침상 수를 훨씬 초과하게 했다. 책임감 있는 대다수의 간호사는 동료의 고통을 잘 알기 때문에 힘들어도 휴가를 쓰지 않았다. 다른 간호사들에게 업무 부담을 나눠주고 싶지 않아 버티는 것이 결과적으로 자신을 착취하는 악순환이 되었다. 아직 쓰러지지 않았다면 계속 일할 것을 선택하는 것이다.

병이 나도 쉴 수가 없다. 간호사가 환자가 되어 환자가 환자를 돌본다. 이처럼 터무니없는 상황이 실제로 각 대형병원에서 벌어지고 있다. 간호사의 업무환경은 이미 심각하게 왜곡되었다. 병에 걸린 간호사가 충분히 요양할 수 없다면 의료돌봄 업무에 악영향이 있으며 의료품질도 심히 우려된다.

국회에서의 외침

간호사 업무환경 붕괴는 이미 몇 년 전부터 시작됐다. 내가 국회에서 일한 수 년간 수많은 사건을 목도했다. 5월 12일은 국제 간호사의 날이다. 우리 국회사무실과 대만간호사권익촉진회(약칭 간권회), 대만노동전선 등 단체는 2006년부터 계속해서 부단히 간호사의 노동권익에 관심을 기울여왔다. 매년 간호사의 날에 기자회견을 열고 착취 병원의 어두운 내막을 드러내 정기계약의 함정, 인력 부족, 과로 실태 및 감춰진 업무상 사고나 질병 위험을 포함한 간호사의 열악한 노동환경을 폭로했다. 우리는 문제를 직시하고 속히 해결방안을 마련해 간호사들에게 친화적이고 안전하며 존중받는 일터환경을 돌려달라고 정부 기관에 요구했다.

2006년 우리는 '고통받는 천사, 간호사의 10대 고통지수'라는 기자회견을 열었다. 이는 '착취 병원을 추적해 피눈물 흘리는 간호사를 보호한다'는 과제의 일차전이었다. 기자회견에서 간권회는 한 편의 조사보고서를 통해 현재 간호사의 10대 고통지표를 발표했다.

1. 간호인력이 부족하다.

병원이 이윤을 추구하며 인건비를 낮추고 간호사의 전문성이 존중받지 못하는 상황에서 의학교육센터부터 말단 진료소까지 간호인력 부족의 문제는 심각하다. 이는 간호사의 노동조건에도 심각한 영향을 미친다.

2. 전문성 발전에 한계가 있다.

직장에서 교육 기회가 적고 대부분 연수 훈련은 모두 개인 휴가를 사용해 참가해야 한다. 교육부나 보건부(현재는 보건복지부로 개명됨) 모두 간호 전문인력 혹은 고급 인재를 양성할 예산이 없다.

3. 행정 잡무에 시달리고 한 사람이 일당백으로 여러 사람 몫을 한다.

환자를 돌보는 간호 전문 업무 외에도 통상 추가적인 행정, 문서 작업을 부담하도록 요구받는다. 심각한 초과시간 근무에도 법에 따라 야근수당을 신청할 수 없고 노동권익은 심각하게 착취당한다.

4. 업무 부담이 과중하고 환자 안전이 염려된다.

이는 인력 부족의 악순환이다. 간호사 한 명당 돌보는 평균 환자 수는 대만이 세계 1위다.(한 명의 간호사가 7~12명의 환자를 돌봐야 한다.) 간호사가 지쳐 나가떨어질 뿐만 아니라 환자 안전에도 영향을 미치며, 이직률을 높임으로써 간호 전문성 발전에도 불리하다.

5. 의사와 간호사의 관계가 매우 불평등하다.

일상적으로 이유 없이 의사에게 욕설을 듣고 독단적인 태도를 견뎌야 하며, 환자 곁에 머무는 시간이 절대적으로 짧더라도 의사의 의견만이 옳다.

6. 의료시스템 관리 방식이 중앙집권적 계층식이다.

의료시스템 내에서는 다원적인 사고를 용납하지 않는다. 말단 간호사가 목소리를 낼 기회는 적다.

7. 사전 연수 교육이 부족하다.

새로 들어온 인력에게 사전교육이 부족하다. 짧은 시간에 실무에 들어가고 경험이 부족하니 업무와 관련된 각종 상해가 일어난다. 게다가 화장실에 가고 점심을 먹는 것과 같은 기본적인 생리 욕구조차 해소할 수 없어 위궤양, 방광염 등을 앓는다.

8. 병이 나도 휴가를 쓸 수 없다.

병이 나면 병이 든 채로 일하도록 강요당한다. 병가를 신청하려면 진단서를 받아와야 하고, 양성노동평등법(현재는 성별노동평등법으로 개명됨)에 따라 생리 기간에조차 휴가를 신청할 수 없다.

9. 책임이 대등하지 않다.

덕은 의사가 보고 책임은 간호사가 진다. 의사가 긴급히 구두로 오더한 사항을 부인해 사후에 간호사가 의료분쟁 책임을 부담한 경우가 있다.

10. 스스로 의료분쟁의 위험을 부담한다.

업무량이 많고 업무 부담이 과중하다 보니 간호사는 종종 의료분쟁의 희생양이 되어 스스로 의료분쟁의 위험을 짊어진다.

정기계약의 실상

2년 연속 이어진 기자회견에서 우리는 간호사가 서명하는 '정기계약'의 함정과 난상에 주목했다. 설문조사를 실시한 결과 수많은 병원에서 근로기준법의 관련 규정을 준수하지 않고 위법하게 간호사와 '정기계약'을 맺고, 부당한 고액 위약금을 약정한다는 사실을 알아냈다.

일반적으로 고용주가 법을 어기며 노동자에게 정기계약 방식으로 고용을 요구하는 이유는 계약이 만기되었을 때 재고용 여부를 결정함으로써 퇴직금 지급을 회피할 수 있기 때문이다. 그러나 간호사의 상황은 이와 정반대다. 병원은 열악한 노동환경 때문에 사람이 남아나지 않을 것을 걱정한다. 그래서 정기계약의 방식으로 고용함으로써 계약 기간을 채우기 전에 퇴직하면 고액의 위약금을 부담하도록 규정했다. 간호사가 순순히 규범에 따르도록 위협하고 이를 빌미로 인력을 묶어두어 간호사가 퇴직할 수 없게 한 조치다.

간권회는 2008년 전국 각급 병원에 설문조사를 진행해 65%에 달하는 간호사가 정기계약 형태로 고용된 사실을 밝혀냈다. 계약의 피해자가 되어 60%에 이르는 간호사가 매일 초과시간 근무를 하고 50%는 야근수당을 받지 못했다. 30%가 넘는 간호사는 정상적인 휴가와 휴식이 없었다. '백의의 천사가 매일매일 죽어 나간다'라고 간호사들이 크게 외칠 만하다.

산업재해 예방과 안전에 무관심한 병원

계약 문제뿐만 아니라 2007년 기자회견에서 우리는 간호사가 처한 위험하고 불안한 노동환경과 병원에서 구체적인 직업안전위생방호조치가 없다는 점을 폭로했다. 병원은 사람을 구하는 곳인데도 안전한 직업환경이라고 할 수 없었다.

예를 들어 병원에선 과거에 폐결핵 집단 감염 사건들이 있었다. 2003년 북부 모 병원에서는 67명이 폐결핵에 집단 감염되었다고 통보했는데 그중 10명은 의료진이었다. 2005년 남부 모 병원에서는 11명의 의료진이 폐결핵에 집단 감염되었다고 통보했고 그중 의사가 3명, 간호사가 8명이었다. 흉부외과 간호사가 5명, 안과, 신장내과, 소아과 간호사가 각 1명씩, 신장내과 의사 1명과 2명의 실습의사였다. 간호사의 산업재해 위험은 상당히 높아서 건강하고 안전하게 일할 수 있는 보장이 부족하다.

연이어 2009년 간권회는 간호사의 직장안전 위생에 관한 설문조사 보고서를 발표했다. 75%에 달하는 간호사가 소독액, 멸균액 등 생물학적으로 위해한 업무환경에 처해 있었다. 병원평가제도는 병원 측에 반드시 직업 안전 관련 서면 자료를 제출할 것을 요구하지만, 규정에 부합하는 병원은 50%에도 못 미친다. 이 밖에도 75%에 달하는 고용주가 아무런 산업재해(직업병) 예방관리 조치를 제공하지 않고 있어 고용주가 간호사의 직장 안전을 매우 경시하고 있음을 보여주었다.

근로기준법 보장이 미치지 않는 곳

간호사의 과로 실태는 대체 얼마나 심각한가? 간권회는 2010년 전국 간호사 420명을 대상으로 설문조사를 했다. 70%가 넘는 간호사가 업무 부하가 매우 크다고 여겼으며, 이는 수면 문제(77%), 정서 저하(73%) 및 생리불순(47%) 등과 같이 일상생활에도 영향을 미쳤다.

간권회는 또 각급 병원의 근로계약서 46건을 조사했다. 그 결과 불합리한 노동규범을 잔뜩 발견했다. 과거 가장 지탄의 대상이던 정기계약, 불합리한 위약금 등 문제 외에도 4분의 1에 달하는(23%) 노동계약이 갑 측인 자본가의 인력감축을 이유로 간호사에게 휴가를 포기하거나 노동시간을 연장하도록 요구했다.

이 밖에도 설문조사에 따르면 58%에 달하는 병원에서 근무기간 1년을 채우지 못하면 퇴직하지 못하도록 제한했다. 40%의 노동계약에서는 공공연하게 취업복무법을 위반해 간호사의 취업 증명을 압류하고 퇴직을 약정할 때가 되어서야 돌려주었다.

2011년 전국에서 노동자 과로사 사건이 빈번하게 전해지고 사회가 과로 문제를 중시하기 시작하면서 왜곡된 간호 직장환경 개선은 이제 늦출 수 없는 일이 되었다. 우리는 다시 한번 '백의의 천사의 과로 인생'이라는 제목의 기자회견을 열었다. 이 기자회견을 통해 초과근로의 직장환경에서 간호사 과로 문제가 극도로 심각한 상태이며 매일 노동시간이 항상 12시간을 초과한다는 사실을 지적했다.

간권회는 당시 설문조사에서 간호사의 일평균 노동시간이 10시간 이상으로 법정 노동시간인 8시간을 명백하게 초과한다는 것을 밝혀냈다. 또한 환자를 돌보는 전문 업무를 맡아 하는 것 외에도 인력이 부족한 상황에서 늘 문서작업이나 회계업무와 같은 다른 일을 겸해야 했다. 거기다 교대시간까지 더하면 하루 근로가 12시간을 넘는 일이 지극히 보편적이고, 퇴근카드를 찍은 뒤에도 항상 계속 일했으며, 이 때문에 야근수당을 받지 못했다.

다음의 이야기들은 간권회가 '가장 크게 외치고 싶은 말'을 기획해 수집한 간호사들의 절규다.

"백의의 천사는 매일매일 죽어 나간다!"

"정부는 우리가 죽기를 기다리는 것인가? 죽고 나서 문제를 처리할 건가?"

"우리도 사람이다. 사람다운 삶이 필요하다."

"편하게 밥을 먹고 싶다. 간호사당 환자 수의 적정한 비율을 원한다."

"제게 간호를 평생의 직업으로 삼을 수 있는 용기를 주세요."

"저는 이 일이 좋아요. 우리에게 좋은 환경을 주세요. 우리가 계속해서 이 일을 사랑할 수 있게 해주세요."

"점심을 먹고 싶다. 물을 마시고 싶다. 화장실에 가고 싶다."

"정상적인 배란일을 돌려주세요. 4개월째 생리가 없어요."

"임신하면 유산방지휴가, 출산휴가, 육아휴직을 쓰고 싶다. 병에 걸리면 병가를 쓰고 싶다."

"간호사도 피로로 쓰러지는데 환자가 안전할 수 있을까?"

"우리는 똑같은 도리대로 대접받지 못하지만, 도리에 맞게 사람을 대해야 한다."

"저에게 환자를 돌볼 수 있는 여유를 허락해 주세요. 그리고 제 가족도 돌볼 수 있게 해주세요."

"보건부와 보건국 산하 기관은 더 이상 자신과 남을 속이지 말라."

"환자를 다치게 하고 싶지 않고 억울한 일을 당하고 싶지 않다."

"집 대출만 아니면 정말 착취 병원을 떠나고 싶고 간호업계를 떠나고 싶다."

구구절절 모두 간호사의 피눈물 어린 성토다. 그러나 해마다 국회에서 기자회견을 열어 목소리를 내고 끊임없이 정부 기관에게 맞서 대응했지만, 수년이 지나도 간호사의 처지는 여전히 개선되지 않았다. 노동행정이나 의료기관 모두 근본적으로 해결하려는 의지가 보이지 않는다. 이 때문에 의료시스템의 구조적인 문제를 뒤흔들기가 어렵다.

국회사무실의 끊임없는 질문과 요구 아래 마침내 노동위원회는 2008년부터 매년 정기감독 업무에 병원에 대한 전문 근로감독을 포함할 것을 승인했다. 그러나 해마다 감독해도 똑같이 해마다 법을 어겼다. 2014년 말 노동부는 497개 의료기관에 대한 전문 근로감독 보고서를 발표했다. 여전히 58%가 넘는 병원에서 법을 위반하고 그중 초과근로에도 초과근로수당을 지급하지 않는 위반 비율이 30%에 달해 가장 높았다.

2018년에는 총 150곳의 의료기관에 대한 전문 근로감독을 실시했는데, 총 26건의 위반으로 약 17%의 위법률을 보였다. 그중 90%는 노동시간, 휴식시간, 정기휴일, 휴일 혹은 연장근로수당 미지급과 관련된 것이었다.

제도의 희생자

나는 한 간호사를 잊을 수 없다. 지금까지도 병상에 누워 깨어나지 못하고 있다.

샤오위小瑜(가명)는 간호학교를 졸업하고 병원에 들어가 간호사가 되었다. 그해 그는 겨우 25세였다. 10년 뒤 같은 병원에 누워 한 명의 환자가 되었다.

샤오위는 늘 성실하고 책임감이 강했다. 상사 역시 그의 업무성과를 인정했다. 차트를 매우 열심히 작성했고 환자들과의 관계도 좋았다. 환자를 세심하게 돌볼 뿐만 아니라 환자의 이야기를 경청하며 용기를 주고 격려했다.

2012년 3월 17일, 샤오위는 당일 나이트 당직이었다. 새벽 6시경 그는 병실 업무를 마치고 간호스테이션으로 돌아가 간호기록을 썼다. 한껏 풀이 죽어 있는 모습을 보고 말을 건 동료에게 샤오위는 고충을 호소했다. 그는 환자의 가족이 늦은 밤까지 PC방에 머물며 병에 걸린 아버지를 병실에 혼자 내버려 두는 게 거슬렸다. 그래서 가족에게 환자를 잘 돌봐달라고 부탁했는데 오히려 가족에게 싫은 소리를 듣고 한바탕 말싸움까지 하게 되었던 것이다.

말하다 감정이 격해진 샤오위는 울음을 터뜨렸다. 동료가 위로하던 도중 뜻밖에 샤오위가 갑자기 의식을 잃고 바닥에 쓰러졌다. 동료가 긴급히 레지던트 의사와 당직 간호장에 연락해 샤오위를 응급실로 옮겼다. 샤오위는 뇌간출혈 진단을 받고 지금까지 혼수상태다. 소위 '철침대 환자'(회복을 기약할 수 없이 장기간 고정으로 침상을 점유하는 환자)가 되었다.

사건 발생 후 가족들은 샤오위의 재해가 초과근로와 관련이 있다고 생각했다. 그래서 관련 자료를 노동위원회에 보내 과로 전담조사를 시작했다.

조사를 통해 샤오위의 재해 1개월 전 연장근로시간이 80.3시간, 재해 전 2개월에서 6개월의 평균 연장근로시간이 79.29시간으로 과로 인정 기준에 부합한다는 것이 밝혀졌다. 게다가 3교대제의 교대근무가 어느 때는 데이근무(오전 8시부터 오후 4시), 어느 때는 이브닝근무(오후 4시부터 자정), 어느 때는 나이트근무(자정부터 다음날 오전 8시)로 불규칙하게 배정되어 생체시계의 혼란을 야기한 것이 더욱 질병 위험을 증가시켰다.

이 밖에도 간호사 업무는 환자의 생명, 건강 및 안전에 영향을 미치며 약간의 실수라도 중대한 문제를 야기할 수 있다. 그렇기 때문에 평소 업무 스트레스가 대단히 심하다. 샤오위 또한 재해 발생 하루 전에 환자 가족과 충돌이 있었고 업무 스트레스가 매우 큰 상태였다.

노동위원회는 모든 자료를 종합 고려해 샤오위의 발병을 과로병변으로 인정했다. 노동위원회의 직업병 인정 뒤 병원 측은 책임을 지겠다고 계속 말했지만, 시간을 끌며 보상과 배상 방안을 내놓지 않았다. 2013년 11월 샤오위가 재해를 당한 지 만 2년이 되었지만, 병원 측은 각종 핑계를 대며 또다시 책임을 미뤘다. 우리는 샤오위 사건이 민사 손해배상 청구 기한인 2년을 넘길 것이 염려되었다. 그래서 가족들은 마지막 기한 전에 구체적인 배상과 보상 방안을 달라고 병원에 요구했다.

"돌아가서 윗분들과 다시 논의해보겠습니다." 병원 측 대표의 답변은 매번 똑같았고 협의는 늘 결론을 내지 못했다. 가족은 한편으로는 샤오위를 돌보며 기적이 나타나기를 염원했고 다른 한편으로는 시간의 압박에 쫓겨 초조하고 무력했다.

사건 발생 이래 가족들은 모두 샤오위의 언니 쑤쥐엔淑娟(가명)을 통해 우리와 연락했다. 쑤쥐엔 역시 같은 병원에서 일하는 간호사였다.

2013년 12월 5일 이른 아침 휴대폰 알람이 울렸다. 쑤쥐엔이 보낸 메시지였다. "저희 아버지가 오전에 쓰러지셔서 응급실로 가셨어요." 나는 문자를 보자마자 즉시 연락해 상태를 물었다. 샤오위와 쑤쥐엔의 아버지가 갑자기 심근경색으로 쓰러져 수술을 받았고 수술 후 여전히 위험한 고비에 놓여 일주일간 관찰이 필요하다고 했다. 나는 그저 쑤쥐엔을 위로하면서 그도 몸조심하라고 당부할 수밖에 없었다.

"그럴게요. 제가 가족을 돌봐야 하니까요." 쑤쥐엔의 대답에 나는 잠시 말문이 막혔다. 더는 뭐라고 말해야 할지 모르겠다. 쑤쥐엔이 정말 강인하다고 느낄 뿐이었다. 속으로 묵묵히 잘 되기만을 빌었다.

4일이 지나 다시 쑤쥐엔의 문자를 받았다. 엎친 데 덮친 격으로 이번에는 어머니가 병원에 입원했다는 것이다. 심장근육 섬유화 때문에 상태를 아직 지켜봐야 했다. 그러나 아버지의 상태 역시 아직 좋아지지 않아 심지어 의사로부터 마음의 준비를 해야 할 수 있다고까지 들은 터였다. "제 동료가 그러는데 제가 퇴직할 수 없는 이유가 병원에 있는 가족을 돌봐야 하기 때문이래요." 쑤쥐엔은 가볍게 넘기는 어투였으나 그 뒤에는 남모르는 중압감이 있었다.

가족들이 연달아 입원하며 쑤쥐엔은 사실 병원 측과 계속 담판을 이어갈 힘이 없었다. 마지막에는 동생의 치료 및 장기 돌봄만을 부담해달라고 요구하고 다른 손해배상은 포기했다. 병원 측도 이 조건을 받아들여 합의했다. 이것은 고통스러운 운명이자 노동자의 무력한 현실이다.

나는 목숨과 맞바꾼 일의 대가가 이토록 보잘것없나 하는 생각을 떨칠 수 없다. 노사 쌍방이 자원에 현격한 차이가 있는 구조 아래에서 결국 작은 새우는 큰 고래에 대항하기 어렵고 개별 노동자는 큰 회사와 의료재단에 대항하기 매우 어렵다. 제도가 개선되지 않는다면, 노조 조직이 더 강해지지 않는다면 공평한 정의는 실현되기 어렵다.

다행히도 자매의 부모님 모두 안정을 찾고 있는 상태다. 오래지 않아 또 쑤쥐엔의 문자를 받았다. "동생 일을 겪으면서 많은 사람의 도움을 받았어요. 저도 만약 능력이 있다면 다른 사람을 도울 수 있기를 바랍니다." 쑤쥐엔은 기회가 닿으면 노동단체 활동가가 되고 싶다고 한다. 그의 말투는 여전히 강인하다. 마치 한 송이 해바라기 같다. 영원히 태양빛 아래 피어나며 운명에 쓰러지지 않는다. 현재까지도 그는 가끔 자신의 다짐이나 재미있는 이야기를 메시지로 전달한다. 이 해바라기의 힘은 또한 내가 계속 앞으로 나아가도록 격려하는 힘이다.

간호사 부족, 환자는 공황 상태

샤오위와 비슷한 사건은 여전히 끊이지 않고 일어난다. 수년간 간호환경은 아래로만 가라앉았고 이는 간호인력의 계속된 유실을 야기했다. 병원의 간호사가 심각하게 부족하고 도시에서 상대적으로 먼 지역은 간호사를 구할 수 없는 위기에 직면했고 도시권의 병원도 마찬가지로 인력 부족 문제가 있다. 행정원 주통계처의 2013년 말 설문조사 보고에 따르면 각종 업계 중 의료보건서비스업의 인력 채용이 가장 어려워서 신규 인원을 찾는 데에 평균 6.1개월의 시간이 걸렸다.

간호사 부족 사태는 사립병원에만 있는 것이 아니다. 공립병원 역시 같은 문제에 시달리고 있다. 2012년 4월 타이베이노총台北榮民總醫院*은 10년 만에 처음으로 간호사를 구하지 못하는 난국에 맞닥뜨렸다. 타이베이노총의 간호

....

* 타이베이노민총의원Taipei Veterans General Hospital. 재향군인 치료 목적으로 1958년에 설립된 공공 의료기관이다.

사 500여 명도 원장을 성토했다. 의료진은 업무량이 너무 많은 데다 간호업무와 관련 없는 잡무가 산더미 같은데 분담할 사람이 없고, 응급실과 중환자실은 족히 170명의 인력이 부족하다고 하소연했다. 간호사들은 심지어 '나가서 다코야끼를 팔지언정 다시는 간호사가 되고 싶지 않다'며 분노하고 있다.

이러한 '간호사 엑소더스'는 도대체 얼마나 심각한가? 중화민국간호사협회 전국연합의 통계자료에 따르면 2014년 7월 말 간호사 증서를 수령한 사람은 24만6,921명이다. 그러나 면허 등록인 수는 14만4,156명으로 등록률은 겨우 58.4%이다. 바꿔 말하면 간호사 면허를 딴 사람 10명 중에서 실제로 간호업무에 종사하는 사람은 6명이 되지 않는다는 것이다. 만성 인력 부족과 원래 열악한 노동환경이 더욱 악화하고 있고, 이런 사태는 간호사의 업무량과 노동시간을 늘리더라도 대응하기 어렵다. 크고 작은 병원은 병원 평가 기준에 부합하기 위해 속속 '병상 폐쇄' 흐름을 보이기 시작했다.

언론 보도에 따르면 2012년 대만대학병원 운림분원台大雲林分院에서 77명의 간호사가 줄었고 인력 부족으로 85개 병상이 닫혔다. 자이창껑嘉義長庚과 따린츠지병원大林慈濟醫院도 각각 116개 병상, 80개 병상을 폐쇄했다. 2013년에 이르자 주산씨우추안병원竹山秀傳醫院 역시 병상 52개가 줄었고 난토우병원南投醫院은 15개가 감소했다. 병원이 침상을 폐쇄하는 방법을 취하면서 환자는 침상을 구하기 어려워졌다. 응급실은 항상 만원이고 의료품질은 갈수록 떨어지며 환자 안전 역시 이 때문에 희생당하고 있다.

간호인력 부족 문제는 갈수록 심각해지고 있으며 각계 모두 정부 기관에 개선을 요구하고 있다. 그러나 정부가 제시한 방안은 본말이 전도되었을 뿐만 아니라 심지어 일에 도움이 되지 않고 공연히 예산만 낭비하고 있어 의료인들을 어처구니없게 만든다.

2012년 4월 5일 보건부에서 규정 개정을 예고했다. 간호사 졸업생의 실습 기간을 연장하고 간호사 면허를 취득하지 않은 간호학교 졸업생의 병원 실습 기간 상한선을 현행 15개월에서 4년으로 늘리는 방안이었다. 실습 기간을 연장해 간호인력 부족 문제 해결을 시도한 것이다.

그러나 실습 인원으로 인력을 보충하는 것은 해결 방안이 되지 못한다. 이는 첫째로 환자 안전을 심각하게 위협하는 것이고 두 번째는 정규 간호사의 업무 부담이 오히려 늘어나는 방식이기 때문이다. 면허를 취득하지 않은 간호졸업생은 법에 따라 스스로 독립적인 업무를 수행할 수 없으며 정규직 간호사가 실습생을 지도하고 도와주어야 한다.

보건부의 개정안이 나오자 즉시 현장의 간호사들이 반발했고 국회의원 우이쩐吳宜臻과 간권회, 대만노동전선이 규탄 기자회견을 열었다. 간호인력 부족은 열악한 노동조건이 야기한 인력의 대량 유실인데 보건부는 노동조건을 개선할 생각은 하지 않고 오히려 더욱 열악한 노동조건을 조성해 실습생으로 보충하려 하고 있다. 이는 본말이 완전히 전도된 것이다. 민간의 반대 목소리가 워낙 크다 보니 개정안은 그대로 보류되었다. 간호사 부족 문제는 뜨거운 감자이지만, 목마르다고 독이 든 술잔을 들 수는 없다.

간호사 문제를 개선하기 위해 중앙건강보험서에서 100억 위안(4,000억 원)에 가까운 건강보험 보조금으로 '병원 간호돌봄 품질 제고 방안'을 추진했다. 2009년부터 2013년까지 71억 위안(2,840억 원)의 예산이 배정되었다. 2014년에도 계속해서 20억 위안(800억 원)이 추가됐다.

그러나 100억 위안의 효과는 어땠나? 간호인력 부족 문제가 개선되었을까?

대만의료개혁기금회(약칭 의개회) 조사에 따르면 간호사 유니폼 추가 구매, 방한외투 구매 및 이벤트 만찬 기념품, 회식 혹은 간호차량 구매 등 각 병원에서 부당하게 사용한 보조금 항목이 많았는데, 이것들은 모두 원래 병원 고

정지출 항목이었어야 한다. 특별기금을 지정된 용도로 간호인력 충원에 사용하지 않았으니 결정적으로 필요한 지출은 이뤄지지 않았다. 의개회는 언론에 이 점을 공개 지적했다. "건강보험에서 수년째 추가로 100억 위안 가까이 보조해도 의료인력 고충 문제가 여전히 개선되지 않고 있다."

의개회는 또 이렇게 지적했다. "간호개혁 방안의 가장 중요한 목적은 마땅히 인력을 추가 배치하는 것인데 55%의 병원에서 전체 간호인력이 전혀 늘지 않았다. 심지어 어떤 병원은 인력이 오히려 줄었는데 예전처럼 높은 금액의 보조금을 가져갔다. 그중 인원 감소가 가장 심각한 병원은 2012년 간호사 68명을 줄였는데 도리어 5,200만 위안(20억8,000만 원)의 보조금을 수령했다."

의료시스템은 끊임없이 영리화, 재단화하고 있다. 더 많은 이윤을 벌어들이려고만 하는 것은 무고한 말단 간호사를 끊임없이 불구덩이 속으로 밀어 넣는 것과 같다. 한 명 또 한 명이 쓰러지고 도처에 피해자가 넘쳐난다. 정부는 어째서 모르는 체하는 것인가.

6장

깨어나 보니
완전히 달라진 삶

대만의 일터 안에는 수많은 과로 의심 사건이 감춰져 있다. 과거에는 도움을 구할 곳이 없거나 경각심이 없어 어떻게 산업재해 인정을 쟁취해야 할지 몰랐다. 우리 사무실은 연속으로 몇 차례 기자회견을 연 이후 수많은 가족의 전화를 받았고 숨겨져 있던 빙산들을 떠올려 점차 모습이 드러나게 했다.

많은 과로사 노동자의 유가족과 알게 되면서 반복적으로 진단서나 부검보고서를 조사하다 보니 어느 때는 내가 위로자의 역할도 맡아야 했다. 수화기 저편에서 종종 흐느끼는 목소리가 들려오고 어떨 때는 가족들이 주체하지 못하고 통화 중에 목놓아 울기도 했다. 그들과 혈연관계는 아닐지라도 친척보다 그들의 사정을 더 많이 이해했다. 아마도 합리적인 배상금 외에 그들에게 가장 중요한 것은 바로 정의를 되찾는 것이다. 정의를 요구하는 것은 피해자에게 돌려줄 수 있는 유일한 보상이자 이들 유가족이 할 수 있는 일이기도 하다.

연이은 초과 업무

2011년 4월 말 천陳 씨(가명) 어머니가 처음 사무실로 전화를 걸어왔다. 어투는 다급하고 울분에 차 있었으며 거의 폭발 직전인 상태였지만, 어찌할 바를 몰랐다. 나는 그저 그가 감정을 쏟아내도록 하고 천천히 사건의 발생 경과를 알아갔다.

그의 아들 아지에阿傑(가명)는 모 가전회사에서 12년을 근무했다. 실적 목표 달성을 위해 목숨 걸고 일했고 장기간 초과 연장근로를 했다. 2006년 12월 12일 오전 아지에는 회사 창고에서 물건을 정리하다 갑자기 쓰러졌다. 동료는 급히 그를 병원에 후송했고 의사의 진단은 '우측뇌교 출혈성 뇌졸중'이었다. 신속한 응급조치 후 겨우 목숨을 부지했지만, 몸 왼쪽이 마비된 반신불수가 되어 남은 평생 다른 사람의 보살핌을 받아야 했다. 그해 그는 겨우 34세였다.

시간을 되돌려 아지에가 처음 입사했을 당시로 돌아가

보자. 1994년 8월 신입사원 아지에는 타이베이의 판매부 담당직원으로 배치되었다가 이듬해에 타이중台中 판매부로 이동했다. 몇 년간 경력을 쌓고 2000년엔 판매주임으로 승진했다. 이때부터 순조롭게 출세할 줄로만 알았는데 2005년 회사의 조직 개편으로 해당 판매 거점이 재편됐다. 그래서 회사는 그를 파견해 별도의 플래그십스토어 오픈을 준비하게 했다.

플래그십스토어는 무에서 유를 만드는 것이나 다름없었다. 아지에가 전부 기획하고 각 공정 인원을 적절히 배치해 일을 서둘러야 했다. 늘 늦은 밤까지 바쁘게 일해야 겨우 퇴근할 수 있었다. 기획 단계에서 실적 부담도 감당해야 했으며 기필코 동료들을 이끌고 전력 질주해야 했다.

플래그십스토어를 성공적으로 오픈한 후에도 잠시도 쉬어서는 안 되었다. 즉시 바겐세일 기획에 들어갔는데 재고를 청산해 상품 폐기 손실을 낮춰야 했다. 연이은 초과 업무에 그는 매일 일을 다 끝마치지 못할 정도로 너무 바빴는데 게다가 출퇴근하면서 장화彰化와 타이중 사이를 오가며 운전하느라 체력 부담이 더 늘었다.

플래그십스토어 일로 분주하던 어느 날 그는 출근하던 중 갑자기 불편함을 느꼈고 한 차례 현기증이 났다. 급히 차를 도로변에 세우고 아내에게 전화를 걸었는데 자신의 위치를 미처 알리지 못한 채 차 안에서 기절했다.

아지에의 아내는 조급한 마음으로 차를 몰고 나와 도로를 따라갔다. 오전 시간을 꼬박 다 쓴 끝에 타이중 시내 도로에서 그의 차를 겨우 찾았다. 남편을 발견한 것은 쓰러진 지 몇 시간이 지나서였다.

급히 병원으로 후송된 후 아지에는 초기 검사에서 병의 원인을 찾지 못했고, 의식을 찾아 곧바로 집에 돌아가 쉬었다. 이튿날 회사에 출근한 뒤 짬을 내 한의원에 가서 진찰받았는데 심혈관질환이 발견되지는 않았지만, 소변 중 단백질 이상 현상이 있었다. 장기간 피로는 이미 점점 신체 상태로 나타나고 있었고 그는 한 걸음씩 과로 증상의 심연으로 들어가고 있었다.

갑자기 떠안은 미수금

2006년 초 회사는 다시 그를 타이중지사의 특판부서로 파견했다. 이번에 맡은 임무는 대리점 업무 및 상품 판매 개척, 수금 등으로 역시 쉽지 않았다. 2년이 안 되는 짧은 기간에 아지에는 끊임없이 중대한 임무를 맡아 3개 부서를 옮겨 다니며 각기 다른 일을 했고 커다란 심리적 부담을 감당했다.

새로운 도전이 연이어 왔지만, 가장 큰 골칫거리는 거액의 판매 대금이었다. 2006년 10월 아지에가 특판부서로 온 지 얼마 되지 않았을 때였다. 갑작스럽게 주임으로부터 160만 위안(6,400만 원)의 수금액이 아직 계좌에 입금되지 않았다는 통보를 받았다. 아지에는 가슴이 철렁 내려앉아 급히 밤새워 계좌를 추적했지만, 문제를 찾지 못했다. 회사가 그를 횡령으로 고발할 것이 두려웠던 나머지 12월 초 아지에는 차용증 서명에 동의했고 아내가 보증을 섰다. 나중에 계좌를 찾아 정리한 뒤에 어음을 반환하면 된다고 생각했다.

미수금을 찾아야 했던 아지에는 밤낮으로 일하고 야근하면서 계좌를 대조했다. 10월 한 달간 297시간 일했고 11월 노동시간은 313시간에 달했다. 대만 전체 노동자의 월평균 노동시간인 177시간과 비교해 10월에는 120시간이 더 많고 11월에는 136시간이 더 많은 초장기 노동시간이었다. 12월 12일 오전에 쓰러지기 전 당월 노동시간 역시 누적 177시간이었다. 한 사람의 노동자가 한 달 꼬박 일한 시간과 맞먹었다. 근로일수인 11일로 환산하면 일평균 노동시간이 최소 15시간 이상이었다.

아지에는 실적과 계좌 추적이라는 이중 부담을 짊어지고 양초의 양쪽 끝을 불살랐다. 몇 개월 연이은 빡빡한 연

장근로의 피로에 12월 7일 날인한 차용증의 심리부담이
더해져 결국 몸은 부하를 견디지 못하고 쓰러졌다.

과로 인정의 우여곡절

전화로만 이야기하기엔 한계가 있어 나는 천 씨 어머니
와 만날 약속을 잡고 관련 자료를 준비해 자세히 논의하자
고 청했다. 약속한 날이 되어 나는 처음으로 아지에를 만
났다. 천 씨 어머니는 크고 무거운 붉은색 배낭을 멨는데
안에는 자료가 가득 담겨 있었다. 비스듬히 몸에 걸친 검
은색 작은 가방을 보니 여기저기 진정을 준비한 모양새였
다. 이후 2년 넘게 나는 천 씨 어머니가 늘 이 모습을 하고
혈혈단신 크고 작은 협의회와 진정할 기관을 드나들며 항
의방문하는 모습을 보게 된다.

허약해진 아지에는 휠체어에 앉아 있었고 산재협회 상
임 양궈쩐楊國槙이 휠체어를 밀고 있었다. 사무실에 들어
서자마자 양궈쩐은 아지에를 화장실에 데리고 갔다. 화장
실까지의 거리는 10미터도 되지 않았지만, 거동이 불편한
아지에에겐 10분이 넘는 시간이 필요했다.

아지에의 모습을 보니 그가 재해 전에 크고 건장한 사내
였음을 상상하기가 어렵지 않았다. 반신불수인 지금은 온

종일 휠체어에 의존해 다닐 수밖에 없었다. 그의 의식이 또렷하고 발음도 정확한 편이었지만, 아직 확실히 힘이 겨워 말은 느릿느릿했다. 4년여간 병의 고통은 그를 한껏 마모시켰고 움직일 자유를 잃어버리게 했으며 삶의 의지조차 없애고 아름다운 청춘을 앗아갔다.

우리는 아지에의 감정이 격해질까 염려되어 사건 발생의 주요 내용은 천 씨 어머니가 설명하도록 하고 간혹 아지에가 보충하게 했다.

2006년 아지에가 쓰러졌을 때 가족들은 노동보험국에 직업병 인정을 신청했다. 그러나 아지에는 의식은 또렷했지만, 뇌졸중으로 뇌 손상을 입어 일부 기억을 잃은 상태였다. 마치 인생의 일부분이 깊은 잠에 빠진 것처럼 어떻게든 기억을 떠올리려 해도 끝내 잠든 기억을 깨울 수 없었다. 쓰러지기 전 업무 상황을 설명할 수 없으니 인정 신청 과정은 난항에 빠졌다.

과로 관련 증빙을 제출할 수 없었고 회사 역시 노동자에게 유리한 자료를 내놓으려 하지 않았기 때문에 노동보험국은 당시 흡연, 고혈압, 과체중을 아지에의 뇌졸중 원인으로 지목하고 업무 스트레스로 인한 것이 아니라고 보아 직업병이 아닌 일반 상병으로 판정했다. 회신 공문에는 이렇게 쓰여 있었다. "흡연, 고혈압, 과체중 모두 뇌졸중의 위험인자다. 평소와 다른 업무로 심신의 스트레스를 받은 바 없고 초과 연장근로시간이 과도하지 않아 직업 상병이 아니다."

천 씨 가족은 이런 허술한 결과를 받아들일 수 없었다. 그러나 아지에는 기억을 회복하지 못했으니 그가 좋아지기만을 기다릴 수밖에 없었다. 기나긴 재활 과정이었다. 마치 끝이 보이지 않는 깊은 터널을 걸어가는 것 같았다. 하지만 천 씨 어머니의 세심한 보살핌 속에서 4년이 지나 마침내 희망의 빛이 나타났다. 2010년 아지에가 쓰러지기 전 상황을 조금씩 기억해내기 시작하면서 과로의 관련 증거 제출에 착수했다.

아지에는 노동보험국에 진정하고 '일반 상병 기능 상실 급여'를 '산업재해 기능 상실 급여'로 변경해달라는 소를 제기했다. 8개월 넘도록 공문을 주고받은 끝에 노동보험국은 여전히 소를 기각했다. 이유는 당초 노동보험 의료급여 신청 때 이미 직업병에 속하지 않는 것으로 판정했는데 아지에가 불복하지 않아 노동보험국의 인정 처분이 이미 확정되었으므로 부당함이 없다는 것이다. 노동보험국의 회신은 다음과 같았다.

"이전에 동일한 상병으로 산업재해 급여를 신청했었고 판정 결과 직업병에 속하지 않는 것으로 문건에 남아 있다. 기각 후 신청인이 소를 제기하지 않음에 따라 불복 신청 심의를 하지 않고 처분이 확정되었다. 이전에 산업재해 의료 급여 처분의 신청 효력이 계속 남아있으므로 원 처분기관이 앞서 내린 구속력 있는 행정 처분을 배제하고 진행할 수 없고 또한 상충되는 처분이 된다. 노동보험국이 일반 상병으로 처분을 확정한 것에는 불법이 없다."

노동보험국은 이 사건을 과로 직업병으로 인정하지 않겠다는 태도를 고수했다. 그러나 천 씨 어머니와 아지에는 한결같이 포기하지 않았고 아지에가 쓰러지기 전 업무 과정의 퍼즐을 조금씩 맞춰나갔다. 2011년 4월 산재협회 상임 양귀쩐의 도움으로 타이베이 시립 완팡병원萬芳醫院의 직업의학과 의사 평가를 거쳐 직업병임을 인정하는 진단 증명서를 발급받을 수 있었다. 아지에에게 정의를 되찾아준 셈이다. 단지 노동보험국의 인정을 어떻게 쟁취할지, 어떻게 회사에게 보상을 요구할지가 까다로운 문제로 남았다.

우리는 직업의학과 의사의 진단증명을 얻어낸 것이 중대한 성과라고 보았고 이는 이 사안에 대단히 유리한 증거였다. 당시 황쑤잉 국회위원 사무실 명의로 노동위원회에 공문 발송을 주도하기로 했다. 진단증명서를 동봉해 이 사건의 새로운 증거가 있으니 직업병 인정 심리를 다시 열어달라고 요구했다. 또 우리는 아지에에게 두 번째 병원의 진단서를 받아 유리한 증거를 더 많이 만들자고 제안했다. 5월 싼쥔종합병원三軍總醫院 직업의학과도 직업병을 인정해 진단증명서를 내줬다.

당시 과로사 문제가 사회적으로 들끓고 있었고 노동위원회 역시 과로 인정 기준을 개정하면서 사회의 기대에 부응하려던 중이었다. 그래서 우리의 공문을 받은 노동위원회는 이 사건을 소홀히 여기지 않았다. 당시 위원장이 직접 내부 회의에서 가급적 신속하게 이 사건을 재심사할 것을 노동보험국에 지시했다. 한 달도 안 되어 노동보험국은 신속히 직업병 인정으로 판정 결과를 바꿨다. 이에 따라 산업재해 의료급여와 직업병의 상병 및 기능 상실 급여로 심사해 발급했다.

사실 여러 차례 기각되어 거의 뒤집힐 가망이 없던 사건이다. 하지만 과로사 사건이 계속 발생하면서 여론이 점차 이를 주목한 배경이 있었고, 비인간적인 관료제도에 마침내 균열이 생겨 노동자 권익도 이로써 신장했다.

4년에 걸친 시련을 겪으며 수십 통의 공문서가 오가는 동안 휠체어에 앉아 있던 아지에는 노동위원회의 회신을 받고 마침내 일말의 미소를 보였고 마음에 작은 위안을 얻었다. 그러나 직업병 인정 쟁취라는 첫 번째 걸음을 내디뎠을 뿐 이후 보상 요구의 과정은 여전히 길고 길었다. 그리고 의료 보살핌의 난제가 아직 남아 있었다.

병상을 떠도는 삶

뇌졸중 직후 우측 뇌출혈이 발견되어 긴급 개두수술로 혈종을 제거했지만, 중추신경계 병변으로 인한 후유증으로 아지에는 몸의 왼쪽을 움직일 수 없게 되었다. 식사, 대소변, 옷을 입고 벗는 것 등 일상생활 모두 타인의 도움이 필요했다. 의사도 그가 영구히 기능을 상실해 어떤 일에도 종사할 수 없다고 판정했다.

아지에는 수술 후 중환자실에 들어갔는데 병세가 불안정해 뇌압이 상승했고 수축기 혈압이 계속 230~240mmHg였다. 확장기 혈압 역시 130~140mmHg로 높았다. 20여 일이 지나서는 대동맥 박리*가 발생했고 동시에 수면 무호흡 증후군, 간질, 통풍, 위 출혈 등 수많

....

*　　세 층으로 이루어진 대동맥 혈관벽 중 가장 안쪽의 내막이 찢어지면서 대동맥 내에 있던 혈액이 혈관벽 내막과 중막 사이로 새어나가 대동맥이 내층과 외층으로 분리되는 것.

은 합병증이 나타났다. 게다가 하루에 30여 개의 약을 먹어야 해서 신부전도 생겼다. 건강했던 몸이 마치 바람 앞의 촛불 같았다. 자칫 잘못하면 입원 치료를 받아야 했다.

"대동맥 박리는 상태가 아주 심각했어요. 약 5.7cm로 이미 위장 위치까지 박리되었어요. 게다가 대동맥류*가 있어 혈압도 무척 주의해야 했죠. 그러지 않으면 혈압이 치솟으면서 혈관이 파열되고 치명적인 위험을 일으킬 수 있었어요." 천 씨 어머니가 의사의 설명을 전했다. 매일 조마조마한 마음으로 아들을 돌보았던 어머니는 아들의 고통스러운 모습에 안타까움이 가득했다.

아지에가 직장을 잃고 막대한 의료비용이 들었다. 마치 밑 빠진 독처럼 어떻게 메워야 할지 알 수 없었다. 천 씨 집안 역시 암담한 처지였다.

아지에가 수술을 마치고 입원한 지 3개월이 되었다. 그런데 3개월 이후에는 입원비용의 30%를 부담해야 했다. 사실상 이를 감당할 수 없던 어머니는 일단 아지에를 퇴원시켜 집에서 요양할 수밖에 없었다. 그러나 아지에의 혈압이 줄곧 불안정했고 대동맥류의 잠재 위험은 마치 시한폭탄 같았으니 병원의 측정기기 모니터링을 벗어난 가족들

··········
* 　　　대동맥 혈관벽이 약해지며 일부가 늘어나 풍선처럼 부풀어 오른 상태.

은 대단히 불안했다. 아지에가 퇴원해 집에 돌아오면 늘 한밤중에 상태가 나빠져 어쩔 수 없이 다시 응급실로 후송되는 일이 반복됐다. 밤낮으로 병원을 들락거리는 것이 아지에의 일상이었다.

건강보험 규정에 따르면 입원 의료급여는 환자의 병세에 따라 정해져야 하며 입원일수에 제한이 없다. 그래서 입원일수는 환자의 병세, 임상을 보고 진료의사가 결정해야 한다. 현재 의료센터의 병상이 부족하기 때문에 병원들은 자체 규정으로 병상 점유율을 제어했다. 그러다 보니 수많은 암묵적 관행이 파생되었다. 예를 들어 환자의 병세가 조금이라도 안정되면 최대 입원일수 60일을 넘지 않도록 했다. 또한 입원일수 상한은 15일 혹은 21일 등으로 병원마다 달랐다. 심각한 상태만 아니라면 입원 치료 필요 여부와 무관하게 입원일수 상한을 넘기는 즉시 환자에게 퇴원을 요구했다.

병원 규정이 각기 다른 바람에 아지에는 끊임없이 병원을 옮겨 다니며 진료받아야 했다. 그의 병상 떠돌이 여정은 북부, 중부, 남부 각 병원을 드나들며 대만 전역을 누볐다. 2006년 발병해 2012년 1월까지 5년 새 56개 병원을 거쳤다. 인생극장에서 병원을 옮기는 일이 무대 전환처럼 잦았지만, 줄곧 병상 생활을 벗어나진 못했다.

차질 없이 전원하기 위해 천 씨 어머니는 일련의 계획을 짜 실행했다. 매번 퇴원하기 2~3주 전에 병원들을 분주히 오가며 병상 대기 번호표를 걸어두는 것이다. 병상 대기가 불가능할 땐 바짝 타들어 가는 마음에 어쩔 줄 몰라 하며 사방에 도움을 구했다.

　내가 열이 나고 몸이 아파 집에서 쉬던 중이었다. 밤 10시가 넘어 날카로운 휴대폰 벨이 울렸다. 놀라 깨어나 전화를 받는데 천 씨 어머니가 발작적으로 울면서 소리쳤다. "병상을 찾을 수가 없어요. 빨리 저희 좀 도와주세요!" 그날 저녁 아들의 상태가 불안정해진 것을 발견해 응급실로 먼저 보냈는데 마냥 의사와 병상을 기다릴 수 없었던 거다. 그는 응급실에서 피를 말리다가 심리적으로 무너지며 큰 소리로 울부짖었다. 다른 환자들에게 심각한 피해를 끼쳐 결국 병원 경호원에 의해 강제로 쫓겨났다.

　전화기를 든 나는 참을성 있게 그를 위로할 수밖에 없었다. 침착하게 처리하라고 다독였지만, 그는 이미 이성을 잃은 지 오래였다. 계속해서 큰소리로 경호원이 그에게 폭력을 행사했다고 소리쳤다. 아마도 오랫동안 억눌려온 정서가 폭발한 것 같았다. 혼자서 아무 도움 없이 견뎌오며 담아둔 수년간의 억울함이 전부 터져 나왔다. 그가 다투고 있는 것은 아마도 병상뿐만이 아니다. 하느님과 정의를 다투고 목숨을 다투고 있을 것이다.

심신이 지쳐버린 어머니와 아내

산업재해 발생은 항상 갑작스러워서 손 쓸 수 없게 마련이다. 일단 산업재해가 발생하면 노동자 개인의 피해뿐만 아니라 한 가정에도 어둠이 드리운다. 과로 관련 직업병은 또한 특수성이 있다. 일반적으로 기계 끼임, 공사장 추락 등 업무상 사고는 업무와의 인과 관계 판정이 상당히 명확한 것과 달리 뇌심혈관 질병의 발생 원인은 매우 복잡하기 때문에 인정의 어려움이 증가한다.

아지에의 사건 역시 대표적인 과로 직업병 사건이다. 만약 직업병으로 인정받으려면 과중한 업무 부하 등을 포함해 반드시 구체적인 증거자료가 있어야 한다. 그러나 증거 제시는 종종 쉽지 않다. 하물며 인과 관계를 판단하려면 의학적 추론이라는 겹겹이 막힌 난관을 통과해야 한다. 그래서 발병 후 순조롭게 산업재해 보상 혹은 배상을 받기란 거의 불가능하다.

긴 시간이 소요되는 인정 과정은 노동자의 가정을 무너뜨리기 십상이다. 피해 노동자는 대개 가정의 주요한 경제 수입원이기 때문에 일단 상해를 입거나 병으로 쓰러지면 가정 경제는 즉시 곤경에 빠져든다. 막대한 의료비용까지 더해진다면 더욱더 설상가상이다.

아지에가 아직 중환자실에 있을 때 독촉대금 160만 위안(6,400만 원)의 악몽 역시 점점 가까워졌다. 하루는 회사 대표가 차용증을 가지고 왔다. 위에는 아지에의 서명이 있고 아내의 배서가 있었다. 대표는 가족에게 대금 지급을 요구했고 이미 암담한 천 씨네 집안 사정은 더욱 나빠졌다. 이후 법원의 조정하에 쌍방은 분기 상환을 결정했고 아지에의 아내는 매달 5,000위안(20만 원)을 납부해야 했다.

5,000위안은 아내 입장에서 절대 적은 돈이 아니었다. 그는 계약직원으로 월급은 고작 1만8,000위안(72만 원)이었다. 5,000위안의 상환금을 제하고 의료비 부담에다 어린 두 자녀까지 양육하려면 월세조차 낼 수 없었다. 결국 아이들을 데리고 친척에게 의탁해 방 한 칸에 임시 거주할 수밖에 없었다.

아지에가 쓰러졌을 때 두 자녀는 아직 어렸다. 큰아이는 초등학교, 작은아이는 유치원에 다녔다. 아내 혼자 두 아이를 돌보고 부지런히 일해 빚을 갚다 보니 함부로 휴가도 쓰지 못했다. 월급이 깎일 것이 두려웠고 또 이로 인해 일자리를 잃을까 염려했다. 이 때문에 아지에를 돌보는 일을 감당할 여력이 없던 그는 어쩔 수 없이 천 씨 어머니에게 뒷바라지를 부탁해야 했다.

1979년 정부가 여행업을 개방한 뒤 천 씨 어머니와 아버지는 여행사를 경영했었다. 그러나 이후 경영이 나빠지고 대만의 9.21대지진*과 사스SARS** 사태를 겪으며 전체 경제가 불황에 빠지고 회사 적자가 이어지면서 2003년 폐업했다. 천 씨 어머니는 이미 62세의 고령이었다. 애초에 퇴직 후 여생을 편히 보내려 했으나 아지에의 뜻밖의 사고로 인해 늙은 목숨을 다잡아 이끌면서 전심전력으로 아들을 돌봤다. 거의 24시간 아들 곁을 지켰고 돌발상황이 발생할까봐 일 년 내내 하루도 쉬지 않았다.

아들을 치료하기 위해 천 씨 어머니는 수천 위안의 돈을 쓰고 퇴직금을 날렸다. 심지어 집을 담보로 돈을 빌렸지만, 여전히 막대한 의료비용을 지불하기 어려웠고 생활을 계속 이어가기 어려울 만큼 힘들어졌다. 자신은 점점 늙어가는데 아들의 상태는 호전되지 않고 장기 돌봄의 무거운 부담 역시 여태껏 줄지 않았다. 철인이라도 피로에 지쳐

....

*   1999년 9월 21일 대만에서 발생한 강도 7.3의 지진으로 20세기 들어 대만에서 발생한 가장 큰 지진이었다.
**   중국에서 시작된 중증 급성 호흡기 증후군. 2002년 11월에서 2003년 7월까지 유행하여 전 세계적으로 8,096명의 감염자가 발생하고 774명이 사망했다.

나가떨어질 판인데 하물며 고령의 늙은 어머니는 어떻겠는가? 천 씨 어머니는 늘 아들을 돌보다 지쳐 링거를 맞곤 했다. 집념과 의지력으로 버티며 7년의 세월을 견뎠다.

"아들이 아직 살아있는데 내가 그 애를 포기할 수 있겠어요?" 천 씨 어머니가 모정의 무거운 심정을 말했다. 여기까지 생각하니 슬픔을 금할 수 없어 눈물이 흘렀다.

기나긴 소송의 길

천 씨 어머니는 아지에의 일상생활을 보살피는 일 외에도 사방을 뛰어다니며 산업재해 보상과 손해배상을 다퉈야 했다. 노동위원회가 직업병으로 판정을 바꾼 것이 사건 발생 4년여 만이었기 때문에 회사는 시종일관 아지에의 병이 일과 관련 있다는 사실을 인정하려 들지 않았다. 회사 역시 노동위원회에 소를 제기했는데 기각되자 판정에 불복해 다시 행정소송을 제기했다. 전후로 2년간 지지부진하던 소송은 수많은 혼란 끝에 2013년 4월 마침내 끝났다. 최고행정법원이 회사의 상소를 기각하고 산업재해를 최종 확정한 것이다.

끝까지 이 사건이 산업재해가 아니라고 주장한 사업주는 의료보상, 치료 기간에 원래 받아야 했을 임금, 심지어 퇴직금 등 관련 보상금을 지급하려 하지 않았다. 하물며 손해배상은 말할 것도 없었다. 천 씨 어머니는 어쩔 수 없이 행정원, 노동위원회, 국회의원 사무실, 감찰원 등을 포함해 각종 기관과 도처에 진정할 수밖에 없었다. 작은 새우가 큰 고래에 대항하는 형국으로 여러 차례 언론에 호소하며 회사의 책임을 요구했다. 그러나 여전히 회사의 공식 답변이 없어 부득이하게 마지막 방법을 택했다. 바로 법정에서 재판을 벌이는 것이었다. 법원에 소장을 제출해 회사의 보상과 배상을 요구했다.

사실 소 제기는 모험이다. 노사쟁의 사건은 일단 소송에 들어가면 결과를 받아들일 수밖에 없고 담판 협의의 여지가 전혀 없다. 그뿐만 아니라 노동환경을 이해하는 법관을 만날 수 있기를 빌어야 한다. 그렇지 않으면 종종 소송 과정에서 말 못 할 손해를 입는다. 소송으로 시간을 허비하다 보면 노동자는 질질 끄는 소송과 기다리는 과정에서 끊임없이 분노하고 억울해하며 고통받고 증오하는 상태에 처한다. 그러나 어쩔 수 없는 것은 노동자 측이 고용주와 담판할 카드가 항상 부족하다는 것이다. 그래서 소송은 종종 필요한 최후의 수단이 된다.

2년 넘게 끈 소송에서 지방법원은 2013년 4월 판결을 내렸다. 아지에는 의료보상, 의료기간 동안 원래 받아야 할 임금, 퇴직금 등 산업재해 보상 부분에서 모두 승소했다. 그러나 민사 손해배상 부분에서는 패소했다.

심리법관은 손해배상이 성립하려면 행위자의 행위가 고의 혹은 과실로 손해가 발생한 사실이 있어야 한다고 봤다. 아지에는 '고용주의 강압에 의해 장기간 연장근로를 하여 과로가 야기되었다'고 주장했지만, 법관은 아지에가 담당 직원의 신분으로 취득한 물품 대금은 고용주에게 반환할 의무가 있다고 보았고, 만약 이 때문에 연장근로를 분명 피하기 어려웠고 또한 아지에가 장기간 연장근로했다면 법원은 이미 법에 따라 연장근로 비용이 평균 임금에 산입됐다고 보았다. 그래서 '고용주의 강압으로 과로에 이르렀다'는 주장은 받아들이기 어렵다고 했다. 더군다나 권리 침해 행위와 관련된 손해배상 시효는 민법 규정에 따라 가해자와 행위를 안 것으로부터 2년 내 혹은 행위가 있고 난 뒤부터 10년간 효력이 있는데 아지에는 2006년에 발병해 지금에 이르러 이미 2년의 청구 시효를 초과했으므로 패소 판결됐다.

법관의 견해는 일리가 있어 보이지만, 사실 몇 가지 쟁점이 존재한다.

첫째, 노동자가 노동환경에서 처한 상황을 간과했다. 개인이 과연 고용주의 연장근로 요구를 거절할 힘이 있을까? 고용주가 연장근로수당을 지급했다고 해서 강압의 문제가 없었다고 인정할 수 있는가?

둘째, 일반적으로 노동위원회가 인정한 과로 상병 혹은 사망 기준에 부합하고 연장근로 초과시간은 이미 근로기준법 규정을 명백히 위반했으므로 고용주의 고의 혹은 과실 책임을 판단하기 어렵지 않다.

셋째, 보통 노동자는 고용주와 다년간 동업 관계의 신뢰감에 기반해, 또는 노사관계 파탄을 피하기 위해 직업병으로 확정되기 전까지 고용주에게 손해배상 소송을 제기하지 않는 것이 대부분이다. 그러나 실무에서 과로 인정은 수많은 증거 자료를 수집해야 하고 그 과정에 시간과 노력이 소모된다. 노동위원회의 장황한 인정 절차를 기다려 산업재해로 확정된 후에야 비로소 고용주와 보상·배상 건 협의를 진전시킬 수 있다. 책임지기를 원하지 않는 고용주에게 다시 배상이 확정되기까지 기다리면 이미 2년의 손해배상 청구 기한이 지나버린다.

노사쟁의 전문 변호사 랴오훼이팡은 과로책임 판정 사건에서 통상 법관이 고용주의 고의성 여부, 과실 귀책사유 유무에 보수적인 편이라고 비판했다. 그는 법원이 비록 아지에가 실적 압박과 책임감에 쫓겨 초과근로했고 급성 출혈성 뇌졸중을 야기한 것은 직업병에 속한다고 인정했지만, 아지에가 장기간 '고용주의 압박을 받아 과로에 이르렀다'는 점을 받아들이지 않았다는 사실을 지적했다. 설령 증거가 없어 고용주의 고의를 증명할 수 없다 하더라도 고용주가 '주의 의무를 게을리한' 과실은 없나? 이미 아지에가 장기간 연장근로한 증거가 있는 이상 '노동자 개인이 책임감을 과도하게 쏟은 결과이고 고용주는 전혀 책임을 질 필요가 없다'고 단순히 해석할 수 있는 것인지 의문이다.

전체적으로 논하자면 과로 사건은 새로운 산업재해 유형이며 근래 직장환경의 변화와 노동자 권리의식의 상승을 반영한다. 참고할 판례도 없다. 대다수 법관은 여전히 초과 연장근로시간이 과로를 야기해 질병 발생에 기여한다는 것을 입증하기 어렵다고 보고 또한 고용주의 고의 혹은 과실 유무 판단이 어렵다고 여긴다. 그래서 대부분 고용주가 손해배상 책임을 부담해야 한다고 보지 않는다.

아지에와 가족들은 이러한 판결을 받아들일 수 없었고 계속 항소를 제기했다. 결과가 나오기 전 노사는 또다시 여러 차례 교섭을 거쳤다. 아지에와 가족들의 지속적인 노력과 노동위원회의 적극적인 중재로 쌍방은 마침내 합의에 이르렀다. 7년간 이어진 분쟁이 드디어 일단락되었다.

합의 당일 천 씨 어머니는 평소와 같은 차림으로 크고 무거운 붉은색 배낭을 메고 검은색 작은 가방을 비스듬히

멨다. 가방은 꿰매고 기운 흔적이 가득했다. 흰 실이 붉은 색과 검은색 가방을 뒤덮고 있었다. 두드러진 흰 실땀이 마치 마음의 상처들처럼 보였다.

7년 동안 천 씨 어머니는 갖은 고생을 했고 이제 칠순이 되었다. 흰머리가 더 많아졌고 얼굴도 나이보다 훨씬 더 늙어 보였다. 합의로 보상받았고 뒤늦은 정의로 손실을 메웠지만, 더 많은 합의금으로도 아들의 건강한 몸을 되돌릴 수 없다. 앞으로의 길은 여전히 막막하다.

7장
생명을 구하는
영웅의 비애

일정한 시간 간격으로 신문에서 비슷한 보도를 보는 느낌이다. 내용은 대략 다음과 같다. "모 버스 기사 혹은 여객운송 기사가 운전 도중 갑자기 심근경색이나 뇌졸중이 나타났는데 쓰러지기 직전에 마지막 힘을 다해 차를 안전한 곳에 세우고 승객의 목숨을 구했다. 마지막 순간까지 자리를 지키며 자신을 희생해 승객을 보호한 감동적인 영웅이다."

내 느낌을 확인하기 위해 최근 몇 년간의 관련 기사를 찾아보았다. 과연 영웅 기사와 관련한 보도가 끝도 없이 나왔다. 기사 이름과 여객운송 회사명만 바꾸면 거의 서로 대입해 써도 될 정도였다.

〈승객이 내릴 때까지 지탱하던 버스 기사 운전석에서 사망〉 가오슝시 버스 기사 리李 씨에게 운전 도중 심근경색 발작이 나타났다. 그는 고통을 억지로 참으며 차량을 도로변에 세워 5명의 승객이 안전하게 하차하도록 도왔다. 이후 차를 몰고 종점으로 돌아가려 했으나 남은 힘을 소진해 운전석에 엎드려 정신을 잃은 것으로 밝혀졌다. 리 씨는 병원에 후송되었으나 사망했다. – 자유시보 2008년 9월 13일 자

〈뇌졸중을 버티며 차를 완전히 멈추고 정신을 잃다〉 타이시여객台西客運의 기사 쑤蘇 씨가 20여 명의 승객을 태우고 타이베이로 향하다 국도 위에서 뇌졸중을 일으켰다. 쑤 씨는 버스를 차도 바깥으로 이동한 후 백라이트를 켜 후방 차량에 알렸고 차 안의 승객에게 양해를 구한 것으로 알려졌다. "죄송하지만, 제가 버스를 계속 운전할 수 없습니다." 그 즉시 운전대 위에 쓰러진 쑤 씨는 병원으로 옮겨졌지만, 사흘 후 세상을 떠났다. – 연합신문 2009년 9월 18일 자

〈버스 기사, 심근경색 고통을 참고 승객 먼저 구하다〉 신신여객欣欣客運 소속 라이賴 씨가 버스를 운전하던 도중 심근경색으로 의심되는 발작이 왔다. 라이 씨는 고통을 억지로 참으며 브레이크를 밟았고, 버스는 느린 속도로 도로변

을 미끄러지며 표지판과 부딪혀 멈춰 섰다. 차량에 타고 있던 10여 명의 승객은 모두 무사하다. 라이 씨는 병원으로 후송되어 심장 박동을 회복했으나 여전히 인공호흡기 신세다. – 중국시보 2010년 2월 22일 자

〈버스 기사 뇌졸중, 죽음의 문턱에서 급히 정차해 모두 구조〉 신디엔여객店客運의 왕王 씨는 버스를 몰고 가던 도중 갑자기 몸에 이상이 와 창밖으로 구토를 한 뒤 의식이 혼미한 상태가 되었다. 목격자에 따르면 기사는 남은 의지력으로 버스를 우측 도로변에 멈춰 세우려 했으나 마침 도로변에 정차된 차량이 있어 다시 한번 전력을 다해 좌회전한 후 브레이크를 밟았다고 한다. 버스는 임시 정차한 차량의 범퍼를 들이받고 안전하게 멈췄다. – 연합신문 2010년 4월 3일 자

〈죽음 직전 핸드브레이크를 잡아 정차, 기사가 모든 승객 목숨 구해 / 신주 판스중학교 차량 기사 심근경색으로 안색 검게 변해, 핸드브레이크 쥐고 차를 안전하게 세울 때까지 버틴 후에야 맥이 풀려〉 신주 판스중학교新竹磐石中學校 스쿨버스를 운전하는 쉬許 씨는 하교 중인 학생들을 태우고 운전하던 도중 갑자기 몸의 이상을 느꼈다. 쉬 씨는

급히 핸드브레이크로 차를 세웠고, 차는 안쪽 가드레일에 가볍게 부딪힌 후 멈춰 섰다. 학생이 발견했을 때 기사의 안색은 검었고 손은 여전히 핸드브레이크를 잡은 채였다고 한다. 쉬 씨는 병원에 후송된 후 사망했다. - 연합신문 2010년 7월 28일 자

〈심근경색 의심, 기사 미끄러지며 어린 학생 구하다〉 핑동여객屛東客運의 기사 린林 씨는 둥강중학교東港國中 학생 37명을 태우고 린비엔 방향으로 향하던 중 심근경색 의심 증상이 나타났다. 현기증이 난 기사는 차를 옆으로 천천히 미끄러지듯 몰아 마지막엔 학교 밖의 가드레일과 부딪혔다. 학생들은 다치지 않았다. 기사는 병원에 후송되어 치료를 받았고 생명에는 지장이 없다. - 중국시보 2010년 12월 17일 자

〈진짜 영웅, 통리엔 기사가 승객 31명의 목숨을 살리다〉 통리엔여객統聯客運 기사 차이蔡 씨가 31명의 승객을 태우고 타이베이에서 타이중으로 향하던 중 국도에서 심근경색 발작이 나타났다. 차이 씨는 우선 속도를 줄였고 의지력으로 운전대를 꽉 움켜쥔 채 11km를 버텼다. 차를 국도 경찰대 문 앞에 멈춰 세우고 곧바로 정신을 잃은 차이 씨는 급

히 병원으로 옮겨졌으나 사망했다. — 빈과일보 2011년 2월 17일 자

〈숨이 넘어가기 직전의 스쿨버스 기사가 38명의 목숨을 구하다 / 마지막 숨을 몰아쉬며 차를 멈추고 쓰러져 사망〉 수더직업고등학교樹德家商의 외주업체 직원 리李 씨가 등교하는 학생을 스쿨버스에 태워 이동하던 중 심근경색 의심 증상이 나타났다. 리 씨는 고통을 버티며 차를 우측으로 미끄러지듯 몰아 차량 7대와 충돌했다. 대략 200m를 미끄러진 뒤에야 멈춰 섰으나 차 안의 학생들은 모두 부상을 당하지 않았다. 리 씨는 병원으로 긴급 후송되었으나 목숨을 구하지 못했다. 목격자는 목숨을 걸고 차량을 멈춰 세운 기사의 책임감이 대단하다고 말했다. — 빈과일보 2012년 9월 18일 자

유사한 비극이 거듭 재연되었다. 대만의 기사들은 늘 위험한 외줄타기를 한다. 그들의 용감한 행위에 사람들은 탄복하지만, 이런 보도를 볼 때마다 나는 항상 따져 묻고 싶다. 왜 운전기사의 뇌심혈관질환 발생 빈도가 이렇게 높을까? 직장환경과 관련 있는 건 아닐까? 기사는 승객과 도로 위 행인의 안전을 지키기 위해 반드시 자신의 생명을

걸어야만 하는 걸까? 언론이 비극적 영웅의 비장한 서사를 칭송할 때 누군가는 그들이 사실은 고통받는 과로직군이라고 생각하지 않을까? 맡은 일에 충실해 자기를 버리고 남을 구한 행동 이후 산산이 조각난 가정의 아픈 상처를 누가 어루만져줄 수 있을까?

아무도 모르는 운전기사의 고충

운전기사 과로 사건이 연이어 발생하자 감찰원은 2010년 1월 13일 노동위원회와 교통부에 시정안 제출을 지시했다. 감찰원은 노동위원회가 오랫동안 초과시간 노동의 심각성을 좌시했고, 과거 공공도로 여객운송업 기사의 노동시간을 모두 검열했지만, 각 지방 노동행정기관의 처분을 전달했을 뿐 후속 집행 및 개선 조치가 실현되지 않았다고 지적했다. 아울러 공공도로 여객운송업이 공공안전과 관련이 있다는 중요성을 소홀히 해왔다고 직접 밝혔다.

교통부도 책임을 피하기 어렵다. 감찰원은 교통부가 공공도로 여객운송업의 담당 기관으로서 선진국의 기준을 참작해 합리적인 운행시간을 정하지 못했고, 또한 최근 몇 년간 드러난 피로한 기사의 사건사고 원인 등을 깊이 검토하지 않아 부주의가 드러났다고 지적했다.

감찰원이 시정안을 지시한 뒤 관련 기관에서 적극적으로 개선에 나설 줄 알았는데, 유감스러운 것은 이런 사건이 이후에도 전혀 줄어들지 않았다는 것이다.

노동보험국 통계에 의하면 업종별 과로로 인한 상병(직업으로 촉발된 뇌심혈관질환), 기능 상실 혹은 사망 사건 수에서 '운수 및 창고업'이 항상 상위에 올랐다. 2010년 운수 및 창고업에서 총 7명이 과로로 인한 상병, 기능 상실 혹은 사망했고 2011년에는 16명으로 도리어 증가했으며 2012년에는 역시 17명을 유지했는데 이는 모두 적은 숫자가 아니다.

노동부는 매년 두 차례 국도 여객운송 기사의 노동시간 실태를 조사하는데 연장근로시간이 근로기준법 규정을 초과하는 일이 상당히 보편적임을 밝혀냈다. 위법률은 늘 30~40%였으며 2014년 조사 자료에는 30개 업체 중 12개 업체가 법을 위반하여 위법률이 40%에 달했다.

연장근로시간 초과의 위법 실태는 언제나 개선이 어렵다. 피로한 채 운전하는 모습은 흔히 볼 수 있다. 노동부가 매년 조사하지만, 여전히 공공연하게 법을 어기는 업체가 있다. 행정조치는 지나치게 소극적이고 업체는 매년 벌금을 낼지언정 개선은 하지 않는다.

이미 각국에 직업 운전기사의 건강 문제에 관한 수많은

연구가 있다. 1988년 스탠퍼드 예방의학연구센터 윈클비 Winkleby 교수 등은 국제 유행병학 학술지International Journal of Epidemiology and Infectious Disease에 발표한 논문에서 버스 기사는 다른 업종과 비교해 사망률과 질병률이 상대적으로 높다고 지적했다. 그중 가장 빈번하게 나타나는 질병은 심장병, 고혈압, 위장 질병, 근골격계 질환이었다.[1]

직업 운전기사의 건강 상태 불량 비율은 비교적 높은 편으로 이는 업무 스트레스와 관련이 있다. 관련 연구에 따르면 기사 직군에 자주 보이는 업무 스트레스는 대부분 다음과 같은 요인의 영향을 받는다.

1. 하루 노동시간과 한 회 운행시간이 과도하게 긴 것에 비해 휴게시간은 너무 짧아 기사가 쉽게 피로해지고 운전할 때 주의력, 집중력이 떨어진다.

2. 도로 위 소음과 공기오염이 심각하다. 도로 상태와 소음과 공기오염으로 기사는 불안한 노동환경에 처한다. 게다가 장시간 앉아 있어야 해 목과 어깨, 허리의 뻐근함 등 신체적으로도 불편이 생기기 쉽다.

3. 도로 교통상황이 혼잡하다.

4. 휴게 공간 환경과 설비가 좋지 않아 피로 해소에 도움이 되지 않는다.

5. 운전 시 법규 위반에 대한 우려가 있다.

6. 사고 발생에 대한 우려가 있다.

7. 승객과의 불쾌한 사건 발생에 대한 우려가 있다.

8. 회사 규정 혹은 복지가 수요에 부합하지 않는다.

9. 직업이 존중받지 않는다.

10. 일이 가정생활 및 휴식을 방해할 수 있다. 노동시간이 과하게 길어 가사활동 시간 혹은 가족과 보낼 시간에 충분한 여유가 없다.

11. 발차 준비와 배차시간 간격 요구로 압박감을 느낀다.

12. 일이 불확실하고 제어할 수 없다고 느낀다. 예를 들어 도로 상황이 좋지 않거나 교통 체증이 있으면 일에 영향을 받는다.

13. 밖에서 차를 운전하는 외근이므로 회사와 상호 소통이 부족하다.

14. 효과적인 갈등 해결 방법이 부족하다.

15. 사회활동 기회가 부족하다. 친구, 친척과 보내는 시간이 비교적 적어 사회활동에 영향을 준다.

16. 승객의 요구에 일일이 응대하기 어렵다.[2]

비교적 큰 업무 스트레스와 장시간 노동은 운전기사의 건강에 영향을 미칠 뿐만 아니라 심지어 과로를 일으킨다.

법령을 피해가는 쪼개진 노동시간

나는 2013년 국회를 떠났다. 국회 보좌관으로 8년을 일하며 수많은 산업재해 사건과 가족을 만났고 산업재해 노동자 관련 자원과 지원 통로가 심각하게 부족하다는 것을 깊이 깨달았다. 그래서 대만대학교 건강정책및관리연구소 台大健康政策與管理研究所 정야원 교수의 부름하에 수많은 전문 학자, 노동운동 동료와 결합해 '사단법인 대만직업안전보건연대'(약칭 직안연대)를 공동 조직했다. 전담 조직을 통해 산업재해 노동자와 가족들에게 자원을 제공하고 지원할 수 있기를 바랐다. 직안연대를 계획하고 준비하던 때에 대만노동전선으로부터 한 분의 산업재해 과로 사건을 넘겨받았다.

아성阿生(가명)은 버스 운전기사였다. 2년 전 과로로 뇌졸중을 일으켰는데 노동위원회로부터 이미 직업병 판정을 받았다. 그리고 1년 전에 복직했는데 운전할 수 없어 내근업무로 조정 배치될 수밖에 없었다. 이 때문에 월급은 2~3만 위안(80~120만 원)이 줄어 경제적 어려움이 생겼다. 그는 여러 차례 회사에 호소했지만, 답을 듣지 못했다. 그래서 회사를 상대로 손해배상청구 소송을 하고 싶어했다.

1972년생인 아성은 버스 기사 일을 한 지 벌써 10여 년 되었다. 2007년 지금의 여객운송 회사에 입사해 야간 운행을 고정으로 맡았다. 하루에 5회차 운행했는데 매 회차 사이 휴게시간은 물 마시고 화장실 가는 시간을 포함해 10여 분에 불과했다. 매일 오후 2시 넘어 운행을 시작해 자정이 되어서야 겨우 피곤한 몸으로 차를 몰고 종착지로 돌아왔다. 여객운송회사는 기사의 휴게시간은 노동시간으로 치지 않는다며 매 회차 간 10여 분의 시간을 야박하게 차감해 급여를 계산했다. 그뿐만 아니라 회사는 2011년 1월 1일부터 연장근로를 해 다음 날 오전 6시 첫차 운전을 지원하도록 야간반 직원에게 요구했다.

근로기준법 규정에 따르면 노동자는 일일 정규 노동시간이 8시간을 초과해서는 안 되며 연장근로 시간까지 더하면 12시간을 초과해서는 안 된다. 아성의 일일 노동시간은 약 8~9시간이었다. 다음날 오전 6시 배차 지원 연장근로 3시간을 더하면 비록 12시간을 넘지는 않지만, 이러한 업무 배정 방식은 분명 근로기준법의 노동시간 규정을 회피하기 위한 것이다. 회사는 노동시간을 완벽히 쪼개 교묘하게 노동시간을 분할하고 노동자가 충분한 휴식을 취할 수 없게 만들었다. 추산해 보면 아성은 온종일 꿀벌처럼 윙윙거리며 쉬지 않고 일한 셈이다.

매일 오전 6시에 아성은 순순히 회사 방침에 따라 연장근로를 하며 차를 몰았다. 대략 오전 9시가 조금 넘어서 퇴근했다. 잠시 숨을 돌린 5시간 후, 아성은 또다시 하루의 업무를 시작해야 했다. 차를 몰고 크고 작은 길을 오가며 달이 밤하늘에 높이 걸리는 자정 즈음에서야 비로소 무거운 부담을 내려놓을 수 있었다. 조금이나마 휴식을 취하기 위해 집에 돌아와 한바탕 씻고 새벽 6시에 또 일어나 출근 준비를 해야 한다.

이런 주기를 반복하면 완전한 휴식시간이 없어 마음 놓고 잠잘 수 없고 생체시간에 혼란이 온다. 이러니 휴식 활동 안배, 심신 조정을 어떻게 논할 수 있겠는가. 쪼개져 산산이 흩어진 노동시간은 마치 거미줄처럼 아성을 둘러싸고 옴짝달싹 못 하게 했다. 일은 마음껏 그의 체력과 정신을 빨아먹으며 그의 청춘을 삼켰다.

2011년 4월 6일 아성은 평소와 같이 출근해 일했다. 차를 몰고 나갈 준비를 하다가 갑자기 사지에 힘이 빠지는 것을 느꼈다. 급히 병원 응급실에 후송되어 CT 검사를 받았다. 검사 결과 '우측 중대뇌동맥 부분경색'이었다. 입원 치료 10여 일 뒤 퇴원해 집에서 요양할 수 있었지만, 정기적인 재활이 필요했다. 비록 뇌졸중 상태가 기능 상실의 정도에까지 이르지 않았으나 다리에 힘이 없어 걸음이 느렸다. 의사는 설령 재활을 하더라도 원래 상태의 70~80% 정도까지만 기능을 회복할 수 있다고 진단했다.

아셩은 발병 전 1개월부터 6개월까지 월 연장근로시간이 43~59시간이었다. 대만대학교 직업의학과 의사는 연장근로시간이 월평균 37시간을 초과해 업무와 발병의 관련성이 늘어날 수 있지만, 여전히 개별 상황에 따라 판단해야 한다고 보았다.

아셩은 발병한 그해부터 회사의 요구에 응해 당초 9년 동안 일했던 고정 야간반에서(이전 다른 2곳의 여객운송회사 근로형태를 포함) 하루 새에 주간반과 야간반을 교대해야 하는 자리로 전환되었다. 기존의 생활에 교란이 일어나 수면에 영향을 미쳤고 쉽게 피로를 느꼈다. 이 때문에 의사는 병증이 직업 때문에 촉발되었다고 진단했다.

10개월이 지난 2012년 2월 노동위원회는 그의 뇌졸중이 직업으로 촉발되었고 과로 때문임을 인정했다.

이해할 수 없는 임금 구조

근로기준법 규정에 따르면 산업재해 노동자가 치료 기간에 원래 일했던 직무에 복귀할 수 없을 때(공상 병가 기간 혹은 원 계약에 약정한 바 없는 업무에 종사하는 것 포함) 고용주는 임금을 그대로 지급해야 하고 계산 기준은 해당 노동자의 재해 이전 1개월의 정규 노동시간에 원래 수령했던 임금으로 한다.

그러나 아성은 발병 1개월 전 마침 병가와 개인 휴가를 신청했었다. 이 때문에 임금이 3만5,000위안(140만 원)밖에 안 되었는데 회사는 이 금액으로 지급액을 계산했다. 이는 원래 '정상 근로 시'에 수령하던 임금이 결코 아니었다. 그래서 아성과 회사는 첫 번째 노사 쟁의조정을 진행했고 이후 회사와 점점 긴장관계가 시작되었다. 최후 조정 결과에서 쌍방은 4만 위안(160만 원)으로 임금을 계산하는 데 동의했다.

"아무도 자기가 이번 달에 월급을 얼마나 받을지 알 수 없어요." 아성이 말했다. 회사의 임금 계산 방식이 매우 복잡해서 도대체 어떻게 계산되는지 아는 사람이 전혀 없다는 거다.

그의 임금명세서를 살펴보니 윗부분에 가득 나열된 각종 항목이 눈을 어지럽혔다. 그의 발병 전 6개월간 임금은 3만5,000위안(140만 원)에서 6만 위안(240만 원)으로 각기 달랐다. 임금명세서상 기본급은 1만1,200위안(44만8,000원)뿐이고 실질 임금은 주로 각종 수당과 상여금을 합한 것이었다. 항목은 안전수당, 개근수당, 식사수당, 임금차액 보장, 운행거리 상여금, 경업상여금敬業獎金,* 회차 단위 수당, 중간퇴직 수당, 태풍수당, 당직수당, 가격 차 상여 금,** 격려금, 세차수당, 특별공헌 등을 포함해 지나치게 다양했다.

기본급 외엔 '운행거리 상여금'과 '경업상여금'이 주된 수입원이었다. 경업상여금 역시 차가 달린 운행거리로 계산되는데 매번 계산 기준이 달랐다. 어느 때는 km당 8.4 위안(336원)이고 어느 때는 km당 0.5위안(20원)밖에 안 되었다. 도대체 어떻게 계산하는지 노동자는 영원히 알 수가 없다.

"회사는 일부러 임금 계산을 더 복잡하게 만들어서 우리가 이해하지 못하게 하려는 거예요. 그러면 회사와 다투지 못하니까요." 아성이 말했다.

....

*   '경업'은 업무에 책임을 다한다는 의미로 이는 업무 수행 고과에 따른 상여금이다. 해당 회사에서는 매월 총 운행거리를 산정 기준으로 삼아 업무 수행을 평가하는데, 거리 당 상여금이 얼마인지 명확한 규정이 없고 매월 계산 기준이 달랐다. 계산 방식으로 보면 운행거리 상여금과 별 차이가 없지만, 노동자가 자세히 알지 못하도록 고용주가 일부러 임금 항목을 분할한 것으로 파악된다.

**   대만의 버스 운임은 각 지방정부 모두 균일한데 수익성이 적은 노선을 운행하는 운송회사에 대해 정부가 운행가와 운임가 차액을 지급해 손실을 보전해준다. 가격차 상여금은 정부 보조금으로 기사에게 지급하는 임금 보조 수당이다.

복직, 적은 돈에 일은 늘고 직장은 더 멀어졌다

재활요양 13개월 뒤인 2012년 5월 18일, 아성은 갑자기 회사로부터 3일 뒤 회사로 복직해야 한다는 통보를 받았다. 그의 몸 상태는 이미 계속 운전하기에 적합하지 않았다. 그래서 회사는 그의 직무를 행정업무로 조정했다. 근무지는 집에서 5분 거리인 루저우蘆洲에서 네이후內湖로 변경되었다. 차로 약 1시간 반 걸리는 거리였다.

그러나 아성의 5월분 진단증명서에 따르면 의사는 "환자는 최소 1개월 더 요양이 필요하다"고 당부한 바 있다. 그래서 그는 진단증명서를 회사에 보내 의사 소견에 따라 계속 요양하고 싶다는 의사를 밝혔다. 동시에 복직 근무지를 루저우로 유지해달라고 요청했다.

그러나 회사는 아성의 요구에 응답하지 않았다. 우선 복직을 해야 하며 일단 네이후로 가서 근무하라고 지시했다. 새로운 근무지에서 적응한 이후에 다시 상황을 보고 조정하자는 것이었다. 다만, 회사는 복직 후 만약 병원에 돌아가 다시 진료받아야 하거나 재활해야 한다면 공상 병가를 신청할 수 있다고 답했다.

아성은 회사의 지시에 따르지 않으면 향후 일자리를 보전할 수 없게 될까 두려웠다. 당시 그는 막 40세가 되었고 네 살과 한 살의 어린 두 자녀가 있었다. 가족 전부 그가 돈을 벌어 부양해야 했다. 회사의 배치가 달갑지 않았지만, 받아들이고 기회를 보아 다시 요청해야겠다고 생각했다.

복직 후 아성의 새로운 직무는 차량 수금업무였다. 모든 버스의 요금상자는 마지막에 네이후 본사에서 받아 일괄 집계했다. 뇌졸중 후 한쪽 손발의 힘이 없어진 아성에게 요금상자를 운반하고 거꾸로 뒤집는 일은 결코 쉽지 않았고 힘이 많이 들었다.

복직 3개월 후 아성은 팔이 불편해 힘을 쓰기 어려워져 병원에서 진찰을 받았는데 양손 모두 근막염 증상이 있는 것으로 나타났다. 이 기간에도 아성은 끊임없이 회사에 호소하며 루저우역에서 근무하도록 조정해달라고 요구했지만, 회사는 줄곧 배정할 마땅한 업무가 없다고 대답하며 그가 계속 네이후에서 수금을 담당하게 했다.

아성은 복귀하고도 뇌졸중 이후 건강을 완전히 회복하지 못해 계속 추적 진료를 받아야 했고 정기적으로 재활도 해야 했다. 그래서 매달 10여 일의 공상 병가를 신청해야 했다. 처음엔 회사에서 휴가를 허가했지만, 시간이 지나자 괴롭힘이 시작됐다. 아성이 의사의 진단증명서를 가져오더라도 규정대로 휴가 절차를 밟게 했고 회사는 그를 여전히 신임하지 않았다.

복직 1년 후 회사는 그에게 회사 지정병원에서 진단평가를 받아오라고 했다. 이를 '치료 중지' 여부의 근거로 삼으려 했던 것이다. 아성은 치욕스러웠지만 또 협조할 수밖에 없었다. 평가 결과 여전히 치료가 필요하다고 나왔다.

아성의 복직 후 행정업무의 임금 구조는 운전할 때와 완전히 달랐다. 운행거리 상여금 및 경업상여금이 없어지자 그의 임금 수준은 5~6만 위안(200~240만 원)에서 2만 위안(80만 원) 남짓으로 단숨에 떨어졌다. 황당한 것은 그가 병원에서 치료받던 공상 병가 기간 매월 4만 위안(160만 원)의 임금을 수령할 수 있었는데, 업무에 복귀한 뒤 근막염이 올 정도로 힘들게 일한 지금 임금이 오히려 줄었다는 사실이다. "일을 안 할 때가 일할 때보다 오히려 더 많이 벌었어요." 생계를 짊어진 아성의 마음은 더욱 평탄하지 못했다.

노동부 해석에 따르면 산업재해 노동자가 치료 기간에 원래 일에 돌아갈 수 없고 고용주가 노동 계약에 계약되지 않은 업무에 종사하도록 요구해도 그 보수는 원래 수령한 임금 액수만큼 보전되어야 한다. 바꿔 말하면 아성이 수금 업무로 조정되었다 하더라도 회사는 여전히 그의 임금 부족분을 보충해 월평균 4만 위안(160만 원)을 지불해야 한

다. 아성이 여러 차례 임금 인상을 요구하고 노사 쟁의조
정에도 들어갔지만, 고용주는 여전히 현재의 처우를 고수
했다.

몸과 마음 모두 상처 입는 고난의 복직

한창 건장할 시기인 39세에 뇌졸중이 닥친 아성의 인
생은 총천연색에서 무채색으로 변했다. 마음을 다스리기
어려웠다. 의사가 나중에 발견해 진단한 바에 따르면 그
는 지속적 우울장애(Persistent Depressive Disorder)를 앓았
는데 이는 뇌혈관질환 후유증으로 판명되었다. 반드시
약물을 복용해야 하며 그렇지 않으면 긴장, 폭력 경향 등
의 증상이 나타날 수 있었다. 동시에 심리상담도 계속 받
아야 했다.

아성은 풀이 죽어 말했다. "내 몸이 이런데, 이제 운전
도 못 하는데 어떻게 살아야 될까요?"

젊은 과거의 아성은 체력이 왕성했고 일의 괴로움과 고
생을 견뎌왔다. 비록 1만 위안(40만 원)의 낮은 기본급이
지만, 연장근로수당과 상여금에 기대어 한 달에 6만 위안
(240만 원)까지 벌 수 있었다. 한때 자신을 '운전의 달인'으
로 여기며 자부심이 넘쳤는데 지금은 핸들조차 꽉 쥐기 어

려워졌다. 이 때문에 그는 끊임없이 자신을 부정하는 비관적 정서에 함몰됐다.

발병 초에 회사는 직업병을 인정하지 않았고 노동보험국의 인정 후에 마지못해 받아들였다. 치료 기간 임금을 줄 때도 핑계를 대며 변칙적으로 임금을 깎았다. 아성은 마땅히 가져야 할 권리를 위해 혼자 싸워야 했다. 노동국에 노사 쟁의조정을 신청하는 방법을 쓰고서야 겨우 합리적인 임금을 받아냈다. 산업재해 사건 발생 이후 회사는 줄곧 그를 냉대하고 심지어 여러 차례 괴롭히며 그를 분노하게 했다. 우울증 증상은 더 악화했다.

노사관계가 파탄 지경에 이를 때쯤 회사에서 주도적으로 노동국에 노사 쟁의조정을 제기했고 쌍방은 대학병원에 직무능력평가를 신청하는 데 동의했다. 아성이 수금업무에 적합한지 판단하기 위해서였다. 만약 적합하다는 결과가 나오면 아성은 더 이상 직무조정을 요구하지 않기로 했고, 그 반대라면 고용주는 반드시 평가 보고에 따라 직무를 조정해 아성의 심신 상태에 부합하는 적당한 업무로 배치하기로 했다.

직능평가 전 회사는 갑자기 꾀를 내 아성을 본사 정문 보안요원으로 이동시켰다.

"나를 조롱하는 거예요. 문지기 개라고." 심리적 상처를 입은 아성은 회사에 대한 신뢰를 철저하게 상실했다. 2년 동안 회사의 부당한 대우는 아성의 심신을 피로하게 했고 한 사람을 붕괴 직전까지 몰고 갔다. 사람의 성격도 격하게 변했다. 그는 이동 배치과정을 진술할 때 갑자기 큰소리로 목 놓아 울며 쌓였던 억울함을 쏟아냈다.

아성이 보안요원으로 배치된 후 우울증세는 더 악화해 공상 병가 신청이 더 잦아졌다. 휴가를 신청할 때 반드시 직속상관에게 휴가원 결재를 받아야 했다 그러나 직속상관은 그를 피해 다녔다. 그와 마주치지 않은 것을 빌미로 휴가원 결재를 내주지 않으려는 것이었다. 상관이 회피하는 불리한 상황에서 아성은 휴가원과 진단증명서를 인사부서에 보낼 수밖에 없었다. 그가 보안요원으로 배치된 지 두 달이 채 되지 않아 회사가 돌연 해고를 통보했다. 해직 이유는 그가 고의로 4일간 무단결근했다는 것이었다. 사실은 아성이 병가 종료 후 진단증명서와 휴가원을 보충했던 건이라 회사의 해고 명령은 분명 다툼의 소지가 있었다.

부당해고 문제와 관련해 노사 쌍방은 다시 조정을 진행했다. 사측 대표는 회의 석상에서 진짜 해고 사유는 늘 공상 병가를 신청하고 직무배치 조정을 요구한 문제를 포함해 아성의 업무 성과가 만족스럽지 않아서였다고 인정했다. 아성 역시 회사로 돌아가 일하기를 원하지 않았다. 따라서 쌍방은 결국 화해에 도달했고 아성은 위로금을 받고 퇴직에 동의했다.

나는 아성과 동행하여 조정회의에 출석했다. 그는 여러 차례의 진술 과정에서 심리 기복이 극심했고 불안해했다. 마지막에 화해 퇴직을 수용할 때 붉어진 눈동자로 한참을 주저했다. 나는 이 결정이 매우 어렵다는 걸 안다. 그가 고개를 끄덕이고 날인할 때 그간의 원한과 불만을 모두 떨쳐야 했고 왕년의 달인 기사였던 세월과도 작별해야 했다. 회의가 끝난 뒤 나는 그와 함께 노동국에 갔다. 비틀거리며 멀어지는 그의 뒷모습을 보고 있자니 마치 산업재해 노동자 복직의 길처럼 걸음마다 고난이 느껴졌다.

* 후주

1) 潘韋靈·袁美珍·邱文達, 「職業駕駛者事故傷害危險因子之探討」, 2006年11月《工業安全衛生月刊》
2) 徐聖智, 1995年. 「公車駕員工作壓力量表之設計及測試−以大有巴士, 福和客運為例」, 國立交通大學交通運輸研究所碩士論文.

8장
꿈의 공장 속
고달픈 인생

많은 사람이 영화 관람을 좋아한다. 친구 모임, 여가생활, 데이트로 즐기고 심지어 실연, 슬픔, 고통을 막론하고 영화 속 가상세계의 희로애락을 따라 또 다른 삶의 깨달음과 감정의 해방을 얻을 수 있다.

문화부 영상및대중음악산업국의 통계에 따르면 2012년 전국에서 총 429편의 영화가 상영되었다. 타이베이시 1부 상영관에서만 전년도 총 박스오피스가 36억 위안(1,440억 원)에 달하며 1년간 관람객 수는 약 1,200만 명이나 된다. 영화가 여가 활동에서 중요한 역할을 맡고 있음을 짐작할 수 있다.

사람들은 영화를 통해 외로움과 아픈 마음을 위로받고 영화 속에서 희망과 행복을 찾는다. 그렇다면 영화 관련 산업에 종사하는 노동자들 역시 꿈을 만드는 공장에서 즐거움과 희망을 얻고 있을까?

대중문화의 그늘

2013년 6월 말 직안연대가 바삐 움직이며 설립을 준비하던 때였다. 우리의 첫 번째 사건이 찾아왔다. 사회운동가인 장훙린張宏林이 과로사 의심 사건을 연계해주었다.

영화사의 여성 홍보 책임자 훙팡위洪芳瑜(가명)였다. 그는 2013년 4월 9일 저녁 10시 즈음, 퇴근 후 귀가하던 중 평소처럼 버스정류장까지 걸어가 차를 기다리다 갑자기 쓰러졌다. 병원 응급실로 후송되었고 자발성 뇌실출혈이 발견되었다.

즉시 긴급 뇌수술을 받았으나 여전히 중증의 혼수상태를 보였다. 의사는 진단서에 '과도한 피로와 연관 가능성'을 명시했다. 가족들의 끊임없는 기도에도 불구하고 훙팡위는 혼수상태 47일 뒤 뇌출혈로 인한 중추신경계 손상으로 결국 사망했다. 향년 43세였다.

"누나는 개인 생활이 거의 없었어요. 대부분의 시간 모두 일에만 매달렸어요. 밤낮없이 일했고요. 일종의 목숨을 건 필사적인 의욕이었어요." 훙멍쥔洪孟鈞(가명)이 악착같던 누나 훙팡위를 묘사했다. 생활은 거의 일 중심이었다. 친구들도 동료 아니면 기자였다. 집안의 장녀였던 그는 일이 바빠 데이트할 시간도 없었다. 줄곧 독신여성이었다.

꿈과 현실 사이

홍팡위와 업무로 친해진 언론사 친구 샤오에이小A는 페이스북에 짧은 추도의 글을 남겼다. 샤오에이에겐 이제 홍팡위를 볼 기회가 없다. 오직 꿈속에서만 만날 수 있다.

"오늘 아침 비몽사몽 중에 나는 기자회견 장소에 도착했어. 사람들 무리 속에서 네 모습이 눈에 들어왔어. 널 불러 세웠지. 몹시 피곤해 보였는데 나한테 피곤하다고 쉬고 싶다고 말하더라고. 우린 자리에 앉았어. 난 앞줄, 넌 뒷줄에. 고개를 돌려서 네 손을 잡았어. 격려나 위로의 말을 하고 싶었던 것 같아. 그런데 미처 입을 열기도 전에 네 눈에서 눈물이 흘러내리는 거야. 그 순간 알아차렸어. 여긴 기자회견장이 아니라 네 장례식장이라는 걸. 넌 숨을 부여잡고 장례식에 참석하러 돌아오고 싶었나 봐. 깨어나서 난 기도했어. 이 꿈은 무슨 뜻인가요? 하나님은 응답하지 않으셨어. 아마도 널 마음속에 간직하라는 뜻인가 봐. 안녕. 네가 그리울 거야."

홍팡위가 자신의 장례식에 참석했다. 미처 전하지 못한 작별의 한을 만회하려 했던 것 같다니. 말도 안 되는 꿈인 것 같지만, 현실과의 경계를 구분하기 어려운 이유는 홍팡위가 생전에 매우 지치고 피로했어도 쉴 수 없었기 때문이다.

재해 3개월 전 홍팡위는 이미 과중한 업무의 피로를 토로했었다. 그는 MSN 메신저에서 친구들에게 일에 관해 언급했다. 행간에 불안과 괴로움이 가득했다. 지나치게 바쁜 생활은 그가 온통 부정적인 감정에 둘러싸이게 했다.

"하루 24시간밖에 없는데 이미 심각한 수면 부족이야. 어쩌겠어. 나한테 충분히 쉬고 있냐고 물었지? 어휴, 전혀 못 쉬어."

"가급적 마음을 가다듬으려 노력하고 있어. 왜냐하면 가끔 이상한 충동이 느껴지거든. 부정적인 감정이 갈수록 점점 더 강해져."

나는 홍팡위를 모른다. 하지만 사진을 보면 그는 아름답고 거칠 것 없어 보인다. 자신감 있고 활력이 넘쳐 그의 실제 나이를 알아맞힐 수 있는 사람이 드물었다고 한다. 그가 이렇게 일찍 요절할 줄 누가 예상이나 했을까.

경쟁이 극심한 영화 업계에서 그는 무척 성실한 사람이 었다. 자신에 대한 요구 기준이 높고 일에서 최상의 성적 을 거두길 바랐다. 그가 홍보를 맡은 영화들은 장르가 상 당히 다양했고 수많은 관객에게 감동을 주어 늘 박수갈채 를 받은 대작들이었다. 그러나 흥겨운 사운드와 영상의 커 다란 은막 뒤에서 그는 홀로 거대한 부담감, 고통 그리고 고단함과 싸웠다.

사람 잡는 무형의 재량근로제

홍팡위는 미국 뉴저지주에서 대학을 다녔다. 전공은 경 영관리였다. 1995년 졸업하고 이듬해 대만으로 돌아와 홍 보기획 일에 종사했다. 2004년부터 영화사에 들어가 홍보 책임을 맡았다. 직책은 책임이지만, 수하에 일을 거들어 줄 부하직원은 없었다. 판촉이벤트 기획과 집행, 매체 홍 보 업무, 언론 모니터링 등 모두 직접 챙겨야 했다. 심지 어 관람 초대권 증정, 홍보기념품 포장과 발송 등 잡무 역 시 혼자 도맡아야 했다.

가족들의 말에 따르면 회사는 홍팡위가 책임 직책을 맡

고 있으니 재량근로제에 속한다고 주장했다. 그의 업무는 명확한 출퇴근 시간이 없었다. 방대하고 번잡한 업무량이 늘 그를 압박하며 숨차게 할 뿐이었다. 집에 돌아가서도 여전히 밤새워 연장근로를 했다.

"예전에 5명이 하던 업무량을 셋이 나눠서 했죠. 이런 상황이 장장 1년 가까이 되었어요." 이미 이직한 동료가 설명했다. 마케팅 기획부서는 연장근로가 거의 일상이었다. 회사는 인사부담 증가에 대한 평가가 상당히 가혹하고 보수적이어서 인력은 무척 빠듯했다.

영화사의 홍보 업무에는 매체 노출 자료 수집과 분석, 선전 활동과 기자회견 기획, 보도자료 작성, 귀빈 초청, 감독과 배우의 홍보 일정 계획과 숙식 배정, 매체 연락 등 크고 작은 업무가 포함된다. 홍보부서 매니저로서 홍팡위는 앞장서서 모든 무거운 책임을 오롯이 짊어졌다.

재해 전 6개월 동안 그는 최소 11편의 홍보작업을 담당했다.

이 영화들은 대부분 흥행 대작이었고 박스오피스 1억 위안(40억 원)을 돌파하는 대박을 터뜨렸다. 홍보 이벤트가 쉴 틈 없이 이어졌다. 그중 한 편은 평가가 매우 좋아 오스카상 후보에 오른 뒤 관문을 척척 넘어 순조롭게 수상했다. 영화의 열기와 화제성이 계속해서 타오르며 영화 홍보

기간이 반년 넘게 이어졌다.

영화가 상을 받고 흥행하는 것은 좋은 일이다. 그러나 뒤에서 고달픈 것은 홍보직원이었다. 홍팡위는 그 고통을 가장 잘 알았다. 업무량이 감당할 수 없을 만큼 많았기 때문에 인력이 심각하게 부족했다. 그래서 홍팡위는 '신문 노출 보고' 업무를 외주화하자고 회사에 건의했다. 신문 노출 보고는 홍보직원이 매일 모든 신문, 잡지, 인터넷신문 등을 조사해 보도를 수집하고 통계 분석하는 것이다. 또한, TV의 관련 보도 역시 모니터링해야 했다. 단순한 일이지만, 상당히 번거롭고 많은 시간을 소모하는 일이다.

여러 차례 소통 이후 회사는 외주에 동의했지만, 경비를 과도하게 낮추는 바람에 아무 업체도 지원하지 않았다. 홍팡위는 어쩔 수 없이 외주 요구를 철회했고 아르바이트 직원이라도 채용해 관련 업무를 보조해달라고 요청했다. 그러나 몇 개월 뒤 회사는 비용 절감을 이유로 아르바이트생을 해고했다. 이런 우여곡절 끝에 이 업무는 결국 다시 홍팡위 몫이 되었다.

크고 작은 일을 떨치지 못했을 뿐만 아니라 홍팡위가 쓰러지기 일주일 전 회사의 갑작스러운 지시도 있었다. 전 직원이 오전 9시 반 이전까지 출근하라는 것이었다. 회사는 직원들이 늦게까지 연장근로 하는 것이 다음날 늦은 출근의 핑계가 되어선 안 된다고 말했다.

"집에 일찍 갈 수 있다면 누가 안 그러고 싶겠어요?" 직원 하나가 내부 회의에서 반박했지만, 회사 매니저는 여전히 연장근로가 직원이 시간 관리를 잘못한 탓이라고 여겼다. 그래서 동요 없이 엄격하게 '9시 30분 출근' 제도를 시행했다.

사실 대만 기업에서 재량근로제를 남용하는 현상은 매우 보편적이다. 특히 '출근할 때는 출근카드 체크, 퇴근할 때는 재량근로제'가 이미 일상이 되었다. 기업은 종종 책임감과 성취감을 추구하는 직원들의 특성을 이용해 초과 업무량을 감당하게 하고 비용 절감을 달성했다. 인력 긴축으로 작업은 더욱 빠듯했다. 동료끼리 반드시 서로의 일을 나눠 협업해야 하고 '휴가는 동료에게 피해를 준다'는 심리적 압박이 생겨난다. 더욱 자신을 착취해 초과량의 업무를 완성한다.

이런 과부하가 오래 계속되어 직원들이 서둘러 일하고 기한 내에 성과를 내면 고용주는 이를 당연한 것으로 여긴다. 그리고 더더욱 인력 충원을 거부하며 악순환에 빠져 직장환경은 비상식적으로 왜곡된다.

홍팡위는 비록 '책임' 직함을 달았지만, 일반 기업의 해당 직책과 달랐다. 마치 사장처럼 책임질 일이 많았지만,

지휘 감독권과 인사권한이 없었다. 사실상 수많은 일개 직장인과 다를 바 없었다. 장기간 재량근로제의 착취 지옥에 시달렸다.

불가능한 미션에 도전하다

홍팡위 가족의 진술을 다 듣고 나서 나는 일차적으로 홍팡위의 업무 상황이 과로사 인정 기준에 부합하겠다고 생각했다. 사망 원인과 직업 관련성 역시 매우 높았다. 그러나 가족, 친구의 진술 외에 더 많은 증거가 필요했다. 이 또한 과로 사건 처리에서 통상 맞닥뜨리는 곤경이다.

동생 홍밍쥔이 언론계 혹은 홍보업계를 포함해 업무적으로 홍팡위와 왕래가 있던 수많은 지인에게 물었다. 대부분 부탁에 따라 과거 그와 일하며 접했던 상황을 날인과 함께 서면으로 증언해주었고 초기에 다음과 같은 진술을 얻었다.

> "다른 미국계 영화사와 달리 수많은 사람이 공동으로 일을 분담하는 형태였다. 홍팡위의 업무량은 기본적으로 다른 회사보다 훨씬 많았다." – A씨
>
> "작년 저명한 모 감독이 선풍을 일으킬 때 그가 혼자 모든

무대의 마케팅 홍보 사무를 다 해냈다. 늘 새벽 3시경 그가 사무실에서 보낸 이메일을 받는데 다음날 오전 9시에 행사장에서 그를 봤다. 나는 놀라서 말했다. '잠은 자나요?' 그가 웃으며 말했다. '네, 3시간 정도요.' 관객이 많은 모 영화의 홍보기간이 오스카상 효과로 약 7개월이 되어 그는 거의 200여 일을 이렇게 일했다. 사실 이 영화 전에 그는 하루에 2시간밖에 못 잤다. 나는 그러면 안된다고 말했다. '영화 한 편마다 이렇게 힘을 다 쏟으면 어떻게 버텨요?' 그가 입을 삐죽이며 말했다. '그래도 어쩔 수 없어요.' 나는 다시 물었다. '이렇게 목숨을 걸고 일하시다니, 외국계 회사와 일하면 대우가 좋은가 봐요?' 그가 크게 웃었다. '아뇨, 영화가 흥행한다고 우리가 더 많이 버는 건 아니에요. 단지 대만 사람 체면을 떨어뜨리고 싶지 않아서요.' – B씨

"내가 홍팡위에게 어째서 한밤중에도 여전히 일하고 있느냐고 물었을 때 그가 대답했다. 회사에 일손이 부족한데 회사가 인력 충원을 바라지 않으니 반드시 혼자 두 사람 몫의 일을 해야 한다고. 낮에 다 못 한 일은 집에 돌아가 밤늦도록 계속했다." – C씨

가족과 지인의 증언은 홍팡위의 초과근로 상황을 분명

히 짚었다. 그러나 이는 진술에 그칠 뿐이어서 여전히 증거 능력에 한계가 있었다. 위법적 재량근로제 때문에 홍팡위의 출퇴근 기록은 전혀 없었다. 우리는 연장근로 초과시간의 입증자료를 얻기 위해 각 방면으로 증거 수집을 시도했다. 마치 형사 범죄사건 조사처럼 끊임없이 단서를 쫓아 홍팡위의 실제 업무 상황을 재현하려 시도했다.

우리는 회사 건물을 출입하는 모습이 담긴 CCTV, 개인 수첩 혹은 휴대폰 캘린더 등에서 단서를 찾으려 했다. 그러나 관련 자료를 샅샅이 뒤져도 유리한 증거를 찾지 못했다. 마지막에 개인 컴퓨터를 떠올렸다. 그가 가장 많이 사용했던 업무 도구!

컴퓨터, 휴대폰, 교통카드

홍밍쥔은 누나의 컴퓨터에서 모든 업무 관련 문서를 찾았다. 그가 쓰러지기 6개월 이내의 문서만 모아봐도 밤 10시 이후 혹은 아침 8시 이전에 저장되었다는 점을 발견했다. 놀랍게도 150개 파일에 달했다. 야간업무 상황이 확실히 심각했음을 증명하기에 충분했다.

우리는 그의 휴대폰도 조사했는데 그가 스마트폰 메신저 왓츠앱WhatsApp을 빈번하게 사용한 것을 발견했다. 그의 마케팅 기획부서 역시 단체 대화방을 만들어 업무와 관련해 소통했다. 우리는 재해 전 6개월간의 대화 기록을 추출해 자세히 분석했다. 밤 10시부터 이튿날 아침 10시 사이, 보통 사람은 잠들어 있을 시간에 그는 항상 동료와 업무 연락을 했다. 이 시간대의 통신 기록을 글자 크기 8로 설정해 인쇄했는데 A4 용지 38페이지가 넘었다.

더 분석해 보니 이 기간의 법정휴일과 주말은 총 63일이었다. 이 휴일 가운데 대화방에서 업무를 논의한 일수는 45일로 71.4% 비율에 달했다. 이는 야간뿐만 아니라 홍팡위가 휴일에도 계속 일했음을 보여주는 것이다. 쉬지 않고 일한 흔적은 메신저 대화방에서도 여실히 드러났다.

컴퓨터 문서 저장 자료와 왓츠앱의 증거는 힘이 있어 보였다. 그러나 그러모은 자료 역시 방대한 초과근로시간 실태의 겨우 일부일 뿐이었다. 매일 출퇴근 시간은 어떻게 환산해 입증해야 할지 또다시 난관에 부딪혔다.

이때 홍밍쥔이 기지를 발휘해 교통카드를 생각해냈다. 그의 누나는 출퇴근 시 지하철과 버스를 이용했기 때문에, 진출입역 교통카드 인식 기록이 설령 정확한 출퇴근 시간을 확정하지 못하더라도 집을 나서면 출근하고 회사를 나서면 집에 돌아오는 평소 홍팡위의 생활 패턴상 대략적인 출퇴근 시간의 윤곽을 그릴 수 있었다. 따라서 교통카드 기록은 노동부에 노동시간 인정의 참고 증거로 제공할 수 있다.

홍멍쥔이 교통카드의 진출입역 기록을 조회했다. 하루, 또 하루의 카드 인식 시간을 대조해 표를 만들고 통계를 내서 마침내 누나의 일일 노동시간이 대략적인 합산으로만 거의 12시간을 넘었다는 사실을 밝혀냈다. 방대하고 복잡한 교통카드 자료를 비교하는 것은 결코 만만한 일이 아니었다. 홍멍쥔은 진실을 찾기 위해 일도 그만두고 온 마음을 다해 산업재해 인정 일 처리를 해냈다. 그는 약 1개월의 시간을 들여 관련 자료를 수집하고 각 자료 모두 체계적으로 정리했으며 파일 폴더는 매우 자세하고 완벽하게 정리되어 있었다.

이 당시 증거는 이미 충분했다. 우리는 모든 자료를 노동부에 보내 과로 사건의 조사 인정을 시작했다. 5개월 여의 근로감독관 방문조사와 의사의 평가를 거쳐 노동부는 마침내 홍팡위 과로사의 직업병 인정을 통과시켰다. 이는 또한 메신저 앱을 과로사 증거 자료로 삼은 첫 번째 사례였다.

원격 연장근로와 과로의 악화

사실 상술한 사건은 아마도 단순한 개별 사건이 아닐 것이다. 대만 노동자의 장시간 노동은 이미 싱가포르와 멕시코 다음으로 세계 3위다. 그러나 상사가 언제든 메신저로 업무 지시를 내리는 현상이 갈수록 보편화되면서 초과 연장근로 문제를 더 악화시키고 있다. 노동자는 퇴근한 이후에도 여전히 업무명령에 대기하는 상태에 놓인다. 만약 메시지를 읽고 답하지 않으면 다음 날 상사의 꾸지람을 들을 것을 걱정하게 되고, 이런 보이지 않는 압력이 노동자를 끝없는 긴장 상태에 처하게 한다.

노동보험국 통계연보에 따르면, 2011년 과로로 인한 질병, 기능 상실 혹은 사망 사건이 총 88건이었다. 2012년 과로 사건은 92건으로 더 많아졌다. 비록 2013년에 뚜렷하게 하락했지만, 여전히 68명에 달한다. 2014년은 67명이었다. 4년간 총 315명의 노동자가 과로로 발병했다. 그중 137건은 사망 사건이었다. 평균 약 5일마다 한 명이 과로로 인해 발병하고 평균 약 10일마다 한 명의 노동자가 과로로 사망한다. 과로는 이미 일터의 가장 무서운 살인마가 되었다.

모든 직업병 사망 사건 중 과로가 원인인 비율은 2009

년의 50%에서 2013년 86.49%로 증가했다. 이온화 방사선, 이상 압력, 이상 온도, 저산소증, 중금속 및 기타 화합물, 유기용제 혹은 가스 화학물질, 유기 유해물질, 광부진폐증 및 합병증, 규폐증 및 합병증, 직업 관련 암 등 모든 요인을 훌쩍 뛰어넘어 직업병 사인 1위가 되었다.

[표] 직업병 사망 중 과로사 점유율

	2009년	2010년	2011년	2012년	2013년
직업병 사망자 수	14	24	57	46	37
과로사 사망자 수	7	19	48	38	32
직업병 사망자 중 과로사 점유율	50%	79.17%	84.21%	82.61%	86.49%

자료 출처: 노동보험국 통계연보

다른 나라들도 마찬가지로 '원격 연장근로' 문제에 직면했다. 관련 보도에 따르면 독일 직업안전보건연구소는 2008년부터 2011년까지 독일인이 심리적 요인으로 병가를 신청한 일수가 40% 넘게 늘어난 것을 발견했다. 이를 개선하기 위해 독일 금속공업노조(IG Metall)가 내놓은 대응책은 오후 6시 15분부터 다음날 오전 7시 사이에 어떠한 이메일도 직원의 휴대폰으로 보내지 않아야 한다는 것이었다. 노조는 이를 기업에 요구했고 이후 폭스바겐을 포함한 대기업 모두 이 정책을 따랐다. 최근에는 회사 서버에 메일 전송을 막는 가상 댐을 설치하고 기업은 퇴근 시간에 직원의 휴대폰으로 이메일을 전송해서는 안 된다고 규정했다.

이와 비교하면 연장근로시간이 독일을 훨씬 뛰어넘는 대만은 독일만큼 문제 해결에 적극적이지 않다. 지금까지도 원격 연장근로 문제에 대한 관련 예방조치가 제시되지 않고 있다. 노동자가 인터넷 혹은 메신저를 통해 집에서 연장근로를 하는 '가려진 노동시간'이 갈수록 심각해지고 있다. 홍팡위는 바로 그런 사례다.

한발 늦은 사직서

2013년 3월 25일 밤 11시, 홍팡위는 MSN 메신저로 친구에게 말했다. "누군가는 죽어 나갈 거야. 하지만 내가 그 사람이 되고 싶진 않아. 너무 허무하잖아!" 홍팡위는 친구에게 자신의 업무가 얼마나 힘든지 토로했다. 당시 그는 이미 몸에 이상이 있음을 느끼고 있었다. 말이 씨가 될 줄 미처 몰랐다.

홍팡위의 컴퓨터에서 자료를 수집할 때 홍밍쥔은 회사 상사에게 보내는 한 통의 메일을 발견했다. 영문으로 작성되었고 저장 시간은 2013년 3월 26일 새벽 2시 40분이었다. 대략 쓰러지기 2주 전이다. 메일의 첫 세 단락은 다음과 같았다.

"I don't normally cry for help, but this time is quite serious, and I wonder if you could help!"
평소 저는 도움을 요청하지 않습니다. 그러나 이번은 정말 상당히 심각합니다. 저를 도와줄 수 있으신지 모르겠습니다.
"Health condition getting worse."
건강 상태가 점점 나빠지고 있습니다.
"As u knew what I told Marcel, I feel very lonely to do PUBLICITY alone all the way!"
제가 Marcel에게 말했던 걸 알고 계시겠지만, 지금까지 늘 저 혼자 홍보업무를 맡아 온 것이 무척 힘겹게 느껴집니다.

짤막한 몇 문장이 일의 고단함과 고통을 말해주었다. 나는 그가 한밤중에 이 편지를 쓴 심정을 짐작해보았다. 분명 비통함과 고립감에 사무쳤을 것이다. 이 편지에서 그는 처리해야 할 업무량을 열거하고 각 업무에 필요한 시간, 비용과 인력 배분의 어려움을 상세하게 산출했다. 또한, 업무 부하가 과다하기 때문에 성과도 기대에 미치지 못하는 문제도 보고했다.

"I always do whatever I can to reach our goals and to accumulate the maximum media value, but when all things collide together, I just have to give up media's inquiries. If miss, lose the opportunities to be covered."

저는 목표를 달성하고 최대한의 매체 효과를 내기 위해 늘 전력 질주했습니다. 그러나 모든 일이 한꺼번에 몰려 상충하면 매체 취재 요청을 포기할 수밖에 없었습니다. 일단 놓치면 우리는 보도 기회를 잃는 것입니다.

이로부터 그가 일에 전력투구했으나 인력 부족으로 이상적인 효과를 얻지 못하면서 무력감을 느끼게 되었다는 걸 알 수 있었다. 그 안에서의 피로, 고통, 심신의 압박은 다른 사람이 상상하기 어렵다.

홍팡위가 이미 회사를 향해 구조신호를 보냈지만, 업무 상황은 여전히 개선되지 않았다. 회사의 상사와 고위층 중에 이 비극에 손을 내밀어 구하려 한 사람은 아무도 없었다. 회사는 보고도 못 본 체했을 뿐만 아니라 심지어 업무 규칙까지 변경하며 오전 9시 30분 출근을 강요했다. 이는 그의 업무 부담을 더 가중했고 마땅히 취해야 할 몸과 마음의 휴식을 전혀 누릴 수 없게 했다.

근심 걱정에 시달리던 홍팡위는 사실 이미 탈출을 시도했었다. 다만 죽음의 신보다 한걸음 늦었을 뿐이었다. 홍팡위의 컴퓨터에서 우리는 또 다른 문서를 하나 발견했다. 저장 시간은 2013년 4월 6일 오전 2시 53분이었다. 쓰러지기 불과 사흘 전이다. 그것은 새로 작성한 이력서였다. 장기간 업무 스트레스에 시달리며 여러 차례 회사에 문제를 제기해도 답을 얻지 못하자 홍팡위는 회사에 철저히 실망했다. 그래서 이직을 마음먹었다. 그가 마침 사직서를 내려고 했을 때 몸은 이미 장기간 초과 연장근로와 업무 스트레스의 과중으로 엉망이었고 결국 무너지고 말았다. 소중한 한 생명이 이렇게 쓰러졌다.

내 딸이 돌아오기만 바라요

"팡위가 마지막에 제게 전화했어요. 일이 너무 힘들어서 그만두고 싶다고 말했어요. 그 말을 떠올릴 때마다 마음이 너무 아파요." 홍 씨 어머니는 딸의 일을 돌이켜보며 주르륵 눈물을 흘렸다.

어머니는 딸아이에게 빨리 일을 그만두라고 단호하게

권유하지 못한 것을 후회했다. 산업재해는 이처럼 갑자기 닥쳐 가족들도 미처 손쓰지 못 하게 한다. 만약 이렇게 했으면, 애초에 그렇게 했으면 슬픈 일이 생기지 않았을 거라고 생각하게 된다. 그래서 유족은 자책하고 부정적인 감정에 빠져든다.

학력이 낮아 사람들로부터 무시당하며 살아온 홍 씨 어머니는 딸아이를 잘 키우겠다고 결심했었다. 딸아이는 자기처럼 멸시받지 않고 당차게 살기를 바랐다. 딸이 고등학교를 졸업한 후에는 곧장 미국 대학으로 진학시켰다. 홍 씨 어머니는 당시 병원에서 간호 일을 했는데 딸의 미국 유학을 뒷바라지하기 위해 거의 일 년 내내 쉬지 않고 일했다. 홍팡위도 어머니를 실망시키지 않았다. 학교 공부에서나 직장 업무에서 항상 매우 뛰어난 성적을 냈다. 일 때문에 결국 목숨을 잃을 거라고 생각지 못했다. 홍 씨 어머니는 통곡했다. "그 애는 내 보물이에요. 그냥 딸아이가 돌아오기만을 바랄 뿐이에요."

산업재해 결과는 언제나 돌이킬 수 없다. 노동자의 몸에 고통이 따를 뿐 아니라 가족에게도 커다란 상처가 남는다. 특히 산업재해 보상 및 배상 과정에서 고용주는 늘 책임을 회피하고 산업재해 발생 원인을 노동자에게 전가한다. 이는 노동자와 가족들에게 2차 가해가 될 수 있다.

그러나 산업재해 노동자와 가족을 위한 심리 상담 서비스는 여전히 부족하다. 홍 씨 어머니와 같은 가족은 아주 많다. 그들은 가족을 잃은 고통을 딛고 보상을 요구하는 멀고 먼 길을 역풍을 맞으며 표표히 걷는다. 그래서 제도를 개선해 상처 입고 고통받는 가족들을 좀 더 지원하는 것 또한 산업재해 노동자 권리 보장을 촉진하는 중요한 한 걸음이 될 것이다.

제2부

제도가
사람을
죽인다?

9장

과로 일터 현장 기록

1984년에 제정된 대만의 근로기준법은 가장 기본적인 노동 보장 근거 기준이다. 노동계약의 시행과 종료, 임금 지급, 노동시간 상한, 정년퇴직 혹은 산업재해 보상에 관해 모두 명확한 규정이 있다. 노동시간 관련 규정도 여러 차례 개정을 거쳤다. 그중 비교적 큰 개혁은 2000년 시행한 '격주 2일 휴무제'다. 노동시간 상한은 원래 일주일에 48시간을 초과해서는 안 된다는 것이었는데 2주에 84시간을 초과할 수 없는 것으로 수정되었다(2001년부터 시행).

1995년부터 노동위원회는 줄곧 '노동시간 단축'을 주요한 정책 목표로 삼았다. 그러나 재경기관과 기업의 인식이 달라 시행되지 못하고 계속 미뤄졌다. 공무원과 국영기관은 1998년부터 격주 2일 휴무를 시행했지만, 일반 노동자의 휴무는 주 1일이었다. 당시 노동단체들이 국제 조류에 부합하는 규정을 제시했는데, 이는 노동시간 상한을 주 40시간으로 개정하고 2일 연속 휴무, 즉 주 2일 쉬는 것이었다. 노동단체와 기업 양쪽의 서로 다른 압박을 받은 국회는 결국 2주 84시간으로 노동시간안을 절충해 통과시켰다.

국회가 이후 통과시킨 '공무원 복무법 수정안'으로 공무원 노동시간 상한은 주 40시간으로 줄었고 주 2일 휴무제가 도입됐다. 입법자는 공무원이 솔선하여 주 2일 휴무를 시행함으로써 기업이 따라오길 기대했다.

2015년 5월, 대만에서 과로사 사건이 빈번히 일어나 장시간 노동 문제의 심각성에 관한 여론이 점차 늘었고 근로기준법이 수정되기에 이르렀다. 기존 노동시간 상한인 '2주간 84시간을 초과할 수 없다'는 조항은 '주간 40시간을 초과할 수 없다'로 수정됐다.

주간 노동시간 상한이 40시간이 된 이후 주 2일 휴무가 정착될 것이라 기대했지만, 곧 수많은 서비스업이 노동시간을 임의로 나눠 쓴다는 사실이 드러났다. 40시간을 주 6일 업무일로 나눠 노동자가 실질적으로 주 6일 일해야 했으니 원래의 입법 의의를 달성할 수 없었다. 그래서 2016년 12월 법이 다시 개정됐다. 이는 통상 '일례일휴一例一休'*

....

* 　　　대만 정부가 2016년 추진했던 노동 일수 개혁정책으로 주 2일 휴무 전면

개정법으로 불리며 다음 내용을 포함한다.

○ 노동자는 7일마다 2일의 휴무가 있어야 한다. 그중 하루는 정기휴일(기존 규정)로 칭하고 다른 하루는 휴일(신설)로 한다.

○ 정기휴일에 출근해서는 안 된다.(기존 규정) 휴일 출근 시 휴일수당은 평일 연장근로수당의 두 배로 산정한다.

○ 휴일 임금은 4시간 이내 근무한 자는 4시간, 4시간 초과 8시간 이내 근무한 자는 8시간으로 계산한다. 8시간 초과 12시간 이내 근무한 자는 12시간으로 계산한다.

○ 교대제 근무의 경우 최소 연속 11시간의 휴식시간이 있어야 한다.

○ 신규 채용된 이후 6개월 근무하면 3일의 유급 휴가를 가질 수 있다.

'일례일휴'가 통과되자마자 이를 예상치 못했던 사회 각층에서 논란이 끊이지 않았다. 경영계는 이 개정법이 기업 경영 비용을 높인다고 지적했고, 이같은 운영에 따른 충격

....

시행을 목적으로 한다. 일주일 중 하루는 고용주가 노동자에게 초과근로를 요구할 수 없는 온전한 휴일이고, 다른 하루는 고용주가 노동자에게 근무를 요청하려면 초과근로수당을 제공해야 한다.

으로 기업들이 도산할 거라고 경고했다. 심지어 노동계는 일례일휴로 인해 사업주가 비용을 아끼려 들 것이고, 야근을 막을 것이므로 임금이 크게 줄어들 거라고 우려했다. 이런 이야기들이 설사 현실과 부합하고 일례일휴가 실제로 이런 결과를 낳는다 하더라도 검증은 필요하다.

중앙연구원 사회학연구소의 린종홍 부연구원이 진행한 연구조사 분석에 따르면, 일례일휴가 시행된 지 반년이 지난 후 노동시장에 미친 영향은 다음과 같았다. 전체 평균 임금 상승, 임금성장률 전년 및 전반기 대비 증가, 실업률 감소. 이뿐만 아니라 중앙연구원 사회학연구소가 실시한 사회 동향조사에 따르면, 설문 응답자의 88%가 일례일휴 공표 이후 임금과 노동시간에 영향이 없었다고 말했다. 영향이 있다고 응답한 사람 중에는 평균 임금 상승, 노동시간 감소 등 긍정적인 영향이 포함되어 있었다. 관련 연구는 일례일휴 시행 후 전체 노동환경에 긍정적인 결과가 나타났음을 보여주었다.

그러나 행정원은 강력하게 개정을 제기하는 재계의 막대한 압력에 따라 일례일휴가 통과된 지 1년만인 2018년 1월 재개정을 진행했다. 노동계는 이를 '근로기준법 개악' 이라고 칭한다. 주요 개정 내용은 다음과 같다.

○ 탄력적 연장근로시간 추가: 매월 연장근로시간 상한은 46시간이다.(법정 휴일 연장근로시간 불포함) 그러나 사업주는 노조의 동의를 거쳐(사업장에 노조가 없다면 노사협의회의 동의를 거쳐) 매월 연장근로시간 상한을 54시간으로 할 수 있다. 단, 3개월에 138시간을 초과해서는 안된다.

○ 휴일 연장근로수당 실측 정산: 지난 개정시 통과된 휴일임금 계산, 즉 4시간, 8시간, 12시간 단위 계산을 없애고 실측 정산으로 바꾸었다. 만약 1시간 일하면 1시간 휴일근무수당만 지급하면 된다.

○ 교대제 간격 축소: 교대제를 채택하는 경우 교대 시 최소 연속 11시간의 휴식시간을 두어야 했다. 그러나 업무특성에 따라 혹은 특별한 사유가 있으면 노동부 공고를 거쳐 휴식시간을 8시간으로 줄일 수 있게 했다.

○ 7일 1휴 원칙 완화: 노동자는 7일 중 하루는 정기휴일로 쉬어야 하며 연장근로를 해서는 안 된다. 그러나 노동부가 지정한 업종에서는 정기휴일을 7일 주기 내에서 조정할 수 있다. 즉 노동자는 최장 12일 연속으로 일할 수 있다. 예를 들어 만일 첫째 주의 정기휴일이 첫째날이고 연속 6일 근무 후 두 번째 주의 정기휴일이 가장 마지막 날이라면 다시 6일을 일한 뒤에야 하루를 쉴 수 있다. 이처럼 2주의 처음과 끝에 정기휴일을 두면 연속 근무일이 12일에 달한다.

우리는 노동시간과 건강 관련 국제 연구 20여 건에 근거해 법 개정이 노동자 건강에 미칠 위험을 다음과 같이 정리했다.

1. 교대 간격 8시간으로 축소: 교대 간격이 11시간에 미달하는 근무 형태(신속 교대제)에서 노동자는 과로, 근골격계질환, 수면 및 피로 문제, 일/가정 불균형 등 심신 건강의 위험이 증가한다. 동시에 병가 사용과 작업 중 사고 발생 확률이 증가한다. 2014년 대만의 한 연구 보고에 따르면 수면시간이 6시간에 미치지 못할 때 관상동맥성 심장질환 및 급성 심근경색 발생 위험이 충분한 수면을 취하는 사람의 3~3.3배인 것으로 나타났다.

2. 휴일 연장근로수당 실측 정산과 7일 1휴 원칙 완화: 휴일에 초과근로수당을 추가하는 '가격 제량以價制量'* 설계를 떼어내 노동자 휴일 출근을 증가시켰고, 느슨해진 '7일 1휴' 원칙으로 연속 12일 일할 수 있게 함으로써 노동자가 정상적인 주기의 휴식을 할 수 없는 상황을 초래했다. 8편의 국제 연구보고서에 따르면 정상적인 주기의 휴식을 취할 수 없거나 연속 근무일이 6일 이상일 때 동맥경화, 비

만, 고지혈증, 대사증후군, 작업 중 사고 위험이 증가한다. 목과 어깨 등 근골격계질환의 발병 위험도 1.4~1.9배 늘었다. 또한 일이 생활에 영향을 미치고 노력−보상 불균형 (effort−reward imbalance)*의 심리 스트레스 문제를 야기한다.

3. 월 연장근로시간 상한 54시간, 3개월 총 연장근로시간 상한 138시간: 이 개정의 취지는 긴급 주문 등의 돌발상황이나 계절적 인력 수요에 따라 사업주가 노동자에게 일정 시간 동안 집중적으로 연장근로를 요구할 수 있다는 것이다. 이는 극단적으로 노동자가 연속 4개월 동안 매월 54시간 연장근로하는 상황을 만들 수 있다. 수많은 연구에 따르면 매일 평균 노동시간이 11시간을 넘을 때, 매일 노동시간이 7~9시간일 때보다 급성심근경색 위험이 2.9배 높다. 일주일 노동시간이 60시간 이상인 경우 역시 심혈관질환 위험이 증가한다. 이뿐만 아니라 미국의 연구 보고에 따르면 일주일 노동시간이 66시간을 초과할 때 작업 중 사고 위

....

*   Johannes Siegrist가 개발한 것으로, Karasek의 직무긴장 모형과 함께 대표적인 직무 스트레스 모형의 하나다. 이 모형은 직장생활에서 비용(노력)과 이득(보상) 사이의 상호성(reciprocity) 결여가 부정적 감정과 지속적인 스트레스 반응을 야기한다고 본다. 즉, 노력에 비해 보상이 적은 경우 노동자는 신체적, 정신적 건강에 부정적 영향을 받는다.

험이 1.88배 높아지는 것으로 나타났다.

이번 근로기준법 개정은 노동자를 과로하게 만들고 건강을
더욱 악화시킬 것이 틀림없다.

2주마다 1명 과로사

역대 노동자의 연간 총 노동시간 변화를 보면([그림]) 법
개정 후 노동시간이 뚜렷하게 줄어들었다. 그러나 근래 들
어 노동자 과로사 소식은 오히려 예전보다 빈번하게 전해

[그림] 대만의 역대 노동시간 변화 추이(단위: 시간)

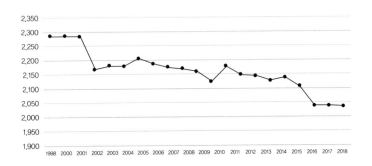

자료 출처: 노동부 국제노동통계
* 참고: 2001년 2주 84시간 근로 시행
2009년 금융위기, 실업 · 무급휴가 증가
2015년 주 40시간으로 노동시간 단축
2017년 일례일휴 정책 시행

진다. 최근 9년간 노동보험에서 심사한 과로사건은 679건이었다. 그중 236명이 사망했다. 평균 약 5일마다 1명의 노동자가 과로로 발병하고 약 2주마다 1명의 노동자가 과로로 사망한다.

법정 노동시간이 줄어드는데 어째서 과로가 늘어나는 모순이 발생할까? 현행 법정 노동시간에는 여전히 수많은 문제점이 나타난다.

대만 노동시간 세계 4위

2015년 새로운 근로기준법이 시행되고부터 당해 주간 법정 노동시간은 40시간으로 줄었다. 그러나 대만은 '철인 국가' 대열에서 결코 벗어나지 못했고 총 노동시간은 다른 나라를 훨씬 초과했다.

노동부 통계에 따르면, 2018년 취업자의 연간 총 노동시간은 여전히 2,033시간에 달해 한국보다 28시간 많다. 일본의 1,680시간, 미국의 1,786시간, 캐나다의 1,708시간, 프랑스의 1,520시간, 독일의 1,363시간, 영국의 1,538시간과 비교했을 때 대만 노동자의 노동시간은 기타 선진국가를 월등히 추월하며 약 12~32% 더 높다. ([표1], [표2] 참고)

[표1] 각국 취업자의 평균 연간 노동시간(단위: 시간)

연도	대만	한국	일본	미국	캐나다	프랑스	독일	영국
2017	2,035	2,018	1,709	1,780	1,695	1,522	1,360	1,543
2018	2,033	2,005	1,680	1,786	1,708	1,520	1,363	1,538

[표2] 2018년 대만 노동시간과 각국 노동시간 비교(단위: 시간, %)

국가	한국	일본	미국	캐나다	프랑스	독일	영국
차이(시간)	28	353	247	325	513	670	495
차이(비율)	1.38	17.36	12.15	15.99	25.23	32.96	24.35

자료 출처: 노동부 국제노동통계

    노동부 국제 통계보고서에 따르면 2018년 경제협력개발기구(OECD) 30여 개 회원국 및 옵서버 국가 중에서 대만은 연간 총 노동시간 2,033시간으로 1위 싱가포르(2,330시간), 2위 멕시코(2,148시간), 3위 코스타리카(2,121시간)의 뒤를 이어 4위에 올랐다.

    한국은 과거 노동시간이 대만보다 길었으나 최근 연간 노동시간이 계속 감소하며 2008년 2,209시간에서 2018년 2,005시간으로 총 204시간 줄었고, 2010년 처음으로 대만보다 낮아졌다. 비록 2016년에 다시 2,068시간으로 대만의 2,035시간보다 길었으나, 이듬해 다시 대만보다 낮아졌다. 노동시간은 경제 발전에 따라 증가한 것이 결코 아니다.

선진국의 노동시간은 보편적으로 모두 줄어드는 추세다. 그러나 대만은 2015년 이전까지 10여 년간 감소 폭이 극히 미미해 노동시간 변화는 거의 수평을 유지했다. 2001년 법정 노동시간이 줄어든 이후 2014년까지 총 30시간이 줄었을 뿐이며 감소 폭은 1.4%이다. 2016년 재개정으로 법정 노동시간이 줄어든 후에야 비로소 뚜렷한 감소를 보였다. 대만의 장시간 노동환경은 국제적으로 악명 높고 항상 상위권에 이름을 올린다.

장시간 노동의 결과는 바로 노동자의 뇌심혈관질환 발병이 더욱 쉬워지는 것이다. 신빙룽 교수 등은 연구보고서에 다음과 같이 밝혔다. "의학적으로 장시간 노동의 장력은 교감신경계통의 활성을 증가시킨다. 그로 인해 혈액 중 노르에피네프린Norepinephrine이 높은 농도를 유지하게 된다. 노르에피네프린은 혈액 압력을 높이고 심장을 더 빨리 뛰게 만들기 때문에 장시간의 자극은 심장과 혈관에 영향을 주고 병변을 생성한다. 더 나아가 심혈관질환의 발병 기회를 증가시킨다. 일본의 한 학자는 급성 심근경색을 앓은 노동자와 건강한 노동자를 비교한 후 발병한 노동자가 건강한 노동자보다 매우 뚜렷하게 주간 노동시간이 길었고, 발병 1개월 전 생활에서 더 많은 급성 스트레스 사건이 발생했음을 발견했다. 게다가 서구의 한 학자는 과로와 높은 업무 스트레스가 혈소판 활성화를 촉진해 일종의 혈액 응고 촉진 상태(hypercoagulable state)가 되고 이로 인해 뇌졸중의 위험이 증가한다는 사실을 밝혀냈다."[1]

감춰진 노동시간이 없는 곳이 없다

대만의 노동시간은 길다. 공식 통계 자료에서 이미 국제적으로 알려져 있다. 그러나 실제 노동환경은 더 열악할지도 모른다. 감춰진 노동시간이 계산에 포함되지 않았기 때문이다. 소위 말하는 '출근할 땐 출근카드 체크, 퇴근할 땐 재량근로제'로 출근 시간은 있지만 퇴근 시간은 없다는 것이 이미 공공연한 비밀이다.

예를 들어 간호사는 늘 정해진 퇴근 시간이 다가오면 먼저 카드를 찍어 퇴근 시간을 기록해 두고 다시 계속 일한다. 병원은 심지어 '누적/대체휴무' 제도를 개발해 간호사의 노동시간 조정에 이용함으로써 근로기준법을 교묘히 피하고 오히려 간호사의 업무부담을 가중시켰다.

'누적휴가'는 평소 연장근로한 시간을 누적했다가 나중에 보상 휴가를 쓰는 것을 말한다. '대체휴가'는 고용주가 당일 업무 상황을 보고 휴가를 줄 근로자를 지정해 출근하지 않도록 하는 것을 말한다. 그리고 이때 휴가 당일 노동

시간을 누적휴가의 연장근로시간에서 차감해 연장근로수
당을 회피하는 방법으로 쓴다.

현장의 수많은 간호사에게 사용할 수 없는 휴가 수백 시
간이 쌓이고, 병원은 몇 번이나 더 깎은 금액으로 누적휴
가시간을 청산하는 것이다. 근로기준법상 연장근로수당
계산방식의 심각한 위반이다.

직장에서 고용주는 또한 인력을 탄력적으로 관리하기
위해 항상 노동시간을 분할하여 잘게 쪼갠다. 휴식을 끊임
없이 조정해야 하는 노동자는 충분히 쉴 수가 없다. 예를
들어 과로로 뇌졸중을 겪은 여객운송 기사(7장 참고)는 재
해 전 노동시간이 아주 잘게 쪼개져 있었다. 그는 매일 오
후 2시에 출근해서 밤 12시까지 차를 몰았지만, 6시간 휴
식 후 다시 운전대를 잡아야 했다. 두 차례 운행한 뒤에는
얼마 쉬지 못하고 또 출근해야 했다.

전체 노동시간으로 보자면 고용주는 비록 1일 12시간
의 법정 노동시간 상한(연장근로 포함)을 위반하지 않았지
만, 이처럼 잘게 쪼개진 노동시간의 배분은 노동자가 충
분한 휴식을 취할 수 없게 만들어 과로 문제를 발생시킨
다. 출근 시간이 기록된 숫자에는 감춰져 드러나지 않는
부분이다.

간호사의 기형적인 근무표는 더욱 보편화되었다. 대형

병원부터 요양시설까지 전부 이런 현상이 나타난다. 간호사는 일주일 사이에 데이타임, 이브닝타임, 나이트타임 중 늘 2가지 혹은 3가지 근무시간을 교대한다. 그래서 어떤 간호사는 밤 12시에 퇴근한 뒤 다음 날 아침 7시에 서둘러 출근해야 하고, 데이타임까지 이어서 일하다 보면 항상 기진맥진해 정신이 흐려진다.

근래 심각한 노사쟁의가 발생한 모 항공사에서는 승무원들이 직접 교대제 시간 문제를 항의했다. 2009년 대만과 중국이 직항 노선을 연 이후 야간운항이 대폭 증가했고 해당 항공사만 해도 야간운항이 40%를 차지했다. 승무원은 늘 야간근로에 맞춰야 했고 일부 승무원은 근무시간 사이 휴식시간이 겨우 10시간이었다. 어느 때는 오후 5시에 퇴근하고 다음날 새벽 3시에 또 비행해야 했다. 승무원들은 수면 부족으로 실핏줄이 터져 충혈된 두 눈으로 근무했고 그들은 자조하며 '붉은 눈 항공사'라고 불렀다.

이뿐만이 아니다. 근래 과학기술의 진보에 따라 인터넷이 발달하고 스마트폰, 모바일 기기의 보편화로 각종 실시간 통신 소프트웨어가 끊임없이 나왔다. 이들 과학기술 응용 도구는 생활의 편리함을 가져다주었지만, 기업 상사들이 직원들을 원격 조종하는 수단이 되었다. 상사들은 휴대폰 메신저, 이메일 등을 이용해 업무 지시를 함으로써 노동자가 항상 대기하고 상사의 명령에 대답하도록 만들었으며 '원격 연장근로'라는 새로운 형태의 문제를 파생시켰다. 노동자의 과로 위험은 더욱 심각해졌다.

도둑맞은 휴일

직장환경에서는 각기 다른 유형의 '감춰진 노동시간'이 넘쳐난다. 노동자의 실제 노동시간은 늘 낮게 평가된다. 특히나 일부 기업은 휴가 일수를 가차 없이 깎는다. 자주 보는 수법은 연장근로수당을 주지 않거나 '재량근로제'라는 이름으로 초과시간 근로 관행을 따르는 것이다. 노동자는 휴식시간을 희생하면서도 연장근로수당은 받지 못한다. 고용주는 악의적으로 노동자의 휴식시간을 탈취하고 심지어 휴가일을 훔쳐갈 방법을 개발한다. 이것들 역시 직장 과로 문화 현상을 조장하는 것이다.

어느 유명한 일본계 화장품 회사에서 대담한 사기 수법으로 노동자의 휴일을 도둑질한 일이 발생했다. 당해년도의 노동절이 마침 일요일과 겹쳐 법에 따라 반드시 별도의 보충 휴일 하루를 부여해야 했다. 그러나 회사는 자체 공지를 통해 그날 8시간 근무를 480분으로 환산하고 다시 연간 약 250영업일로 균등 배분해 직원들이 매일 2분 일찍 퇴근하게 했다. 단순한 셈법의 이전처럼 보이지만, 이는 휴식을 0으로 만드는 결과였다. 직원은 하루 휴일을 고스란히 손해 보았다. 퇴근 시간을 2분 앞당기는 것으로 직원의 부담을 덜어줄 수 없었으며 충분한 휴식의 의미도 달성하지 못했다. 마치 '도둑맞은 휴일' 같았다.

도둑맞은 휴일은 수없이 많고 과로 환경은 갈수록 악화된다. 결국, 지친 노동자는 스스로 운이 없다고 여길 뿐 도둑맞은 휴일을 절대 되찾을 수 없다.

노동자의 식민 조계

시행 초기에 근로기준법은 모든 노동자에게 널리 적용되지 않았고 농업, 임업, 어업, 목축업, 제조업, 건설업에만 적용되었다. 그래서 노동단체는 줄곧 모든 피고용자가 근로기준법을 보장받아야 한다고 외쳤다.

1996년 서비스 노동자에게 근로기준법이 광범위하게 적용되자 기업들은 극렬히 반대했다. 이들은 무분별한 법 개정으로 서비스업주가 받을 충격이 너무 크다고 주장했다. 인사 비용이 대폭 늘어날 뿐만 아니라 업무 성격의 특수성, 가령 버스의 경우 한 회차 운행 시간이 12시간 이상이기 때문에 노동시간 관련 법규에 부합할 수 없다는 것이었다.

결국, 다자간 힘겨루기 끝에 국회는 근로기준법 제84조 제1항을 추가 제정했다. 노동위원회의 심사 결정을 거쳐 공지한 작업자에 한해 노사 쌍방이 별도의 노동시간을 정할 수 있다는 규정이었다. 고용주는 이렇게 약정한 노동시간을 관할 기관에 알리고 심의등록을 요청해 근로기준법 노동시간의 보장 적용 제외를 확인받아야 한다. 이 책에서는 이렇게 배제된 노동자를 '노동시간 무보장 직군'이라고 칭한다.

바꿔 말하면, 일단 노동부를 거쳐 해당 조항 적용으로 공표되면 고용주는 노동자와 노동시간을 약정할 수 있고, 고용주가 약정한 노동시간을 관할 기관에서 심의등록하면 노동자는 근로기준법의 노동시간 보장을 상실한다. 이는 노동자의 심신에 지대한 영향을 끼친다. 자본가가 제멋대로 할 수 있으니 노동단체는 심지어 이를 '노동자의 식민 조계'라고 비판한다.

근로기준법은 최소한 다음 몇 가지를 기본 보장한다.

— 매일 정규 노동시간은 8시간을 초과해서는 안된다.
— 매일 연장근로시간은 정규 노동시간과 합해 12시간을 초과해서는 안된다.

- 1주간 총 노동시간은 40시간을 초과해서는 안된다.
- 매월 연장근로는 46시간을 초과해서는 안된다.(노조 혹은 노사협의회 동의를 거쳐 월 54시간까지 늘릴 수 있다. 그러나 3개월간 138시간을 초과해서는 안된다.)
- 매 7일마다 최소 1일의 휴일이 있어야 한다.
- 법정 휴일은 휴일이어야 한다.

근로기준법 제84조 제1항 규정을 살펴보면 중앙 관할 기관(노동부), 피고용자와 지방관할기관(노동국, 노동처 혹은 노동과)을 포함해 표면적으로 3개의 관문을 설계한 것처럼 보인다. 그러나 유감스러운 것은 노동부나 지방정부의 노동국/처 모두 관리가 소홀하며 '관문'이 단지 형식에 불과하다는 것이다.

절차를 자세히 따져보면 우선 1차 관문은 바로 중앙 관할 기관의 기능이다. 법령 규정에 따르면 노동부는 속칭 '재량근로제'를 적용할 작업자를 심사 결정하여 공지하는데 이는 아래 조건에 부합해야 한다.

1. 감독, 관리인력: 고용주의 고용으로 사업의 경영 및 관리 업무를 담당하고 일반 노동자의 고용, 해고 혹은 노동조건에 대해 결정 권한을 갖춘 관리자급 인력을 지칭.

2. 재량근로제 전문인력 : 전문지식이나 기술로 일정한 임무를 완성하고 그 성패를 부담하는 작업자를 지칭.

3. 감시적 업무 : 일정 장소에서 감시를 주된 업무로 하는 것을 지칭.

4. 간헐적 업무 : 업무 자체가 간헐적인 방식으로 진행되는 것을 지칭.

5. 기타 특수 성격의 업무

위의 조건에 부합하기만 하면 업주는 노동부에 공고를 신청할 수 있다. 노동부는 '근로기준 자문위원회'에 심사를 보내는데 위원회 구성원은 노동자 대표, 고용주 대표, 전문학자로 구성되며 각각 3분의 1의 비중을 차지한다. 하지만 노동부는 심사 결정 원칙과 기준이 없고 위원 심사는 근거가 없다. 업주가 제공한 자료만으로 자체 판단할 뿐, 심사 결과가 합리적인지 의문이다.

두 번째 관문은 노동시간을 약정한 당사자다. 근로기준법 제84조 제1항의 '노동시간 무보장 직군'에 들려면 고용주가 노동자와 노동시간을 약정해야 하고 그런 다음 약정한 노동시간을 지방정부의 노동국/처 혹은 노동과에 보내 심의등록한 뒤에야 비로소 근로기준법 노동시간 규정에서 제외될 수 있다. 그러나 대만 직장에서 노사관계는 극히 불평등하다. 노동자가 고용주와 직접 노동시간을 약정한다고 해도 이는 결국 '고용주가 말하면 그뿐'으로 노동자 권익은 보장받기 어렵다.

그렇다면 마지막으로 지방정부는 관문을 잘 지킬 수 있을까? 이미 노동부가 관문을 지키지 못하는 마당에 지방 담당기관이 노동자 권익의 마지막 수문장이 되어야 한다고 기대했었다. 그러나 적용을 지정하는 작업자 유형이 천차만별이고 애초에 노동시간 심사의 참고 원칙이 없어 지방관할기관의 '심의등록' 권한은 전시 행정으로 변질되기에 이르렀다. 마지막 관문 역시 지켜지지 못했다.

그래서 법규로 설계된 정부 관문 제도는 한 번의 공격조차 제대로 막지 못하고 자멸했다. 보안요원이 바로 명백한 피해 직군이다.

보안업의 비애

대만의 보안업은 빠르게 발전했다. 《천하잡지天下雜誌》*의 2010년 통계에서 8년 연속 이익률 15%를 달성한 대만 기업은 33곳이었는데 그중 보안업이 2곳을 차지했다. 고수

....

*   중국어 번체로 된 대만의 경제 전문 주간지.

익의 유혹은 수많은 업자가 이 영역에 발을 들여놓게 했다. 전국의 보안회사는 650곳이 넘었고 종사자 수는 7만 명이 넘었다.

보안업 경쟁이 치열했기 때문에 고객 유치를 위해 수많은 회사가 불합리한 수준까지 서슴없이 가격을 낮췄다. 이렇게 낙찰된 후에는 보안요원의 노동조건을 후려쳤다. 보안요원은 장시간 노동, 높은 스트레스, 저임금, 높은 이직률의 노동환경에 처했다.

2011년 이전 각 지방정부가 조사한 보안요원 노동시간은 월 약 288~360시간이었다. 이는 이미 '사망지표'의 노동시간이다. 일반 노동자의 정상 노동시간이 월 184시간을 초과해서는 안 된다는 당시 근로기준법 규정을 훌쩍 뛰어넘는다.* 더욱 이해하기 어려운 것은 조사된 보안요원의 노동시간이 심지어 노동부에서 정한 '과로사' 인정 기준을 초과한다는 것이다. 보안요원 모두에게 과로의 그림자가 뒤덮여 있는 게 아닌가.

일전에 현금 수송 보안요원의 폭로가 있었다. 그들의 평상시 노동시간은 월 312시간, 연장 노동시간은 월 48시간

....

*   2016년부터 법정 노동시간이 2주 84시간에서 1주 40시간으로 바뀌었기 때문에 현행 월 기본 노동시간은 176시간이다.

에 달해 총 360시간이나 됐다. 연중무휴로 매일 12시간 일했지만, 2만 위안(80만 원)의 얄팍한 월급봉투를 쥘 수 있을 뿐이었다.

현금 수송 보안요원의 업무는 운전, 현금 수송, ATM 지폐 보충 등이다. 차 한 대에 보안요원 2명이 배치될 뿐이다. 보안요원 중 한 명은 운전을 담당해야 하고 각 현금 수송 차량은 1,000만 위안(4억 원)이 넘는 거액을 운반한다. 그래서 모든 경로마다 최고 수준의 경계를 유지해야 한다. 운전 시 차량의 상태에 주의를 기울여야 할 뿐만 아니라 지폐 재고도 책임져야 한다. 만약 조금이라도 재고가 부족하면 배상해야 하므로 더더욱 강도 방비에 수시로 경계한다. 한 보안요원이 말했다. "동료가 무장 강도들에게 습격당해 총 두 발을 맞았어요."

가오슝시 산업노총이 2010년에 가오슝시 보안요원 500명을 방문 조사한 적이 있다. 보안요원의 평균 노동시간은 월 248시간이었다. 그러나 학교 보안요원의 경우 최고 월 364시간이었고 거의 연중무휴였다. 하루 노동시간이 12시간을 넘었다. 빌딩 보안요원의 월 노동시간 역시 254시간으로 일반 노동자의 월평균 179시간보다 훨씬 많았다.

게다가 조사된 노동시간이 이미 근로기준법에서 정한 노동시간 상한을 넘겼지만, 이는 정상 근로로 간주됐다.

고용주가 별도의 연장근로수당을 지급할 필요가 없어서 보안요원은 노동시간이 길고 임금은 오히려 낮았다. 심지어 임금도 근로기준법 규정을 위반했다.

가오슝시 산업노총의 조사에 따르면 보안요원 임금은 낮게 편중되어 있어 월평균 임금은 2만2,630위안(약 90만5,000원)이었다. 이는 일반 노동자의 월평균 임금 4만5,508위안(약 182만 원)의 절반 수준에 불과하다. 노동부가 보안요원의 시급이 최소 98위안(3,920원) 이상이 되어야 한다고 고지했음에도 불구하고 정책과 현실은 심각하게 어긋나 있었다.

보안요원의 평균 시급은 겨우 91위안(3,640원)이다. 특히 학교 보안요원의 임금이 가장 낮았는데 평균 시급이 60위안(2,400원)에 미치지 못했다.(56.51위안/약 2,260원) 보안업의 저임금 실태가 상당히 심각하다는 것을 보여준다.([표3] 참고)

[표3] 보안요원의 시급(단위: 위안)

유형	공장	금융 기관	빌딩	정부 기관	학교	지하철	항구	기타	평균
시급	91.08	99.24	68.46	85.96	56.51	105.79	100.85	90.21	91.13

보안요원은 돈을 벌기 위해 몸을 혹사할 뿐만 아니라 목

숨을 걸어야 한다. 생활은 오직 일, 일, 일뿐이고 가정, 여가, 사회생활을 희생한다. 심지어 건강과 생명까지 바쳐야 한다.

노동위원회 노동자안전보건연구소와 양밍대학陽明大學* 의 조사 연구(2006)에 따르면, 보안요원은 노동시간이 너무 길어 과반수가 이미 고혈압 문제가 있을 수 있는 것으로 나타났다. 이 조사에서 측정한 조사 대상 보안요원들의 장기간 스트레스 부하는 평균치보다 높았고 심지어 이는 업무 스트레스가 극심한 것으로 알려진 관제탑 관제사와 버스 기사보다도 높다는 점을 발견했다.

내가 황쒸잉 국회의원 사무실에서 보좌관을 맡고 있던 2011년, 우리 의원실과 가오슝시 산업노총, 대만노동전선은 연속 3차례 기자회견을 열어 피눈물 나는 보안요원의 처지를 폭로했고 끊임없이 문제를 제기하며 압력을 행사함으로써 노동회원회가 당시 근로기준법 제84조 제1항의 적용 범위를 전면 재조사하게 했다.(부록2 참고) 비록 보안요원을 제외하지 못했지만, 노동위원회는 이듬해 탁아소 보육교사, 일반 숙박업 노동자, 의료보건업에 대한 적용

....

* 타이베이시에 위치한 국립대학으로 의학, 생명과학 및 생명공학 분야의 연구로 유명하다.

폐지를 공표해 수많은 노동자의 기본 권익을 보장했다.

지금까지 보안업의 노동시간은 대만 내에서도 여러 가지 제도가 혼재했다. 북부 지방정부 두 곳은 2011년 솔선하여 노동시간 심사 표준을 정했다. 하지만 신베이시 노동시간 상한이 312시간인 데 비해 타이베이시는 260시간으로 각 지방 기준이 달랐다.

같은 해 노동위원회는 지방정부, 노사 양측 대표를 소집해 '보안업의 보안인원 노동시간 심사 참고 지침'을 제정했다. 인신 보안 및 현금 수송 차량 보안 외에 일반 보안인원의 노동시간 상한은 260시간에 달할 수 있고 연장근로시간을 더하면 최장 312시간에 이를 수 있다. 만약 긴급상황일 경우 364시간까지 허용한다. 이후에 해당 지침은 2015년에 재개정되어(2016년 정식 시행) 노동시간 상한을 축소했다. 주요 규범은 다음과 같다.

1. 일일 정상 노동시간은 10시간을 초과해서는 안 된다. 연장근로를 더해 1일 12시간을 초과해서는 안 된다. 2일의 근무일 사이 간격은 최소 11시간이 되어야 한다.

2. 일반 보안 인원의 월 정상 노동시간 상한은 240시간이고, 월 연장근로 상한은 48시간이며 월 총 노동시간 상한은 288시간이다.

3. 보안 및 현금 수송 보안을 담당한 자는 4주간 정상 노동 시간이 168시간을 초과해서는 안 된다.

4. 천재지변 혹은 돌발 사고로 인해 사업주가 노동자에게 정상 노동시간 외 일을 지시할 필요가 있을 때는 노동시간을 연장해도 된다. 그러나 연장 개시 후 24시간 내에 노조에 통보해야 한다. 노조가 없을 때는 현지 관할기관에 보고해야 한다. 연장 노동시간에 대해 사업주는 사후 노동자에게 적당한 휴식을 지급해야 한다.

5. 7일 중 최소 1일 정기휴일이 있다. 탄력적인 약정에 따라 2주 내 2일의 정기휴일을 두어야 한다. 사업주는 노동자의 연속 근무가 12일을 초과하게 해서는 안 된다.

해당 지침으로 보면 인신 보안 및 현금 수송 보안 종사자의 4주간 총 노동시간이 근로기준법에서 보장하는 노동시간이 같은 것을 제외하고는 기타 빌딩 보안, 창고 보안, 시스템 보안 등 월 최고 노동시간이 여전히 240~288시간에 달할 수 있다. 만약 긴급상황에 처하면 노동시간은 심지어 더 늘어난다. 보안 노동자의 건강을 보장하고 개선하는 데 아무런 도움이 되지 않는다.

근로기준법 제84조 제1항의 존재는 근로기준법의 노동시간 보장을 회피할 뿐만 아니라 관련 규정 역시 복잡하고 명확하지 않아 노동환경의 혼란을 초래한다.

법조문 안에 '재량근로제'의 업무 형태를 언급함으로써 수많은 고용주가 적용 대상 여부와 무관하게 이를 위법 남용하게 만들었다. 설령 근로기준법 제84조 제1항의 적용 대상이 확실하다고 해도 많은 고용주는 노동시간 심사 등록을 완료하지 않고 일방적으로 노동자가 '재량근로제' 노동시간을 채택하도록 약정한다.

타이베이시 정부는 예전 근로감독에서 모 보안회사 직원의 월 노동시간이 보통 400시간이고 해당 회사에 500시간에 이르는 사람도 있다는 것을 발견한 적이 있다. 만약 당월 휴가가 없었다면 보안요원은 매일 17시간 넘게 일해야 했다. 그야말로 노예 학대나 다름없다. 타이베이시 노동국은 이 회사를 처벌, 징계 조치했다.

기업의 비용 절감과 이윤 극대화의 추구

기업은 이윤 극대화를 추구하기 때문에 항상 최소 지출로 최대 이익을 취한다. 인건비를 줄이는 것이 가장 첫 번째다. 그러나 인건비가 낮아질수록 노동자의 노동조건은 갈수록 열악해진다. 예를 들어 저임금 고용 혹은 탄력적 인력 운용은 한 사람이 여러 명 몫을 감당하고 결원이 생겨도 보충하지 않으며 심지어 정규직을 감원하고 파견직 혹은 임시직 등 비정규 고용 노동자로 대체한다.

8장에서 다룬 한 영화사의 홍보 책임자가 그 사례다. 한 사람이 여러 직무를 겸하며 크고 작은 일을 도맡아 했다. 매체와 관계를 유지해야 하고 신문에 실린 자료를 모니터 링하거나 수집하는 잡무도 해야 했다. 동종업계의 다른 회사는 이런 자질구레한 일을 전담할 직원이 있게 마련이다. 그가 수 차례 사람을 보충해 달라고 요구했지만, 회사는 비용을 이유로 거절했다. 인력 부족, 부담 과중은 과로사의 씨앗이 되었다.

일반 회사의 보편적인 실태는 이와 같다. 회사는 필사적으로 인력을 줄이려 하고 노동자는 필사적으로 업무를 감당할 수밖에 없다. 생명, 건강과 직결된 병원 역시 상황이 좋지 않다. 의사 인력난은 내과, 외과, 산부인과, 소아과, 응급의학과의 '5대 과목 공동화' 위기를 초래했다. 그러나 일반 직장과 다른 점은 의사가 의료 처치 내용에 근거해 보건국에 급여를 신청하지 병원에서 임금을 지급하는 것이 아니라는 것이다. 그렇다면 병원은 어째서 더 많은 의사를 데려와 환자를 분담하려 하지 않을까?

"의사 한 명이 늘면 진료실도 하나 더 늘어야 해요. 진료실 하나에만 최소 3명의 간호사를 더 고용해야 하고요."

오랜 경력의 산부인과 의사 린징이가 수수께끼의 답을 알려주었다. 증가한 인건비 지출이 경제 효율에 부합하지 않기 때문에 다수의 병원에서 의사 증원을 원치 않는 것이다. 병원은 끊임없이 꼼꼼하게 셈하며 각 인력을 최대한으로 이용할 방도를 찾았다. 의료 인력과 환자 수를 최고 효율의 레버리지에 이르게 하여 의료 인력의 부하가 더 쉽게 야기되었다.

파견직의 범람

인력을 줄이는 여러 가지 방법 중 비정규직 노동자를 고용하는 것도 현행 업계에서 자주 보이는 수단이다. 이로 인해 일터에는 파견직, 임시직, 계약직이 넘쳐나고 기업주는 정규직원의 복지와 마땅히 보장해야 할 것들을 교묘히 피한다. 예를 들어 매년 임금 인상, 연말 상여금, 위로금, 특별 휴가 및 출산휴가 등이다. 이러한 비정규직 고용 모델은 지금의 취업 환경을 불안정한 상태에 처하게 한다. 노동자는 밥그릇을 보전하기 위해 계약 연장의 기회를 잡으려 고용주의 각종 불합리한 노동조건, 장시간 근로, 저임금, 폭증하는 업무량 등 상황을 인내하며 받아들일 수밖에 없다. 흔히 볼 수 있는 일이다.

주통계처의 통계에 따르면 역대 임시직, 파견직 종사자는 해마다 증가했다. 2019년까지 이 숫자는 이미 64만 4,000명으로 역대 최고기록을 달성했다. 이뿐만 아니라 임시직 혹은 파견직의 전체 취업자 대비 점유율 역시 해마다 높아지고 있다.([표4] 참고) 이는 기업의 비정규직 고용이 점차 증가하는 현실을 보여주며 정체 혹은 감소 가능성은 보이지 않는다.

[표4] 역대 취업자 수와 임시직, 파견직 수(단위 : 천 명, %)

	2014	2015	2016	2017	2018	2019
취업자 수	11,052	11,179	11,247	11,331	11,411	11,484
임시직·파견직 종사자 수	598	612	621	629	637	644
취업자 대비 임시직·파견직 비율	5.41	5.47	5.52	5.55	5.58	5.61

자료 출처: 행정원 주통계처 인력운용조사보고

파견직을 감원하면 위로금을 지불할 필요가 없다. 파견직은 못된 기업이 '쓰고 버리는' 희생자가 되었다. 경제 불황 아래 설상가상의 처지다.

한 유명한 전자공장에서 일하는 파견직 노동자 치우邱 씨가 나서서 파견노동자의 비참한 처지를 고발했다. 그의 회사는 갑자기 수주가 줄었다는 이유로 2012년 7월 파견직을 대량 감원했다. 그도 감원 명단에 있었다. 그러나 3개월이 지나 다시 회사의 인력 모집 통보를 받았다. 회사는 분명 인력이 필요하다. 수주가 이어지는데도 고의로 인력을 감축해 인건비를 절감하고 노동자가 위로금을 못 받게 만들었다고 그가 말했다.

치우 씨는 1년 가까이 파견노동을 했다. 비록 능력이 뛰어나진 않았더라도 열심히 일했다. 심지어 과로했다. 휴가 없이 연속 16일을 일하거나 매일 12시간씩 일했던 적도 있다. 그는 분노했다. "왜 이런 대기업이 직원을 오라면 오고 가라면 가는 쓰레기로 보는 겁니까? 게다가 다 쓰면 버리죠."

취업환경은 불안정하고 노동자의 심리적 스트레스는 늘어나며 업무의 피로는 더 쉽게 생긴다. 이는 최근 직장에서 끊임없이 과로 사건이 나타나는 주된 요인이기도 하다.

대만대학교 심리학과 탕지아쉬湯家碩와 츠지과학기술대학慈濟技術學院 의료및건강관리과 예완위葉婉榆 등의 연구에 따르면, 민간 부문에서 비장기 피고용자는 근로조건이 장기 피고용자에 비해 불리하고 더 높은 스트레스와 직장 피로의 위험에 직면해 있다.[2]

그뿐만 아니라 학자 정야원 등의 연구에서도 불안정한 고용 모델의 피고용자는 장기 피고용자와 비교해 스스로의 건강을 비교적 낮게 평가했고 업무 불만족도가 더 높았으며 병으로 결근하거나 신체적 통증과 불편함 등의 더 많은 문제가 있었다. 피로 지수 또한 더 높았다.[3]

과로문제를 심화시키는 저임금화

대만의 임금수준이 계속 하락하는데 반해 물가지수는 줄곧 올랐다. 실질임금은 부단히 줄어들었다. 저임금화는 국민 생계에 영향을 미칠 뿐만 아니라 산업구조 발전을 어렵게 하고 과로 문제가 심각해지는 데까지 이른다.

노동부는 2000년부터 매년 '직업별 임금 조사'를 진행하는데 10년간 대학생 혹은 전문대 졸업생의 초임은 오히려 줄었다. 이들은 씁쓸하게 스스로를 '청빈족'*이라 부른다. 2013년 대학 졸업생의 평균 초임은 2만6,915위안(약 107만 원)이었다. 13년 전 조사한 2만8,016위안(약 112만 원)과 비교하면 1,101위안(약 4만4,000원)이 줄었다. 전문대학 졸업생은 감소 폭이 더 크다. 13년 전의 초임 2만5,119위안(약 100만 원)에서 2만3,890위안(약 95만 원)으로

....

* 청렴하며 가난한 '淸貧'과 동음이의어인 '靑貧'을 사용해 젊고 가난함을 빗댄 신조어.

떨어져서 1,229위안(약 4만9,000원)이 줄었다. 2016년에 와서야 2000년의 임금수준을 약간 넘어섰고 2018년 대학 졸업생 평균 초임은 2만8,849위안(약 115만 원)이었다. 전문대 졸업생은 2만6,206위안(약 104만 원)으로 18년 만에 겨우 3~4% 올랐다.

대학생의 초임이 낮으니 아르바이트생 역시 힘들다. 대만 사회 전체가 저임금화의 수렁에 빠졌다. 2014년 전국 아르바이트생 평균 임금은 고작 1만2,385위안(약 49만 원)이었다. 최근 10년 동안 가장 낮은 기록이었다. 2019년까지도 아르바이트생의 평균 임금은 1만3,254위안(약 53만 원)이다.[4)]

60대의 춘타오春桃(가명)는 일찌기 가정폭력으로 이혼하고 홀로 아들을 돌보며 전남편의 괴롭힘을 이리저리 피해 숨어지냈다.

춘타오는 정부 기관에 파견돼 청소 일을 하는데 월급은 겨우 1만 위안(40만 원)이었다. 당시 아들이 아직 대학생이라 가계 유지에 더 많은 돈이 필요했고 춘타오는 다른 아르바이트를 할 수밖에 없었다. 그는 매일 새벽 집을 나서 오전 6시부터 오후 4시까지 청소 일을 하고, 퇴근 후에는 곧장 프랜차이즈 패스트푸드점 아르바이트를 하며 최저임금의 시급으로 근근히 생활을 유지했다.

일이 너무 피로한 나머지 어느 날 춘타오는 패스트푸드점의 주방에서 넘어졌다. 머리를 다쳐서 몇 바늘 꿰맸다. 며칠 병원에 입원하느라 결국 패스트푸드점 일을 그만둘 수밖에 없었다.

경제적 압박은 더 심해졌다. 춘타오는 얼마간 쉰 다음 원래 하던 청소 일뿐만 아니라 도처에서 폐지와 페트병을 모아다 팔기 시작했다. 그 돈으로 생활비를 보충했다. 어느 때는 늦은 밤까지 폐품을 모으느라 한두 시간 밖에 자지 못하고 다시 나가서 청소를 해야 했다. 춘타오는 이미 나이가 많은 데다 장기간 청소와 수거를 하면서 양손에 손목터널증후군을 앓았다. 이 때문에 부득이 일을 그만두고 수술을 받게 되었다.

이와 비슷한 이야기는 이곳저곳에서 끊임없이 재연되며 투잡족의 고달픈 나날을 반영한다. 배후에는 과로 인정의 어려움 또한 감춰져 있다. 저임금화의 결과로 수많은 투잡족이 나타났고 여러 일자리를 전전한다. 그러나 일단 과로 질병 혹은 산업재해가 발생하면 하나의 주 업무만 채택해 과로 인정 범위를 산정하므로 노동시간이 개별 일자리에 분산된 이들은 과로를 인정받기 어렵다. 단일 고용주에게 책임을 묻기 어려운 점도 문제다. 이 때문에 노동자는 모든 건강 위험과 부담을 스스로 짊어져야 한다.

저임금화의 나쁜 결과는 투잡족이 계속 필사적으로 아르바이트하며 생활을 도모하는 것이다. 기본급이 절대적으로 낮은 노동자로서는 연장근로수당에 기대어 참고 버틸 수밖에 없다. 이것들은 모두 지금의 직장 과로 악습을 조장한다.

장기간 보안요원으로 일한 아종阿忠(가명)은 2012년 2월부터 정부 기관에 파견되었다. 그러나 회사는 노동계약서를 지키지 않았다. 그는 매일 12시간 일해야 했고 정기휴일 혹은 법정휴일에도 그대로 출근했다. 연중무휴에 야근수당은 지급되지 않았다. 이렇게 필사적으로 일했지만, 월급은 고작 2만4,000위안(96만 원)이었다. 일가족 5명이 먹고살아야 했기에 생활은 매우 고달팠다.

이후 동료가 사직하자 회사는 아종에게 동료가 하던 일을 잠시 맡아달라고 했다. 애초에 며칠만 대신하겠다고 생각했던 아종은 매일 24시간 당직을 서며 두 명 몫의 임금을 받을 수 있게 되니 머리를 숙일 수밖에 없었다. 힘들었지만 마지못해 응한 아종은 24시간 쉬지 않는 '철인'이 되었다.

그런데 회사가 구인에 계속 소극적일 줄은 미처 예상하지 못했다. 그는 연이어 42일을 출근했고 연속 당직 대기는 1,000시간을 넘겼다. 이 시간 동안 아종은 당직실에서 근무 대기해야 했고 삼시세끼 배달 음식이나 라면으로 때웠다. 저녁엔 당직실에서 잘 수 있었지만, 2시간마다 일어나 순찰을 돌아야 했다. 정말 피곤을 견딜 수 없던 어느 날은 순찰 횟수를 줄이고 좀 더 자는 요령을 부렸지만, 들킬까 몹시 두려웠다.

심신의 부하를 더는 견딜 수 없던 아종은 결국 사직을 선택했다. 그를 화나게 하는 것은 이렇게까지 힘들게 일하고 법정 노동시간을 훨씬 넘기는데도 어째서 보안요원은 적은 임금을 받느냐는 것이었다. 아종은 말했다. "돈을 더 벌고 싶다면, 목숨과 맞바꿀 수밖에 없다는 건가요?"

일터 환경의 변화

과학기술의 끊임없는 진보로 인해 지금은 이미 정보 폭발의 시대다. 소비자는 더 신속하게 더 다양한 정보를 접할 수 있게 되었고 생산 경쟁은 더욱 치열해졌다. 기업은 앞다투어 더 좋은 상품을 개발하거나 더 정교한 서비스를 제공하며 시장 점유율을 넓히려 한다.

과학기술의 진보는 또한 수많은 업무를 전산화, 기계화하며 효율을 높였지만, 노동자의 작업시간은 줄어들지 않았다. 왜냐하면 노동자는 절약한 시간을 이용해 더 많은 일을 하게 되었기 때문이다. 노동자는 오히려 일의 속박을 벗어나기가 더 어려워졌다. 과거와 비교해 작업 효율과 복잡도가 갈수록 높아졌고 노동자의 스트레스도 점점 심각해지고 있다.

미국 클린턴 대통령 시기의 노동부 장관이자 사회경제학자인 로버트 라이시Robert B. Reich는 『목숨 걸고 일하는 유혹: 신경제의 모순과 선택The Future of Success』*이라는 책을 썼다. 그는 갈수록 길어지는 미국인의 노동시간을 관찰했다. 팩스, 음성메시지, 이메일과 휴대폰 등의 도구는 업무 효율을 높였을지 모르지만, 개인 영역은 갈수록 줄어들었다. 인터넷 이용자의 4분의 1은 자신들이 집에서 일하는 시간이 늘어났지만, 사무실에 있는 시간은 줄어들지 않았다고 답했다. "시장과 통신설비 모두 24시간 열려 움직인다. 뭔가 하지 않으면 안 될 일이 있다는 것 말고 일을 하지 않을 핑계는 없다."

기업이 부단히 경쟁력을 강화하면서 업무량도 반드시 늘어난다. 업무 품질 역시 계속 높여야 한다. 그러나 회사의 인력 충원은 오히려 매우 제한적이다. 더 많아진 업무 부담은 모두 기존 노동자에게 떠넘겨진다.

....

*   한국어판은 『부유한 노예』, 김영사, 2001.

예를 들어 과거에 라면 한 그릇을 팔 때는 거리 전체에 한 곳의 라면가게만 있었지만, 나중에 경쟁자가 늘어나면서 라면가게는 끊임없이 신상품을 출시해야 한다. 경쟁에서 이기기 위해 라면 한 그릇은 세트, 정식으로 업그레이드하고 한 그릇에도 반찬 여러 가지나 디저트를 곁들인다. 게다가 가격을 내릴 수는 있어도 올릴 수는 없다.

이때 인력을 늘리지 않는다면 식당 직원은 음식 나눠 담기, 디저트 만들기, 설거지 등을 포함해 과거보다 더 많은 업무량을 부담해야 한다. 그러나 직원은 월급을 더 받을 수 없을뿐더러 감히 사장님에게 사람을 더 뽑자고 요구할 수도 없다. 어느새 노동자는 무거워진 업무 부담을 받아들일 수밖에 없다.

'치열한 경쟁'은 목숨 걸고 일하는 직장문화를 공고화한다. 로버트 라이시도 지적했듯이 지금의 경제 형태는 사람들을 더 필사적으로 일하게 한다. 그 원인 중 하나는 바로 기필코 경쟁 상대를 따라잡으려는 것이다. 20세기 중반의 경제 시스템이 안정적이고 온화한 경쟁을 전제로 했다면 신경제 형태는 불안정과 치열한 경쟁을 전제로 기록 갱신을 위해 전력을 쏟는다. "지금 이미 쉴 여유 따위는 없습니다. 너무나 많은 경쟁자가 앞다퉈 시장을 점령하려 들기 때문입니다." 그는 회사 위탁을 예로 들었다. 경쟁이 치열하기 때문에 업자는 끊임없이 전보다 더 우수한 품질의 제품을 더 편리하고 빠르게 납품할 수 있다고 보장한다. 지난번 납품에 아마도 60일이 걸렸을 테지만, 지금은 45일 내 완료를 보장해야 한다. 이로 인해 직원은 더욱더 필사적으로 일해야 한다. 비용을 낮추고 효율을 높이는 방법을 강구해야 하며 일찍 나와서 늦게 돌아가야 한다. 기한이 가까워질수록 업무시간은 더 길어진다. "설령 시간을 짜내 가족과 친구와 함께 보내더라도 수중의 일을 끝내지 못한 걸 떠올리면서 꿈속에서도 괴로울 겁니다."

로버트 라이시는 지금의 직장 형태는 노동자에게 급행선과 완행선이라는 두 가지 선택만을 제시한다고 비유했다. 완행선을 선택하면 당신은 갈수록 뒤처지고 다시 급행선으로 돌아가고 싶어도 쉽지 않다. "잠시 일을 떠난다면, 당신은 아마도 영영 일자리를 잃어버릴 것입니다."

편의점 운영모델이 매우 뚜렷한 예다. 편의점은 24시간 영업한다는 장점으로(소비자 입장에서는 아무 때나 물건을 살 수 있다) 출현 이후 전통 상점, 잡화점, 구멍가게 등을 철저히 섬멸했다. 성공적으로 시장 점유율을 얻은 이후에 같은 성격의 편의점은 반드시 서로 겨루게 된다. 그러니 끊임없이 서비스 항목을 늘려 고객의 방문을 유도한다. 대리 수납, 커피 판매, 온라인 쇼핑 물품 위탁 수령, 택배 서비스,

각종 티켓 판매, 심지어 의복 드라이클리닝까지 있을 것은 다 있다. 업무 유형이 늘어나 예전보다 더 복잡해지고 직원은 십수 가지 업무 분야를 모두 통달해야 할 뿐만 아니라 업무량 또한 어느 틈에 많이 늘어난다.

편의점뿐만 아니라 갈수록 더 많은 유형의 상점들이 24시간 영업으로 바뀌고 있다. 패스트푸드점, 드럭스토어, 약국, 안경점, 커피숍, 서점, 슈퍼마켓, 대형할인점, 노래방, PC방, 만화방, 식당, 홍차전문점, 과일가게 등등이다. 이는 과거 생산라인, 간호사 등 특수한 산업에 있던 교대제를 서비스업으로 진출하게 만들었다.

'모두 잠든 후에 나 홀로 깨어 있는' 교대근무는 오늘날 직장에서 자주 보이는 근무 형태다. 인체의 생체시계를 교란하고 수면의 품질에 영향을 주어 노동자가 충분히 쉴 수 없게 한다.

노동부의 과로 인정 지침에 따르면 교대제, 야간근무는 모두 과로를 유발하는 위험 인자다. 관련 자료 역시 교대제가 건강에 미치는 영향을 다음과 같이 나타낸다.

1. 생물학적 영향: 생체리듬 교란으로 인해 생리 및 심리 기능에 영향을 준다.(잠들고 깨는 순환 기능 장애)
2. 업무에 대한 영향: 오류 및 돌발 사고가 발생하기 쉽다.

업무 능력 및 효율 감소.

3. 인간관계에 대한 영향: 가정 및 사회생활에 영향을 준다.(결혼, 자녀 양육 및 교우 관계 등)

4. 신체에 대한 영향: 수면과 식습관 변화는 신체 건강에 영향을 준다. 나아가 위장장애(위염, 십이지장염, 위궤양 등), 신경계통 장애(불안, 우울, 만성피로 등), 심혈관 관련 질환(고혈압, 허혈성 심근증, 관상동맥질환) 등 질병 발생을 야기할 수 있다.[5]

야간작업 혹은 교대제 작업 종사자는 갈수록 늘어난다. 만약 교대제 관리제도를 완벽하게 시행하지 않고 교대 작업의 위험을 사전 예방하지 않으면 앞으로 노동자는 더 심각한 건강 문제에 처하게 될 것이다.

정책 결정자의 태도

직장환경의 변화뿐만 아니라 사실상 줄곧 '경제를 중시하고 노동자를 경시한' 정부의 태도도 대만 과로 문제를 더 심각하게 만드는 주요 원인 중 하나다.

경제 발전과 노동자 권익 보장의 저울 위에서 정부는 항상 경제 발전을 선택했다. 이 때문에 위법한 재량근로제가 도처에서 남용되고 초과시간 연장근로의 사례가 삶 주변에 넘쳐난다. 위장 파견 고용 상황도 계속 발생한다. 유감스러운 것은 정부가 이 문제를 본체만체한다는 것이다.

정부가 이 문제를 중시하지 않으니 늘 충분한 인력, 물자가 투입된 근로감독 집행이 불가능했다. 노동행정 담당 기관의 근로감독관이 장기간 부족한 상황에서 지금까지 산업안전보건 항목(기계, 보일러가 안전 규격에 부합하는지의 여부, 유해화학물질을 규정에 맞게 사용했는지의 여부 등)이 우선 검사 대상이었고, 노동조건과 관련한 검사 항목(노동시간, 연장근로수당 지급 여부 등)은 그다음이었다. 이로 인해 과로의 심각성은 등한시되었다.

수많은 국내외 중대 산업안전 사건의 원인은 모두 장기간 수면 부족과 과도한 피로였다. 예를 들어 1979년 미국 스리마일섬 핵발전소 방사선 유출 사건, 1986년 미국 챌린저 우주왕복선 폭발 사고, 1986년 소련 체르노빌 핵발전소 폭발 참사, 1989년 미국 엑슨발데즈호 유조선 좌초로 1,100만 갤런의 원유가 유출되어 해양 오염을 야기한 사건, 2001년 미국 미시간 열차 충돌 사고, 2009년 대만 국도 여객 운송 13중 추돌 사고로 4명이 사망하고 6명이 다친 사건, 2010년 인도 항공기 추락으로 158명이 사망한 사고 등 일일이 열거할 수 없이 많다. 미국에서 수면 문제는 피로 관련 산업안전 사고를 야기하며 매년 발생한 손실은 430.15억에서 560.02억 달러로 추산된다.[6]

　권력자들은 이 문제에 소극적이고, 줄곧 악화하는 과로 노동환경에 관심을 두지 않는다. 이는 노동자 건강의 심각한 위기일 뿐만 아니라 사회 공공 안전과 재물의 막대한 손실을 야기한다.

* 후주

1) 辛炳隆・林良榮・葉婉榆,《防範職職過勞並促進產業競爭力之研究》, 83頁

2) 湯家碩・葉婉榆・劉梅君・蔡宗宏・徐儆暉,《台灣公私部門受僱者僱用方式和職場疲勞狀況的相關性》研究.

3) 台大健康政策與管理研究所王佳雯與教授鄭雅文等人《不安定僱用模式與受僱者健康之相關》研究報告.

4) 勞動部,《部分工時勞工就業實況調查》.

5) 勞動及職業安全衛生研究所,《輪班作業危害預防手冊》.

6) 勞動及職業安全衛生研究所,「睡眠與工作安全特展」 內容資料.

10장

과로 인정의 머나먼 길

일본 노동성은 이미 1961년에 '과로'와 관련한 인정 기준을 제정했다. 그러나 대만은 1991년에 이르러서야 착수했고 정부 당국은 이를 '직업으로 인한 급성 순환계통 질병 진단 인정 기준'이라 칭했다. 그러나 대만이 처음 공표한 과로 인정 기준은 지나치게 엄격했다. 이 기준을 통과하기가 하늘의 별 따기였다. 세 차례 수정을 거쳐 2006년에야 간신히 첫 번째 과로 보상 사례가 나왔다. 최초 과로 기준을 공표한 때부터 15년이 지나서였다.

그 해의 규정에 따르면 직업병의 인정은 '작업 중 혹은 업무 현장에서 촉발된 것'과 '작업과 상당한 인과관계가 있을 것'이라는 양대 요건에 부합해야 했다. 그뿐만 아니라, '사망 전 24시간 계속 근무', '사망 전 일주일간 매일 16시간 이상 근무', '발병 당일로부터 이전 1개월간 연장근로시간 100시간 초과' 혹은 '발병일로부터 이전 2개월에서 6개월까지 연장근로시간 월평균 80시간 초과'를 포함해 더 많은 조건이 있었다. 심지어 '업무 장소에서 촉발한 질병의 특수한 스트레스를 본인 체질, 위험인자와 비교하며 질과 양 측면에서 평가했을 때, 업무의 특수한 스트레스가 50%를 초과'한다는 증거를 제시해야 했다.

노동시간 기준이 가혹할 뿐만 아니라, 만약 발병 당시 이미 업무 위치를 떠났다면 과로로 인정되지 않는 조건이었다. 따통주식회사大同股份有限公司* 계열사 노동조합 고문 바이쩡시엔白正憲은 과로는 마치 고무줄 같아서 끊임없이 늘어나는 긴장 상태에서 갑자기 끊어지거나 탄성이 느슨해지면 되돌아갈 수 없다고 비유했다. 그래서 신체에 장기간 누적된 피로를 해소하지 못하고 임계점에 도달하면 폭발한다. 발생 시기는 아마도 사무실을 나선 뒤, 발생 장소는 집에 돌아가는 길이거나 집에서다. 따라서 반드시 업무 현장에서 발생해야 과로로 인정할 수 있게 제한하는 것은 불합리하다.

그뿐만 아니라 뇌심혈관질환의 원인 요소가 상당히 많

----

*   Tatung Company. 1918년에 설립되어 타이페이 중산에 본사를 둔 다국적 기업.

기 때문에 만일 업무의 특수한 스트레스가 질병을 '야기'
한 주요 원인이라는 것을 증명해야 한다면 대체로 노동자
에게 불리하다. 왜냐하면 일부 노동자는 원래 관련 질병이
있어도 질병의 심각 정도가 정상적인 생활 휴식하에서 악
화 또는 발병에 이르지 않았었다. 그런데 열악한 과로 직
장환경에 처해 있다면 이 일 때문에 촉발이 쉬워진다. 과
거 과로 인정 기준에서 업무가 반드시 과로를 야기한 주요
인일 것을 요구하고 상술한 바와 같이 일로 인해 촉발된
정황을 배제한 것은 분명 지나치게 가혹하다.

겹겹의 제한 아래 절대다수의 과로 사건은 모두 반려되
었고 인정되기 어려웠다.

2010년 말에 이르러 한 엔지니어의 죽음으로 마침내 노
동위원회는 과로 인정 기준을 수정하고 노동시간 인정 기
준을 완화했으며, '업무 특수 스트레스가 50%를 초과해야
한다'라는 원래 규정도 '직업으로 촉발되어 야기된 것'으로
수정했다. 또한 이후 '작업 중' 혹은 '업무 현장 촉발' 등의
요건도 삭제해 구체적으로 노동자의 권익을 보장했다. 이
후 노동보험 급여 건수는 대폭 늘었다. 과거에 과로 사건
이 없었던 것이 아니라 모두 수면 아래 감춰져 있었던 것
이다. 이 거대한 빙산은 제도 개정 이후 비로소 천천히 떠
오르게 되었다.([표1] 참고)

[표1] 연도별 직업 촉발 뇌심혈관질환 노동보험급여 사건 수

	총계	상병	기능 상실	사망
2006	13	8	5	0
2007	37	8	8	21
2008	34	10	9	15
2009	26	14	5	7
2010	43	16	8	19
2011	88	31	9	48
2012	92	28	26	38
2013	68	20	16	32
2014	67	28	20	19
2015	83	36	21	26
2016	68	36	17	15
2016	84	29	25	30
2018	69	37	19	13
2019	60	25	20	15

자료 출처: 노동보험통계연보

노동자에겐 여전히 어려운 과로 입증

과로 인정 기준은 비록 수정되었지만, 과로로 발병한 노동자는 노동시간 인정과 업무 현장 상황 등을 포함해 여전히 입증의 어려움에 직면했다.

일반 직장에서 상당수 고용주는 법을 어기고 재량근로제를 남용하면서 야근수당과 노동시간 규정을 회피함으로써 수많은 노동자의 카드 인식 기록이 아예 없게 하거나 출근 기록을 남기지 않는다. 일부 회사는 출근 기록이 있어도 관련 자료가 고용주 수중에 있어 일단 사고가 발생하면 노동자 혹은 가족이 자료를 얻기 어려울 뿐 아니라 이를 장악하고 있는 사측의 변조가 용이하다.

노동시간 자료 입증이 어려운 데다 과로 발병한 노동자의 질병 정도가 이미 심각한 기능 상실을 야기했거나 심지어 사망한 경우라면, 업무 현장 상황 혹은 업무 내용의 상세 진술을 아예 할 수 없다. 가족이 입증할 수 있는 내용이 더욱 제한되어 노사 쌍방이 제기한 의견이 상반되는 결과를 초래한다. 이 차이가 매우 크다면 이는 인정 작업에 영향을 미친다.

2011년 내가 황쑤잉 국회의원 사무실에서 일할 때, 제빵사 샤오광小光(가명)의 사건을 받았었다. 연차 4년인 샤오광은 작업대 옆 바닥에 쓰러진 채 동료에 의해 발견되었다. 급히 병원에 후송했으나 사망했다. 겨우 34세였다.

타이베이 지방검찰청의 사체검안서에 따르면 사망 원인은 '온도 변화로 인한 심혈관 이상, 심인성 쇼크'였다. 그러나 가족들은 샤오광의 과로를 의심했다. 게다가 그는 매일 냉동고에 들어갔다가 다시 오븐 앞에 서야 했다. 업무 환경의 온도 변화가 과도해 사망을 야기했을 것이다. 가족들은 노동보험국에 산업재해 사망 급여를 신청했으나 기각되었다.

고용주는 3년 전 카드 인식기가 고장 난 이후 출퇴근 모두 노사 쌍방의 암묵적인 신뢰에 따랐고, 그래서 별도 날인한 기록 혹은 카드 인식 기록이 없으므로 샤오광의 평일 출근 실태를 제공할 수 없다고 주장했다. 그리고 샤오광이 매일 오전 7시에 출근했고 오후 4시 반에서 5시 사이에 퇴근했으며, 점심시간은 2시간에 달했고 별도의 연장근로 사실이 없다고 단언했다. 이는 가족이 제출한 노동시간인 일평균 약 10~11시간과 매우 큰 차이였다.

샤오광은 생전에 여러 차례 가족들에게 고된 업무 환경을 이야기했었다. 이에 따르면 업무 장소에 오븐 설비가 있고 환기가 잘 안 되어 늘 후덥지근했다. 게다가 작업 도중 꼭 냉동고에 들어가 재료를 꺼내야 했다. 고용주는 업무 중 에어컨 가동을 허락하지 않았다. 에어컨 가동 때문에 전기요금이 늘어나면 월급에서 차감했다.

이 때문에 샤오광은 오븐 옆에서 일하며 늘 땀을 비 오듯 흘리다 곧바로 다시 외투를 입고 냉동고에 들어가야 했다. 업무 현장의 환경 실태에 관해 노사 쌍방 의견이 판이했다. 그러나 죽은 자는 말을 할 수 없다. 기관에서 근로감독을 하지만, 놀랍게도 조사 전 미리 고용주에게 알린다. 이런 조사 결과는 의심을 피하기 어렵다.

객관적인 자료의 부족으로 인해 가족들은 샤오광이 매일 집을 나선 시각, 집에 돌아온 시각으로 대략적인 노동 시간을 추정할 수밖에 없었다. 동시에 샤오광이 했던 과거의 진술을 근거로 업무 현황을 규합했다.

한편, 고용주는 비록 관련 증거를 제출하지는 못했지만, 상점에 있는 다른 직원 두 명에게 증언을 요구했다. 상식적으로 판단할 때 재직 중인 직원이 고용주에게 불리한 증언을 하기란 어렵고 증거력에 응당 의심이 든다. 그러나 노동위원회는 고용주의 일방적인 의견을 받아들여 샤오광의 초과 연장근로가 없었다고 인정했다.

이는 절대 하나의 사건이 아니다. 가족이 다른 유력한 증거를 제시하지 못하면 인정이 통과될 수 없다. 다른 여러 사건 모두 입증 곤란의 문제에 직면한다.

과로 인정을 가르는 가치관

직업병의 인정은 노동자가 앓는 질병을 확인하는 것이며 가장 중요한 것은 해당 질병의 발생이 일과 관련 있는지 추정하는 것이다. 이는 노동자가 직장환경에서 접촉한 위험인자를 통해 판단할 필요가 있다.

과로의 위험인자는 바로 '노동시간'과 '스트레스'다. 그러나 직업의학과의 의사는 작업장 안에 들어가 조사할 권한이 없으니 노동시간과 업무 스트레스 정황을 파악할 수 없다. 게다가 노동시간과 스트레스가 노동자에 끼친 영향은 유해화학물질로 인한 피해처럼 혈액검사, 소변검사 혹은 모발, 조직 중 잔류 성분 조사를 근거로 직장 위해의 노출 정도를 판단할 수 있는 것이 아니다. 그래서 과로 판단의 근거는 종종 노동자 혹은 가족의 진술이 될 수밖에 없다. 그러나 의사는 판단 자료의 신뢰도를 판단할 방법이 없다.

심지어 노동자 스트레스 부하의 인정 기준조차 사람에 따라 다를 수도 있어서 의사의 과로 인정에 탄력성이 매우 크다. 늘 같은 사건이 발생하고 자료가 같아도 과거에는 다른 견해가 나왔었다. 의사마다 판단 준거의 유연성이 다르기 때문이다. 최종 인정 결과에도 극명한 차이가 발생한다. 그래서 과로 인정은 의학이나 과학의 실증을 전적으로 사용할 수 없다. 이는 종종 국가 정책이 어떤 가치를 선택하는가와 관련이 있다. 그리고 전자 역시 후자에 영향을 줄 수 있다. 과로 인정의 기준이 수정된 후 과로 사건이 대폭 늘어난 것은 노동자의 노동시간과 스트레스 상황이 갑자기 악화한 것이 아니라 국가 정책과 가치 선택이 변화한 결과다.

과로 인정의 맹점

　과로의 인정 기준에는 한계가 있다. 객관적인 노동시간의 질과 양을 강조하고 흡연, 음주 혹은 나쁜 생활 습관 같은 기타 질병 촉발 요인을 배제한다. 그러나 더 나아가 노동자의 나쁜 생활 습관을 연구한다면 이는 역시 가혹한 업무 환경에 기인한다. 닭이 먼저냐 혹은 달걀이 먼저냐의 다른 인과를 만들 뿐이다.

　예를 들어 운전기사의 대다수는 흡연자이고 빈랑檳榔*을 씹거나 각성음료를 마시는 습관이 있다. 개인적인 생활 습관이 좋지 않아 고위험의 건강 위해를 스스로 감수해야 하는 것처럼 보인다. 그러나 이 원인을 자세히 추적 조사하면 하루에 10여 시간 차를 몰아야 하는 장시간 노동과 높은 스트레스, 무료하고 반복되는 업무환경에서 정신을 맑게 하고 효율을 높이기 위해 어쩔 수 없이 흡연 등의 행위를 한다는 걸 알게 된다. 퇴근 후에 많은 운전기사들은 곧바로 잠자리에 들지 못하기 때문에 반드시 긴장을 푸는 완

....

*　태평양 연안, 동남아시아, 동아프리카 등 열대지방 일부에서 자라는 종려나무의 일종으로 열매를 약용한다. 인도, 태국, 대만 등에서는 베틀후추 잎에 빈랑 열매를 싸서 식후나 평소에 씹는 습관이 있다. 긴장을 풀어주는 일종의 환각효과가 있다고 알려져 있다.

308

충 과정을 거쳐야 한다. 그래서 일부는 노래방에 가거나 술을 마시며 스트레스를 푼다. 하지만 그로 인해 오히려 충분한 휴식을 취하지 못하고 어느새 건강 위험도 커지게 된다.

그뿐만 아니라 장시간 운행이라는 업무는 노동자가 삼 시세끼를 정상적으로 챙길 수 없게 한다. 심지어 비교적 건강한 메뉴를 선택할 수도 없다. 외식은 짜고, 기름진 데 다 시간에 쫓겨 폭음 폭식하는 습관이 더해지면 더욱 고혈 당, 고지혈증, 고혈압의 '삼고 질환'을 야기할 수 있다.

"한동안은 퇴근하고 집에 돌아오면 꼭 독주 한잔을 마 시고 기분 전환을 해야 했어요." 병원에서 여러 해 사회복 지사로 일한 아카이阿凱(가명)는 운전기사의 심정을 공감할 수 있었다. 스트레스가 높은 업무에 종사하는 허다한 노동 자들 역시 유사한 해소 방식이 있기 때문이다.

병원에서 인간 생사를 다 보는 아카이는 늘 이들의 가족 곁에서 크나큰 고통을 함께해야 한다. 매일 복지서비스 요 구량이 너무 많아서 사건을 도운 다음 충분한 시간을 들여 자신을 사건과 분리할 수 있는 환경이 안 된다. 몸과 마음 이 환자의 생사에 크게 영향받고 그로 인해 수면장애의 문 제가 생긴다. 퇴근 후에 꼭 술의 힘을 빌려야 잠들 수 있 게 된다.

가혹한 업무 환경은 노동자의 좋지 않은 생활 습관을 만들고 노동자의 건강을 악화시킨다. 서로 원인과 결과가 되고 또한 악순환이 된다. 그러나 일단 이 때문에 노동자에게 뇌심혈관질환이 발병하면 원인을 노동자가 본래 갖고 있던 불량한 생활 습관 탓으로 돌릴 수 있으니 직업병으로 인정받기 어렵다. 과로 인정상의 맹점이 된다.

비표적 질병의 인정

현행의 과로 인정 기준은 뇌심혈관 관련 표적 질환에 그칠 뿐이다. 그러나 사실상 과로로 파생되는 건강 위해는 아마 더 많을 것이다. 피로로 인한 주의력 저하로 다른 뜻하지 않은 사고를 야기하는 것뿐만 아니라 장기간 초과근로와 부하 과중의 스트레스는 노동자가 충분한 휴식을 취할 수 없게 한다. 예를 들어 단순한 감기가 폐렴을 야기하고, 위염이 위궤양이나 위 천공으로 악화하는 등 기존 질병도 적합한 치료를 받지 못해 악화된다. 그러나 현재 이러한 건강 문제는 절대 직업병으로 여겨지지 않는다. 고용주 역시 보상 혹은 배상 책임을 질 필요가 없다.

뇌심혈관질환뿐만 아니라 장시간 노동이나 교대근무도 여성 유방암 위험을 높인다. 또한 여성의 호르몬 변화 및 생식 건강에 영향을 미칠 수 있다.

1997년 브레진스키Brzezinski의 연구에 따르면, 야간근로를 하는 여성이 유방암에 걸릴 확률은 일반 여성의 1.6배였다.[1] 10년 후 세계보건기구 산하 국제암연구소에서는 야간근로가 암을 유발하는 요인 중 하나가 될 수 있다고 공표했다.[2] 이로 인해 덴마크 정부는 장기간 야간 교대근무 후 유방암에 걸린 여성을 직업성 질병 인정과 보상의 범위에 넣었다.[3]

노동위원회 노동자안전보건연구소[4]의 2004년 연구에서도 암으로 사망한 여성노동자 중 유방암 비율이 가장 높았고 여성노동자의 유방암 사망률(19.4%)은 전체 여성 유방암 사망률(10.3%)보다 높았는데, 이는 일하는 여성의 유방암 치사 위험이 그렇지 않은 사람보다 비교적 높다는 것을 보여주었다. 그러나 이런 연구 결과는 실제 업무에 반영되지 않는다. 지금까지도 대만에서 교대근무로 인해 야기된 유방암이 직업병으로 인정 통과된 사례가 없다. 직업병 인정에 여전히 메워야 할 아주 큰 구멍이 있음을 분명히 알 수 있다.

유방암뿐만이 아니다. 2013년 유럽 인류생식과배아학회 연례회의에서 영국의 연구가 발표되었다. 해당 연구는 1969년부터 2013년까지의 자료를 분석해 교대근무하는 여성은 노동시간이 고정된 노동자에 비해 생식능력에 문제가 발생할 비율이 80% 높고, 생리 불순도 33% 높으며, 생식능력 손상이 더 쉽다는 점을 발견했다. 심지어 야간 당직 근무 여성은 유산 발생 비율도 29% 높았다.[5]

외과 수술실 담당 간호사인 샤오징小靜(가명) 역시 비슷한 상황이다. 그는 결혼한 지 반년 만에 순조롭게 임신하고 새 생명을 맞이할 준비를 하고 있었다. 그러나 심각한 초과근로 환경에서 야간 교대근무를 해야 했을 뿐만 아니라 휴가 중에도 'ON CALL'로 대기해야 했다.

임신한 지 오래지 않아 마침 당직을 맡은 주에 연속 3일 당직을 선 그는 갑자기 다량의 하혈을 하며 유산했다. 유산 후 곧 난소 기능이 균형을 잃은 것을 발견했다. 32세인 샤오징의 몸은 이미 갱년기 상태를 보였는데 이는 임신 기회에 큰 영향을 미친다. 산부인과 의사는 샤오징의 난소 기능 불균형 문제에 관해 진단증명서에 이렇게 명시했다. "나이와 직업 요소를 고려할 때 여성의 장기간 야간근로, 업무 환경과 스트레스의 관련을 배제할 수 없다." 의사는 그에게 노동부 직업병예방센터를 방문해 더 평가받아보라고 권했다.

그러나 직업의학과 의사는 샤오징의 현재 심신 상태가 불안정한 것에 관해 진단서상 노동자의 휴식을 권고하고 업무를 조정해야 한다고만 할 수 있을 뿐, 현재 임상자료 부족으로 직업병 여부를 단언할 수 없다고 판단한다. 이미 교대근로가 여성의 생식 건강과 관련이 있다고 보는 연구가 있지만, 연구자료 역시 상당히 제한적이라 모든 적용 판단 기준으로 삼을 수 없다.

의료과학기술이 진보한 현대사회에 여전히 수많은 의학 연구가 닿지 못한 곳이 있다. 연구와 임상자료가 부족한 상황에서 현재의 유행병학 연구 역시 명확한 답이 없다. 이처럼 과로 질병으로 인정되지 않는 표적 질병들이 직업병으로 인정받는 데에는 몇 겹의 어려움이 있다.

* 후주

1)   Brzezinski, A. Melatonin in Humans. New Eng J Med. 1997; 336(3): 186-95.

2)   International Agency for Research on Cancer, IARC.

3)   勞動醫學組張原道助理研究員·林冠宇助理研究員,《輪班健康與女性乳癌風險》, 勞工衛生簡訊第九十九期.

4)   현재는 '노동부 노동및직업안전보건연구소'로 바뀌었다.

5)   台灣女人健康網,《輪班工作恐有害女性生育能力》.

11장

고장 난 과로 보상 제도

과로 사건의 처리는 사실 생각보다 훨씬 더 어렵다. 과로 산업재해 노동자나 가족이 설령 가시밭길을 걸어 겹겹의 난관을 극복하고 어렵사리 직업병 인정 관문을 통과했다 하더라도 고용주를 상대로 한 법적 보상책임, 손해배상, 복직 협상, 재활 등의 다툼을 포함해 또 다른 난제가 막 시작된다.

현행 산업재해 보상 관련 법령 규범은 복잡할 뿐만 아니라 보장도 충분하지 않으며 지원 체계(의료요양, 경제적 지원, 법률 지원 등)가 너무 빈약하다. 방대하고 복잡한 법령에 맞닥뜨린 산업재해 노동자나 가족들은 한편으로는 산업재해 상병 혹은 가족의 사망이라는 아픔을 견뎌야 하고, 다른 한편으로 고용주와의 협상에 난항을 겪으며 두 번째 상처를 입는다.

현재의 산업재해 보상 제도

노동자가 산업재해를 당하면 근로기준법 규정에 따라 고용주는 마땅히 필요한 의료비, 요양비를 보상해야 한다. 그리고 노동자가 일하지 못하는 치료 기간에 고용주는 임금을 계속 지급해야 한다.

만약 노동자가 산업재해 상병 의료요양 기간 만 2년에 이르러도 여전히 완쾌되지 않아 지정 병원으로부터 기존 업무에 종사할 수 없다고 진단받았지만, 노동보험국에서 정한 영구 기능 상실 정도 기준에는 미달하면 고용주는 앞서 서술한 규정에 따라 계속 임금을 지급하는 선택 외에 노동자 평균 임금 40개월 치를 일시 지급하고 기간에 따라 임금 보상 계속 지급 의무 면제를 선택할 수 있다.

산업재해 노동자의 치료가 종료된 후에도 여전히 회복하지 못하고 지정 병원에서 영구 기능 상실로 진단받으면 고용주는 기능 상실 등급에 따라 일회성 장애 보상을 지급해야 한다. 기능 상실 최고 등급이라면 노동자 평균 임금 일급의 1,800배, 최저 등급은 45배를 지급해야 한다.

과로사 산업재해 사망에 대해서는 근로기준법 규정에 따라 고용주가 5개월 치 평균 임금을 장례비로 지급해야 하며, 또한 그 유족에게 사망 보상으로 40개월 치 평균 임금을 일시 지급해야 한다.

위에 서술한 것은 모두 근로기준법의 직업병 관련 보상이다. 노동자가 과로 산업재해 상병, 기능 상실, 사망에 이르렀을 때 산업재해 보상의 최저한도를 모두 명확하게 규정했다. 산업재해 보상의 정신은 '무과실 보상 책임'이다. 즉, 산업재해 발생 원인이 노동자이든 고용주이든 관계없이 무과실 책임이 있으며 고용주는 마땅히 일괄 보상해야 한다.

고용주의 보상 책임은 또한 노동보험의 산업재해 보상과 상계가 가능하다. 바꿔 말하면, 고용주가 법에 따라 노동자를 위한 노동보험에 가입했다면 노동보험 지급 후 차액만 부담하면 된다.(노동보험 지급 내용은 부록3 참고)

그뿐만 아니라 만약 산업재해의 발생 원인이 고용주의 고의 혹은 과실 행위에 따른 것이라면 노동자 혹은 그 가족들은 민법에 따라 고용주에게 손해배상 소송을 제기할 수 있다.

법적 의무와 실제 상황의 차이

위에 서술한 법률 규정에 따르면 노동자가 산업재해를 당했을 때 상병 정도와 무관하게 모두 보장받을 수 있는 것처럼 보인다. 그러나 더 들어가 살펴보면 수많은 보장 내용이 산업재해 노동자의 요구에 절대 부합하지 않을 뿐더러 심지어 종종 법에 보장된 기본 보상도 받지 못한다는 것을 알게 된다. 산업재해 노동자에게 이는 그야말로 '그림의 떡'이다.

고용주가 법에 따라 노동자를 위한 노동보험에 가입했다면 산업재해 노동자가 직업병으로 확정된 후 노동보험국은 산업재해 급여를 심사 발급한다. 노동보험의 지급액은 비록 근로기준법에서 규정한 고용주의 보상 책임으로 충당할 수 있지만, 양자 간 차이가 날 때가 있다. 예를 들어 노동보험 가입액에는 상한이 설정되어 있기 때문에 만약 실제 임금이 보험 가입 임금보다 많다면 고용주가 그 차액을 보전해주어야 한다. 그리고 노동자가 일할 수 없는 치료 기간에 고용주는 근로기준법에 따라 원래의 임금을 지급해야 한다. 그러나 노동보험에서는 70%의 임금만 지급하고 두 번째 해에는 50%를 지급한다. 이때 고용주가 그 차액을 보전해야 한다.

예를 들어 설명해보자. 어느 노동자의 월급이 5만 위안(200만 원)일 때 현재 노동보험의 보험액 상한이 4만5,800위안(약 183만 원)이기 때문에 과로로 입원하는 동안 일을 할 수 없더라도 고용주는 계속 임금을 지급해야 한다. 첫

해에는 노동보험에서 임금의 70%를 부담해 3만2,060위안 (약 128만 원)을 지급한다. 그러나 노동자는 산업재해 의료 요양 기간에 원래의 임금 5만 위안을 받아야 한다. 따라서 차액 1만7,940위안(약 72만 원)은 고용주에 의해 보전되어야 한다. 그러나 산업재해 상병 지급 2년째에는 50%로 줄어 2만2,900위안(약 92만 원)이 된다. 그래서 2년째부터 고용주가 보전해야 하는 차액은 2만7,100위안(약 108만 원)으로 늘어나게 된다.

그래서 산업재해 노동자가 노동보험 급여를 받더라도 여전히 고용주에게 차액 보전을 청구해야 한다. 법령에 따라 차액을 지급하려 하는 일부 고용주도 있지만 수많은 악덕 고용주가 여전히 핑계를 대며 지급을 미루고 심지어 악의적으로 괴롭히기까지 한다.

고용주의 괴롭힘이나 냉담한 태도를 마주하며 수많은 노동자나 가족들은 도움을 청할 곳이 없어 어찌할 바를 모른다. 권익 보장에 관해 아는 사람은 우선 지방노동국/처나 노동과(이하 '노동국'으로 통칭)에 가서 조정을 신청할 것이다. 지방 노동행정기관이 정의를 주관해 마땅히 받아야 할 보상 권리를 되찾길 바라면서 말이다.

조정은 쌍방의 공동 이해를 촉진하기 위한 것이다. 그런데 위원장이든 조정위원이든 관계없이 모두 분쟁을 멈추고 원만하게 해결하자는 태도를 보이곤 한다. 이들은 늘 노동자에게 타협하는 것이 좋다면서 그래야만 사측으로부터 보상금을 받을 수 있다고 직접 말하거나 암시한다. 법률에 보상 금액이 명확히 정해져 있다고 해도 결국엔 줄여서 계산된다. 이리저리 깎여 전액을 받기란 매우 어렵다. 설령 조정이 공동 합의에 이르렀어도 사후에 고용주가 반드시 이행하지 않는 경우도 있다.

그래서 실제 상황에서는 노동자가 마땅히 받아야 할 과로 보상금을 받지 못하고 고용주는 공공연히 법을 어기는 사례가 비일비재하다. 근로기준법 보장은 찢어진 우산이 되어 노동자를 보호하지 못하는 직업 안전의 장식품일 뿐이다.

고용주의 늑장으로 받아야 할 보상을 받지 못한 노동자 측은 노동국에 고용주의 위법을 고발할 수밖에 없다. 이때 노동국은 고용주에게 산업재해 보상 지급 기한을 요구할 텐데 만약 기한 내 지급하지 않으면 벌금이 부과된다. 그러나 행정 범칙금은 높지 않아 고작 2~30만 위안(80~1,200만 원)의 벌금이 부과된다. 그마저도 절대다수 사건에서 최저 금액이 부과되었고 30만 위안의 벌금은 매우 드문 일이다. 노동자에게 지급해야 할 산업재해 보상금은 걸핏하면 수십만이고 심지어 100만 위안(4,000만 원)이 넘어가니 벌금과 비교해 훨씬 많다. 그래서 다수의 고용주는 벌금을 택하지, 산업재해 보상을 부담하려 하지 않는다.

이런 지경까지 이르면 산업재해 노동자나 가족은 이미 심신이 지쳤고 정부의 노동자 권리 보장 의지, 사회의 공정함에 대해 커다란 의구심을 가진다. 결국, 자신의 권리를 포기하거나 법원을 찾아 기나긴 소송을 거쳐 고용주에게 지급 의무 이행을 요구할 수밖에 없다.

현행 산업재해 보상 제도의 결점

사실 앞서 서술한 수많은 문제에서 가장 관건은 현행 제도에서 산업재해 보상이 충분하지 않다는 것이다. 고용주가 법에 따라 보상한다고 해도 노동자나 가족이 받을 수 있는 보상은 여전히 부족하다.

29세 보안요원의 과로사를 예로 들어 보자. 그가 연차 5년이고 월평균 노동보험 가입액이 약 3만 위안(120만 원)일 때, 현재 법령의 보상 계산에 따르면 가족은 단지 15만 위안(600만 원)의 장례 수당과 120만 위안(4,800만 원)의 산업재해 사망 급여를 받는다. 만약 이 보안요원이 노동보험연금 시행 후에 가입했다면 연금 수령만 신청할 수 있다. 보안요원의 유족으로 조건에 부합하는 자는 고작 15만 위안의 장례비, 30만 위안(1,200만 원)의 직업상병 보상과 매월 3,000위안(12만 원)의 유족연금을 받을 수 있을 뿐이다.

비록 생명을 돈으로 계산할 수는 없지만, 29세의 젊은 생명 하나가 이렇게 사라졌는데, 게다가 회사를 위해 전력을 다하다 생긴 일인데 유가족은 겨우 135만 위안(5,400만 원)의 보상금만을 받거나 아니면 45만 위안(1,800만 원)의 보상금에 추가로 매월 3,000위안(12만 원)의 연금을 받을 뿐이다. 이는 심각하게 부족하며 가족의 회복을 더욱 어렵게 만든다.

만약 이 보안요원이 사망하지 않고 영구적으로 기능을 상실했다면 보상금은 더더욱 부족하다. 노동자에 대한 보장은 분명 충분하지 않다.

마찬가지로 전에 언급한 보안요원을 예로 들 수 있다. 과로로 인한 뇌졸중으로 기능을 상실해 평생 노동 능력이 없게 된다면, 180만 위안(7,200만 원)의 기능 상실 급여를 받을 수 있다. 만약 이 보안요원이 노동보험연금 시행 이후에 노동보험에 가입했다면, 매월 4,000위안(16만 원)의 기능 상실 연금과 60만 위안(2,400만 원)의 직업상병 기능 상실 보상금을 수령할 수 있다. 앞으로 일하지 못해 발생하는 임금 손실이 얼마인지는 차치하고, 해당 보상금액 역시 향후 수십 년을 부담해야 할 돌봄 비용으로서 충분하지 않다.

과로의 발생은 사망, 기능 상실, 상병을 막론하고 돌이킬 수 없으며 상당한 의료요양비 혹은 남은 가족들을 보살필 비용이 필요하다. 그러나 심각하게 부족한 보상은 산업재해 노동자나 가족이 법원에 소를 제기할 수밖에 없게 만든다. 그들은 민사 소송 보상, 배상뿐만 아니라 심지어 형사소송을 제기해서라도 일말의 정의를 되찾을 수 있기를 간절히 바란다.

이 밖에도 노동보험 보상 지급 수용률에 제한이 있으므로 흔히 고용주는 일단 산업재해 사건을 인정하면 이후 막대한 보상과 배상 책임에 맞닥뜨릴 것을 걱정한다. 그래서 고용주는 책임을 회피하기 위해 사건 발생 즉시 책임지지 않을 방법을 생각할 뿐만 아니라 심지어 직업병 인정도 방해하려 든다.

노동자가 노동국 혹은 노동부를 통해 직업병 인정을 받은 후에도 고용주는 보상 방식에 대해 시시콜콜 따지고 끝까지 인정하지 않으며 책임지려 하지 않는다. 그러니 노동자는 소송을 통해 정당한 권리를 다툴 수밖에 없으며 이는 노사 관계의 파국을 야기한다. 그리고 산업재해 노동자가 원래 직장으로 복직하기는 더욱 어려워진다. 이런 나쁜 결과는 마치 과로 산업재해 노동자에게 벌을 주는 것 같다.

노동자의 처지는 그래서 늘 설상가상이다.

험난한 인과 규명, 기나긴 소송

내가 겪은 사건 처리 경험에 따르면 산업재해 노동자나 가족은 항상 소송을 정의를 쟁취할 최후 무기로 삼았다. 그러나 안타까운 사실은 사법 소송에서 과로 노동자와 가족이 반드시 승소하는 것은 아니며 오히려 몸과 마음이 더 지친다는 것이다.

3C 매장*에서 일하다 과로사한 어느 29세의 젊은 노동자는 노동위원회에서 직업병으로 인정받은 후 가족이 법원에 소송을 제기했다. 고용주에게 연장근로수당 반환과 손해배상을 청구했는데 1심에서 패소했다.

법관은 판결에서 이 사건의 출퇴근 카드 인식 기록상 비록 노동시간 합계가 법정 노동시간을 초과했지만, 카드 인식 기록이 이 시간 동안 노동자가 계속 일하고 있었다는 사실을 증명하기에 충분하지 않다고 보았고, 노동자에게 매일 3시간 휴게시간이 있다고 한 고용주의 증언을 받아

....

*   3C는 computer, communication, consumer electronic을, 3C 매장은 전자제품 판매점을 뜻한다.

들었다. 노동위원회가 근로감독 보고서에 현장 방문 결과 3시간 휴식이 없었음을 확인했다고 명시했는데도 법관은 여전히 고용주의 손을 들어줬다.

손해배상 부분에 관해서는 법관은 직업의학과 의사의 인정 보고 중 이 노동자의 발병이 자신의 원래 질병에서 비롯된 것이며 업무와 관련이 없다고 한 내용을 인용했다. 모순은 법관이 인용한 과로 인정 보고서에서 의사가 이 노동자의 질병의 촉발은 집행 직무와 관련이 있다고 최종 결론을 내렸다는 점이다. 그러나 법관은 자신의 견해를 고집하며 의사의 과로 인정 보고를 뒤집고 노동자가 과로사가 아니라고 판정했다. 이로 인해 고용주의 고의 여부나 과실 책임 유무를 더 입증할 필요가 없다며 노동자의 패소를 판결했다. 법관이 사측의 입장에서 고려한 것이 분명하다.

다른 산업재해 사건과 비교해도 과로 사건은 유난히 규명이 어렵다. 특히 인과관계의 증명이 그러하다. 뇌심혈관질환의 촉발 원인은 복잡하다. 절대적인 과학 증거를 판단 기준으로 삼기 어렵다. 의학적 판단은 난관에 부딪히고 법원 판정 역시 그렇다. 그래서 과로의 인과 논증은 때때로 개인의 가치, 직장 업무환경의 이해 정도 등에 달려 있다. 이런 까다로운 문제 때문에 실제로 법원 판결이 최후에 노동자의 권익을 충분히 보장할 수 있다거나 노동자에게 정의를 돌려줄 거라고 기대하기 어렵다.

산업재해 보상은 이런 실정이고 이는 산업재해 배상도 마찬가지다. 고용주의 과실 책임을 규명하기 어렵기 때문에 재판 결과는 늘 노동자에게 불리하다. 상소할 기회가 있지만, 노동자의 한정된 자원으로는 끝까지 소송을 하고 싶어도 무척이나 고생스럽다. 사법 심리 판결 과정은 장황하고 소송에 걸리는 시간은 보통 2년에서 4년이다.

복직과 재활도 어렵다

보상과 배상의 문제를 논의할 산업재해 이외에도 과로 때문에 야기된 무수한 상병이 있다. 그러나 노동 능력 전부를 상실하지 않은 노동자도 복직과 직업 능력 재활의 어려움 문제에 맞닥뜨린다.

지금의 복직과 재활제도는 불완전하다. 유일한 규정으로 '산업재해 노동자 보호법'이 있다. 제27조에 "산업재해 노동자의 의료요양 종료 후 고용주는 그 건강 상태와 능력에 따라 적당한 업무에 배치해야 하고 업무 종사에 필요한 보조시설을 제공해야 한다"라고 명시했다.

그러나 '적당한 업무'란 무엇인가에 관해 많은 논란이

있다. 예를 들어 7장에서 언급한 버스 기사는 복직 후 수금 업무를 담당했는데 오히려 근막염이 생기고 우울증이 악화해 끝내 퇴직했다.

앞서 서술한 보상 제도는 수많은 산업재해 사건에서 사건 발생 즉시 노사 쌍방 관계를 거의 파탄에 이르게 한다는 문제가 있다. 노사가 이미 신뢰를 잃은 상태가 되면 이는 복직의 가장 큰 장애가 된다. 이뿐만 아니라 산업재해 발생 후의 심리적 문제 역시 노동자가 복직하기 어려운 이유 중 하나다.

대만대학병원 직업의학과 의사 궈위량의 연구에 따르면 재해를 입은 지 3개월 후 정신건강 상태 평가를 받은 1,424명의 산업재해 노동자 중 20%가 정신건강에 이상이 있었고 7.5%에서 외상후스트레스증후군 또는 중증의 우울증이 나타났다.[1]

같은 연구에서 자기 평가 설문에 응답한 2,001명의 산업재해 노동자 가운데 8.3%가 자살을 생각한 것으로 나타났다. 국제 연구에서도 산업재해 후 정신질환 발생이 더 쉽다는 사실이 입증되었다. 궈위량은 37.7%의 산업재해자에게 재해 후 외상후스트레스증후군이 나타난다는 캐나다의 연구를 인용했다.

산업재해가 야기하는 정신적 손상은 노동자가 일에 복

귀하지 못하는 중요한 이유다. 귀위량은 또 다른 연구[2])에서 45.6%의 산업재해 노동자가 산업재해 3개월 후 업무로 돌아갈 수 없었으며, 심지어 31.3%에 달하는 노동자는 산업재해 1년 후에도 여전히 복직할 수 없었다고 밝혔다. 산업재해 노동자는 수입을 잃고 늘 빈곤의 어려움에 빠진다. 복직한 일부 산업재해 노동자도 신체 혹은 심리적 손상 때문에 원래의 직위로 돌아가지 못하는 일이 많고 이는 임금의 손실을 의미한다.

현재 정부가 주관하는 산업재해 노동자 재활 업무는 자원도 제한적이고 연도 계획 방식으로 불특정 민간 기구에 처리를 위탁하는 것일 뿐이다. 이런 방식은 구역간 자원 배분 불균형을 야기하고 관련 업무를 지속할 수 없게 만들어 전문성을 떨어뜨린다. 산업재해 노동자가 직업능력을 재활하려 할 때 얻을 수 있는 서비스가 충분하지 않으며 피해 노동자를 직장으로 다시 돌려보내기도 쉽지 않다. 적극적인 개선 작업이 필요하다.

* 후주

1) Kuan-Han Lin, Nai-Wen Guo, Shih-Cheng Liao, Chun-Ya Kuo, Pei-Yi Hu, Jin-Huei Hsu, Yaw-Huei Hwang and Yue Leon Guo," Psychological Outcome of Injured Workers at 3 Months after

Occupational Injury Requiring Hospitalization in Taiwan", Journal of Occupational Health, 2012; 54: 289 – 298.

2) Kuan–Han Lin, Nai–Wen Guo, Shu–Chu Shiao, Shih–Cheng Liao, Pei–Yi Hu, Jin–Huei Hsu, Yaw–Huei Hwang, Yue Leon Guo," The Impact of Psychological Symptoms on Return to Work in Workers After Occupational Injury", Journal of Occupational Rehabilitation, 2013; 23: 55 – 62.

12장

세계의 과로 현상

과로 현상은 대만 곳곳에 만연해 있고 다른 나라에도 있다. 특히 동아시아 국가에서 두드러진다. 국제적으로 과로를 어떻게 보고 있으며 세계 각국은 어떻게 대처할까?

일본에서 발원

가장 먼저 '과로'를 공식적으로 직업병에 포함시킨 나라는 일본이다. '과로사'라는 말의 출현은 1982년으로 거슬러 올라간다. 의사 타지리 슌이치로田尻俊一郎와 호소카와 미기와細川汀 교수, 우에하타 테츠노조上畑鐵之丞 박사가 펴낸 『과로사: 뇌·심장계질환의 업무상 인정과 예방脳·心臟系疾病の業務上認定と予防』이라는 책이 유래다. 정식 명칭은 'karoshi'이며 한자어로 '과로사過勞死'다. 이때부터 광범위하게 사용되었다. 책에서 정의한 '과로사'는 '과중한 노동 부하로 인해 원래의 뇌심혈관질환이 악화해 영구적으로 노동을 할 수 없거나 사망을 야기하는 것'을 지칭했다.

비록 '과로사'라는 명칭이 1980년대에야 나타났지만, 자료에 따르면 일본은 1950년대에 이미 업무 스트레스 과중으로 인해 뇌혈관질환 혹은 심장질환이 촉발되는 사례가 있었다. 그래서 일본 정부는 1961년에 '의문의 사건'과 뇌혈관 및 심장 발작의 관계를 귀납 정리했다. 당시 과로를 인정하려면 사건 발병 전에 평상시 업무와 다른 돌발성 사건이 일어났고 또한 해당 사건의 영향력이 강해 질병을 촉발하기에 충분했다는 점을 증명해야 했다. 그러나 장기간 누적된 과로에 따른 질병 상태를 인정하지는 않았다.[1]

이후 일본 과로 문제는 날이 갈수록 심각해졌다. 1970년대 노동자가 아무런 병의 증세가 없다가 급사하는 사례가 여러 건 발생했다. 1978년 우에하타 박사가 일본공업위생학회 연례회의에서 17건의 '과로사' 의학보고서를 발표해 과로에 대한 사회적 관심을 이끌었다.[2]

피해노동자가 갈수록 많아지면서 1981년 일본의 법조계, 의학계 및 피해 노동자 가족이 모여 '오사카 급성사 등 노동재해 인정 연락모임'을 결성했다. 여론의 압박을 받은 일본 정부는 1987년에 '뇌혈관질환과 허혈성 심장질환 등의 인정 기준'을 공표하고 과로 인정의 새로운 기준으로 삼았다. 발병 1주일 전 업무 부하가 과중했다면 곧바로 산업재해로 인정받을 수 있었다. 동시에 법정 노동시간도 주 48시간에서 40시간으로 줄었다.[3]

1980년대 일본 민간에서 과로에 대항하는 운동이 왕성하게 발전했다. 일련의 사법 소송에서 시작해 판결을 거쳐 노동자의 권익을 쟁취하고 동시에 사회적으로 대중을 교육했다. 1988년 6월에는 '과로사 변호인단 전국 연락회의'가 설립됐고 '과로사 110번' 상담 전화도 개설됐다. 다원적인 민간 조직의 역량이 모이고 노동변호사가 힘을 보태면서 수많은 사건이 노동자 측의 승소로 이어졌다. 법조계, 의학계와 가족들은 밖에서부터 싸우며 중앙을 포위했다. 이들은 일본 정부가 1995년 '뇌혈관질환과 허혈성 심장질환 등(외상 제외)의 인정 기준'을 다시 수정하도록 압박하면서 장시간 노동 부하 과중의 유형도 과로 인정 기준에 포함시켰고 이로써 과로사 문제에 새로운 이정표를 세웠다.

1996년 일본에서 노동자 자살 사건이 발생했고, 법원은 이 사건이 과로로 인한 우울증 촉발로 일어난 것임을 인정했다. '과로사 변호인단 전국 연락회의'의 강력한 요구 아래 일본 정부는 1999년 과로 인정 범위를 확장하여 정신질환을 과로 직업병 범위에 포함했다. 이로써 과로를 인정하는 관련 법령이 완전하게 마련되었다고 할 수 있다.[4]

근래 들어 일본은 직장 과로 예방에 적극적이다. 보편적인 사회 인식도 과로사와 과로 자살 방지가 국가와 사회의 책임이라 여기며 정부에 유효한 대책 마련을 요구하고 있다.

2014년 6월 일본 내각은 '과로사 등 방지대책 추진법'을 통과시키고 같은 해 11월 1일부터 시행했다. 해당 법은 '과로사'를 '업무 부담 과중으로 인해 뇌혈관질환 혹은 심장질환이 발생하여 사망한 자, 또는 업무로 인한 심리 부담 과중으로 정신장애를 일으켜 자살 혹은 사망한 자'로 정의했다.

해당 법은 또한 명확하게 정부가 과로사의 원인을 연구 조사하고 선도 활동을 진행하며, 완전한 자문 창구를 세우고 민간단체의 관련 활동을 지원할 의무가 있다고 규정했다. 이뿐만 아니라 정부는 매년 성과보고서 작성을 의무화하고 과로사 방지 조치 요강을 제정해 정부의 과로 방지에 대한 법적 책임을 부과했다.

동아시아에 두드러진 과로 문화

서양 국가는 보편적으로 장시간 근로 형태를 인정하지 않는다. 그래서 장시간 노동으로 과로사를 야기하는 것은 동아시아 국가 문화의 특수한 산물이다. 대만대학교 건강정책및관리연구소 정야원 교수의 지적에 따르면 서양 국가에서 비록 1950년대부터 업무 스트레스와 심혈관질환의 관련성을 보여주는 연구가 많았지만, 심혈관질환 촉발 요인이 상당히 다양했고 직장문화에 지나치게 긴 노동시간이 거의 나타나지 않으며 대만 과로사의 노동시간과 상황이 달라 업무 스트레스가 심혈관질환을 촉발하는 주요 원인임을 인정하기 어려웠다. 그래서 서양 국가 정책은 심혈관질환을 직업병 범위에 포함하지 않았다.

세계 각국을 살펴보면 현재 과로로 야기된 뇌심혈관질환을 직업병 범위에 포함하는 나라는 일본, 한국, 대만뿐이다.

한국에서도 과로 문제는 상당히 심각하다. 한국의 장시간 노동 실태는 세계적으로도 상위권이다. 대만과는 상위 3등 안에서 각축을 벌였다. 과거 한국의 노동시간은 늘 대만보다 길었다. 그러나 최근 한국의 연간 노동시간이 계속 감소하면서 2012년에 처음으로 대만보다 낮아져 2,090시간으로 4위를 기록했다.

한국에서는 1990년대에 경제가 쇠퇴했는데 과로사 문

제는 오히려 심화했다. 한국 정부는 1995년부터 과로사 문제를 직시하기 시작하고 직업병 급여 항목에 포함했다. 자료에 따르면 한국은 1996년 252건의 과로 사건을 보상했고 2003년에는 2,358건으로 정점에 달했다. 비록 최근에 점차 완화되고 있지만, 2009년에 여전히 639건이 발생했다.([그림1])

과로 문제가 심각해지자 한국 정부도 대책을 강구했다.

[그림1] 일본 · 한국 · 대만의 직업성 심혈관질환 보상 건수(1996~2019)

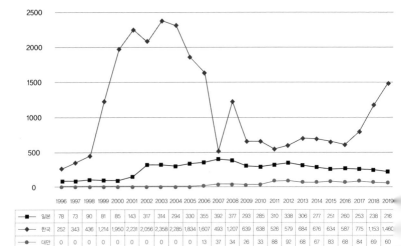

	1996	1997	1998	1999	2000	2001	2002	2003	2004	2005	2006	2007	2008	2009	2010	2011	2012	2013	2014	2015	2016	2017	2018	2019
일본	78	73	90	81	85	143	317	314	294	330	355	392	377	293	285	310	338	306	277	251	260	253	238	216
한국	252	343	436	1,214	1,950	2,231	2,056	2,358	2,285	1,834	1,607	493	1,207	639	638	526	579	684	676	634	587	775	1,153	1,46C
대만	0	0	0	0	0	0	0	0	0	0	13	37	34	26	33	88	92	68	67	83	68	84	69	60

자료 출처: 대만대학교 건강정책및관리연구소 교수 정아원

2014년 1월 7일 한국 정부는 청와대에서 국무회의를 열고 일하는 방식과 문화를 개선하기 위한 캠페인을 제시했다. 해당 캠페인은 야근을 부추기고 휴가를 제대로 쓸 수 없는 한국 사회의 직장문화를 버리고, 기업이 노동효율을 높이려면 노동자의 휴식권을 존중하고 보장해야 한다는 취지였다.

당시 방하남 고용노동부 장관은 국무회의에서 "과로하는 문화를 바꾸려면 법과 제도 개선만으로는 어렵다. 한국 사회의 인식과 행동이 바뀌고 일과 가정이 양립하는 좋은 업무 환경을 만들어야 한다"라고 말했다.

유럽의 업무 스트레스 대처

유럽 국가의 산업구조와 노동환경을 보면 동아시아 직장처럼 장시간 노동이 심각하지 않다. 그래서 뇌졸중이나 심장질환 등 과로 질환이 잘 나타나지 않는다. 따라서 과로로 인한 심혈관질환을 직업병 범위에 포함하지 않는다. 서양 국가는 장시간 노동보다 업무 스트레스에 따른 건강 위해로 심리적 방면의 질병이 더 많이 나타난다. 직장의 업무 스트레스는 유럽에서 뜨거운 사회 문제다. 각 나라도 과로를 조장하는 업무 스트레스를 적극적으로 예방해 건강한 직장환경을 조성하려 한다.

1996년 유럽연합은 당시 회원국을 대상으로 진행한 설문조사에서 28%의 노동자에게 업무 스트레스 관련 질병 혹은 건강상의 문제가 있다는 것을 발견했다.[5] 현재 유럽연합은 13개 국가에서 직장 스트레스를 낮추는 관련 법령을 시행하고 있다.

수많은 서방 국가에서도 우울증, 불안장애, 외상후스트레스장애 등 업무 스트레스가 야기하는 질병을 산업재해 보상 범위에 포함했다. 그중 호주 산업재해보험국은 2004년 8,260건의 사례를 업무 스트레스가 야기한 직업성 정신질환으로 인정했다. 캐나다 퀘벡주의 경우 2007년 1,228건의 스트레스로 인한 상병 사례가 있었다.[6]

덴마크, 스웨덴, 호주, 캐나다 퀘벡주 등은 또한 과중한 업무, 업무 규제, 야간노동과 당직 배치, 성폭력, 직장 내 괴롭힘, 차별대우, 직장폭력 측면을 포함한 '직장사회 심리적 위험 요인'을 근로감독 범위에 포함했다.[7]

최근 몇 년 사이 '번아웃burnout'은 독일 노동시장의 중대한 문제다. 심리 문제로 입원한 사람이 대폭 증가했다. '과로'는 갈수록 빈번하게 나타나는 진단 결과가 되었다. 학자 신빙룽 등이 인용한 연구자료에 따르면 '과로'는 2010년 처음으로 독일 노동자의 병가 신청에서 가장 흔한 이유

가 되었다. 해당 연도는 '과로'로 인해 병가를 신청한 일수가 2004년의 10배였다.[8]

독일연방통계국의 2008년 보고에 따르면 정신적 문제와 관련된 질병의 증상으로 286억 유로의 직접비용이 발생했고 이는 전체 의료비용의 11.3%를 차지했다. '과로'는 심장과 순환계통 질병, 소화계통 질병에 이어 독일의 3대 의료비용 지출 항목이다. 독일 전체 인력 자본에 손실을 입힌 병가 중 심리 요인 관련 병가는 18%를 차지했다. 이로 인해 국민소득이 450억 유로 감소했고 이는 전체 국민소득의 1.8%다.[9] 독일 법령은 직원의 안전과 건강을 보장하기 위한 조치를 하고 '과로'로 파생된 직장 문제에 함께 대응할 것을 기업에 요구했다.

이처럼 서구에서는 일터의 업무 스트레스, 특히 과로가 촉발하는 영향에 주목하면서 사전 예방을 강조한다. 고용주의 책임을 강조할 뿐만 아니라 동시에 노동자의 알 권리, 노동조합의 상호 견제와 근로감독 등 건강관리 전략을 중시한다.

대만을 돌아보면 정부의 과로 예방 정책은 지나치게 소극적이며 행정기관은 기업의 초과시간 연장근로 위법을 방임한다. 사법기관 방면으로는 일본 법원이 과로 인정에서 중요한 역할을 담당했던 것과 비교해 대만 법원의 판결은 보수 쪽에 치우쳐 있다.

세계 각국의 경험을 거울삼아 대만의 현행 환경과 제도가 앞으로 나아가야 할 부분이 여전히 많다. 합리적인 노동환경과 문화를 조성하기 위한 각계의 공동 노력이 필요하다.

* 후주

1)~4)　鄭雅文等著, 《職業, 病了嗎?》

5)　European Foundation for the Improvement of Living and Working Conditions, 1996.

6)~7)　鄭雅文等著, 《職業, 病了嗎?》

8)~9)　行政院研究發展考核委員會委託研究報告, 辛炳隆·林良榮·葉婉榆, 《防範職場過勞並促進産業競爭力之研究》, 2013年5月.

13장

과로 대항 대작전

장시간 노동과 높은 스트레스의 노동환경은 이미 대만을 '과로의 섬'으로 만들었다. 오늘날 '그만두지 않으면 죽을 때까지 혹사당하고, 죽지 않으면 그만둘 때까지 혹사당한다'는 말이 말단 노동자들이 자조하는 유행어가 되었다. 다음 차례에 쓰러질 노동자가 바로 당신과 내 주위에 있을지 모른다. 우리가 어떻게 이 목숨들을 구해야 할까?

법정 노동시간 단축

2015년 개정 전 근로기준법에서 규정한 법정 노동시간은 2주에 84시간을 초과해서는 안된다는 것이었다. 만약 연차로 누적한 특별휴가를 고려하지 않고 근로기준법에서 휴일로 규정한 법정 공휴일(총 19일)을 제외한 후 계산한다면 법정 연간 총 노동시간 상한은 약 2,032시간이다. 노동부의 2013년 통계조사에 따르면 대만 취업자의 평균 총 노동시간은 2,124시간이다. 그중에는 위법 처벌을 우려해 고용주가 보고하지 않은, 방대하지만 보이지 않는 노동시간이 포함되지 않았다.

2015년 이후 비록 주 40시간을 초과할 수 없는 것으로 법정 노동시간이 개정되었지만, 위의 계산대로 법정 공휴일(법 개정 후 총 12일)을 제외한다면 연간 총 노동시간은 1,984시간이다. 그러나 2018년 통계에 따르면 해당 연도 대만 취업자의 평균 총 노동시간은 여전히 2,033시간에 달했다. 대만 국민의 노동시간은 과도하게 길다. 대만 노동시간은 영광스럽게도 OECD 국가 중 4위에 올라 구미 선진국을 훌쩍 뛰어 넘었다.

우리는 이전에 이미 노동시간을 주 40시간으로 줄이는 것뿐만 아니라 연장근로수당 인상, 초과시간 연장근로의 처벌 강화, 노동자의 특별휴가 사용 장려 등과 같은 관련 부속 조치들을 건의했다. 현재 업무 환경에 대응해 정부도 메신저 앱을 이용한 연장근로의 업무 규범을 제시해 '퇴근 후에도 일하는' 상황을 억제해야 한다.

이 밖에도 행정기관은 노동시간을 단축할 장기 계획을 세워야 하며 양질의 노동환경을 수립하고 노동시간 총 목표를 설정해야 한다. 이에 따라 국내 총 노동시간을 1,800시간 이하로 점차 줄여야 한다. 이 목표는 독일 연간 노동시간인 약 1,400시간보다 아직 많지만, 미국 연간 노동시간 1,789시간에 근접한다. 점차적으로 노동자의 심신 건강 발전의 균형을 맞춰야 한다.

과로 문제가 가장 심각했던 일본의 사례를 보면 정부는 이 문제를 해결하기 위해 1987년 근로기준법을 수정하고 주간 노동시간을 48시간에서 40시간으로 줄였다. 대만 문화대학 법학과 교수 치우쥔옌邱駿彥은 일본의 법 개정 당시 연간 총 노동시간은 2,300시간이었지만, 개정 이후 연장근로 수당률이 오르고 계획적인 특별휴가 사용 양식이 추가되었으며 주 2일 휴무가 정착되도록 힘쓰는 등의 부속조치들이 더해져 현재 연간 총 노동시간이 1,800시간으로 낮아졌다고 분석했다.

근로감독 강화

근로기준법 수정을 통한 총 노동시간 단축뿐만 아니라 근로감독 강화도 급선무다. 노동 법규에 보장돼 있더라도 효과적으로 실행되지 못한다면 형식뿐인 것으로 전락할 수 있다. 대만 기업의 노동 법령 위반 실태는 상당히 널리 퍼져 있다. 특히 노동시간이나 연장근로수당 지급 부분은 위법률이 대단히 높다. 역대 근로감독 결과 보고를 보면 한눈에 알 수 있다.

최신 근로감독 결과를 예로 들면, 현재 영업 등재된 업체 수*는 160만 곳 가까이 된다. 노동통계 연보에 따르면 2018년 고용 노동자가 있는 사업체 수는 약 88만 7,000곳으로 추정된다. 근로조건에 대한 조사에서 전체 조사 건수는 총 6만 7,005건이고(같은 업체 중복 조사건수 포함) 그 중 위반 적발 건수는 2만 622건에 달한다. 그러나 위법 사례에 대한 처벌률은 고작 13.23%다. 그리고 노동안전보건 관련 전체 조사 건수는 12만 1,613건인데 그중 위법적발 건수는 13만 6,533건(동일 업체에서 동시에 여러 법령 항목을 위반했을 수 있음)이고 처벌률은 겨우 7.91%였다.

한 근로감독기관 관계자가 "현재 조사 건수로 보면 다수 기업이 대략 30년에 한 번 조사를 받을까 말까다"라고 사적으로 밝힌 적이 있다. 근로감독 업무량이 과다해 전면 조사가 어려울 뿐만 아니라 설사 지방정부가 법규 위반을 찾아내더라도 해당 지역 기업주의 미움을 살까 봐 감히 처

....

* 　대만 법률 규정에 따르면 합법적인 영업 활동을 위해 두 가지 요건이 필요하다. 경제부가 주관하는 영업등기, 재정부가 주관하는 세무등기가 그것이다. 영업 등재에는 이 두 가지 등록사항이 포함된다.

벌하지 못한다. 현재 근로감독 정책 방향은 개선을 격려함으로써 처벌을 대체하는 것이다. 법규 위반의 처벌률 역시 낮은 편이다. 그래서 위법을 적발당하더라도 언제나 개선 기회를 얻을 수 있고 많은 기업이 요행을 바랄 뿐이므로 직장 위법 실태를 단기간에 개선하기 어렵다.

감독횟수가 지나치게 낮은 주요 원인은 근로감독관의 만성 부족과 관련이 있다. 인력이 부족하니 고압증기화로 등 위험성 기계나 설비 안전방호와 같은 안전보건 항목의 근로감독을 우선시할 수밖에 없다. 노동시간 등의 근로조건에 대해서는 전면 조사가 어렵다.

따라서 초과근로는 각 기업에서 언제든 발생할 수 있다. 이는 직장의 공공연한 비밀이다. 근로감독기관이 찾지 못하는 것이 아니라 조사할 인력이 없는 것이다. 만약 정말 전면 조사에 착수한다면 근로감독관 역시 과로의 고위험군이 될지 모른다.

근로감독은 노동자의 직업안전을 보장하는 중요한 방어선이다. 그러나 인력이 오랜 기간 심각하게 부족해 수많은 감독이 형식에 그치고 있다. 대만의 평균 근로감독 인력이 노동자 만 명당 약 0.69명인 데 반해 유럽연합의 권고치는 1.5명이다. 스웨덴은 2.9명, 핀란드는 1.6명, 영국은 1.1명이다. 기타 선진국과 비교해도 대만은 국제 기준에 훨씬 못 미친다.

법률만으로 노동안전이 저절로 실현될 리 없다. 법령만 있고 조사와 감독 기제가 부족하면 법령은 빈껍데기에 불과해 노동자 직장 안전과 보호에 허점이 드러나게 된다. 근로감독 인력 부족은 이미 노동자 생명과 건강에 심각한 영향을 미쳤다. 담당 기관은 마땅히 근로감독 인력을 적극적으로 충원해 많은 노동자가 끊임없이 생명 안전과 건강 위해의 거대한 위험에 처하는 일을 막아야 한다.

근로기준법 제84조 제1항의 폐기

대만 법률의 상한은 늘 기업 내부 규정의 최저 기준이다. 심지어 말할 수 없는 수많은 비밀이 수면 아래 감춰져 있다. 지금 대만 노동자는 노조 역량이 성숙하지 않아 단결권 신장이 어려운 처지다. 노동자는 언제나 불리한 노동환경에 홀로 맞서야 하며 단체협상 방식으로 정당한 보장을 쟁취하기가 매우 어렵다. 그래서 대만 노동조건은 언제나 노동법령의 한계선 근처에 머물러 있다. 법 적용에도 무수한 난관이 있어 개별 노동자를 완벽하게 보호할 수 없고 유연성과 합리성이 부족하다.

근로기준법 제84조 제1항이 바로 가장 뚜렷한 예증이

다. 근로기준법 제84조 제1항을 적용받는 노동자가 근로기준법의 노동시간 적용에서 제외되어 노동시간 보장의 뒷문이 크게 열리는 결과를 낳았다. 직장 현장에서 근로기준법 제84조 제1항은 정부의 '과로 용인' 조항으로 전락했으며 '노동시간 무보장 직군'을 조성해 이들을 근로기준법의 테두리 밖으로 쫓아냈다.

예를 들면 보안요원이 바로 근로기준법 제84조 제1항의 적용자다. 노동부에 따르면 노동자의 재해 1개월 전 노동시간이 276시간 이상이거나 재해 2개월 전부터 6개월 전까지의 월평균 노동시간이 256시간에 달하면 과로 인정 기준에 부합한다. 그러나 노동부가 제정한 '보안업의 보안인원 노동시간 심의 참고 지침'은 오히려 보안 노동시간을 최장 월 312시간에 달할 수 있도록 허용함으로써 법을 어겨도 처벌받지 않게 했다. 정부는 엄연히 보안 노동자를 과로사로 내몬 주요 범인 중 하나다.

사실 근로기준법 제84조 제1항의 가장 중요한 취지는 '노사 쌍방이 별도로 노동시간을 정한다'는 것에 있다. 그러나 이 제도에는 '노동자가 고용주와 협상할 능력이 있다'는 전제가 반드시 갖춰져야 한다.

노동부 통계 자료에 따르면 2018년 대만에서 기업노조나 산업노조에 가입한 노동자는 약 67만2,000명이다. 전국 고용노동자 수와 대비해 노조 가입률은 겨우 7.3%다. 그리고 노사협의회를 소집하는 기업은 겨우 9만8,512곳에 불과하며 전체 등기업체 수의 6.2%에도 미치지 못한다.

지금의 직장환경에서 노동자는 단체의 힘으로 권익을 쟁취할 길이 거의 없으며 고용주와 협상해 합리적인 노동 시간을 정하기 어렵다. 그래서 근로기준법 제84조 제1항의 규정하에 있는 절대다수의 노동자는 혼자서 사측과의 대면에 내몰려 노동시간을 정하고, 그 결과 상식에서 벗어나는 노동시간 규정이 생겼다. 이렇게 과로라는 사신의 먹잇감으로 전락했다.

이전에 과로사로 인정받은 어느 보안요원이 있었다. 생전에 끊임없이 노동국, 감찰원에 초과시간 근로를 진정했고 그가 세상을 떠난 후엔 가족들도 고용주를 고발하며 연장근로수당 반환을 요구했지만, 고용주는 자신과 상관없는 일이라며 냉담한 태도를 보였다. 회사는 노동자의 서명날인이 있는 노동시간 계약서를 꺼내 들고 강하게 반박했다. 이런 장시간의 근로조건은 전적으로 노동자 본인의 동의를 거친 것이라는 말이었다. 고용주는 연장근로수당 지급을 거절했을 뿐만 아니라 과로 책임 역시 노동자에게 떠밀었다.

노동자가 구직·재직 과정에서 정말로 불합리한 요구를

거절할 수 있을까? 서명 날인이 곧 노동자의 뜻과 일치한다는 표시일까? 현실의 직장에서 대다수 노동자는 억울해도 잠자코 계약서에 날인하거나 일을 그만두는 것 중 하나를 택할 수밖에 없지 않을까? 만약 노동자가 정말 동의했다면 왜 생전에 애써 행정기관에 제소했을까?

우리는 근로기준법 제84조 제1항이 마땅히 폐기되어야 한다고 주장한다.

수술실의 간호사도 이미 이 조항의 적용에서 제외되었다. 교대제 방식으로 업무 수요를 해결할 수 있다. 현재 국제적으로도 장시간 운항노선이 점차 사라지고 있으며 10시간이 넘는 운항노선을 유지해야 하는지 여부 역시 논쟁거리다. 승무원의 안전과 건강을 보장하고 특히 탑승객의 안전 유지에 기반해 비행기 환승 방식으로 직항을 대체하는 것이 해결책이다.

덧붙이자면 기장의 피로 문제를 어떻게 잘 관리할 것인지도 각계에서 토론해야 한다. 매체 보도에 따르면 2013년 8월 영국 모 항공사의 여객기가 수백 명의 탑승객을 태우고 1만700m 상공을 비행하고 있을 때 기장과 부기장이 과도한 피로 때문에 연달아 잠들었다. 기장은 이를 영국 민간항공관리국(CAA)에 보고했고 이 사실을 기사화했다. 기장은 비행 임무가 많아 이틀 내내 5시간밖에 못 잤다고 해명했다.

영국 민항기장협회(BLAPA)는 500명의 민간 항공 조종사를 대상으로 설문조사를 한 적이 있다. 56%에 달하는 기장이 비행 도중 잠든 적이 있다고 답했다. 또한 잠든 기장들 중 29%는 잠에서 깨어보니 동료 기장도 잠들어 있었다고 답했다.

다행히도 위 사례들은 심각한 재난으로 이어지지 않았지만, 모든 사례가 운이 좋았던 것은 아니다. 2014년 펑후澎湖현 마궁馬公시에서 심각한 항공사고가 발생해 48명이 사망했다. 기후 요인으로 활주로 가시거리의 영향을 받기도 했지만, 뜻밖에도 1시간 반의 운항 시간 동안 기장이 16차례나 기침하며 '너무 피곤해'라고 말한 사실이 블랙박스에서 확인되었다.

비행기 운항 업무는 고위험 성격을 띠며 공공 안전에도 영향을 끼치므로 피로 관리 문제를 신중히 고려해야 한다. 노동시간 규범은 더욱 엄격해야 한다. 그런데 실상은 이와 반대다. 기내 승무원을 근로기준법 제84조 제1항의 적용 대상으로 지정한 것은 분명 지나치게 경솔한 조치다.

이처럼 근로기준법의 뒷문 조항은 수많은 고용주가 법을 위반해 불법 이익을 취하고 '재량근로제'를 남용하게 하며 노동자를 장시간 노동환경에 빠뜨리고 있다. 노동자의 휴식권, 건강권, 생명권은 모두 마땅히 보장받아야 한다. 어떤 직업도 과도하게 노동자의 생활을 침해할 수 없다. 이는 '8시간 노동제'의 핵심이다.

과로 인정 기준과 절차의 정기적 검토

대만 직업병 문제에 관해 정야원과 정펑치鄭峰齊 등은 저서『직업, 병인가요?職業, 病了嗎?』에서 많은 예리한 분석과 토론을 담았다. 그중 현재 직업병 인정에서 나타나는 여러 문제점-업무상 유해 요인 폭로 증거 부족, 유행병학 지식에의 과도한 의존,* 의학지식과 인정 근거 사이의 논쟁, 직업병 인정·감정 과정과 정책 결정에 외부 감독이 없어

....

* 정야원 등의 견해에 따르면 대만 직업병학계는 유행병학의 인과 추론을 상당히 중시한다. 비록 노동위원회가 2010년 12월 〈직업 촉발 뇌혈관 및 심장질환(외상으로 유발된 것은 제외)의 인정 참고 지침〉을 개정해 '업무 장소에서 촉발한 질병의 특수한 스트레스를 본인 체질, 위험인자와 비교하며 질과 양 측면에서 평가했을 때, 업무의 특수한 스트레스가 50%를 초과'해야 한다는 등의 문구를 삭제하고 '정형화 원칙'으로 바꾸었지만, 직업의학계는 여전히 유행병학의 '상대적 위험〉2'(PR〉2)을 보편화하며 질병의 '업무 관련성' 판단 근거로 삼는다. 그러나 관찰 연구 위주인 유행병학은 그 자체에 수많은 제약이 있다. 핵심은 '대중(population)'을 연구단위로 하는 유행병학의 인과 추론은 반드시 '집단' 단위에서 의의가 있으며 개별 사건의 인과 추론에 응용할 수 없다는 점이다. 단일 사건에서 '업무 요소'와 '비업무 요소'의 '기여 가능 위험률(attributable risk percentage)'을 확인하고 측정하는 것은 불가능하다.

감정 결과만 알 수 있을 뿐 근거가 제공되지 않는 점 등을 언급했다.

그리고 현재 과로 인정 역시 위에 서술한 문제점이 존재한다. 우선 업무상 유해 요인을 폭로할 증거 측면에서 노동시간과 스트레스의 연관성 입증은 언제나 상당히 어렵기 때문에 판정의 증거를 마련하지 못하게 한다. 현재 입증자료는 주로 피해 노동자나 가족이 수집해서 제시해야 하며 행정기관은 적극적으로 개입해 조사하려는 기제가 부족하다.

우리는 향후 행정기관이 공권력을 행사해 노동자가 관련 증거를 얻도록 지원하고, 노동자의 실제 업무환경 실태를 더 잘 이해할 수 있도록 서면 심사만이 아닌 실제 작업 현장 방문 조사를 실시해 이 결과를 직업병 인정의 참고 근거로 삼을 것을 건의한다.

다음으로 현행 과로 인정 기준에서 노동자가 흡연, 음주 혹은 불량한 생활 습관 등 기타 뇌심혈관질환을 일으킬 만한 요소가 있다면 종종 과로 사건에서 배제된다는 문제가 있다.

우리가 장기간 노동자의 노동 실태를 관찰한 결과, 일부 불량한 생활 습관의 원인을 전적으로 노동자 개인의 탓으로 돌릴 수 없으며 때때로 이것이 가혹한 노동환경과 관련이 있다는 사실을 발견했다.(10장 참고) 그래서 과로 질병을 인정할 때 더 나아가 좋지 않은 습관의 원인을 이해하고 분석해야 하며, 만약 업무와 매우 큰 관련이 있다면 반드시 종합적으로 고려해 배제 여부를 다시 결정할 필요가 있다. 이를 통해 노동자가 전적으로 건강 위험을 부담하지 않도록 해야 한다.

과로로 야기되는 비표적 질병도 적극적으로 연구하고 국외 관련 문헌 보고를 참고하여 정기적으로 표적 질병 항목을 검토해야 한다. 그래야 구체적으로 노동자의 권익을 보호할 수 있고 과로 현상이 직장에 만연하는 것을 피할 수 있다.

현행 산재보험 보상 제도 정비

현재 산업재해보험 보상 제도는 마치 찢어진 우산처럼 온전하지 못하다. 사고를 당한 과로 노동자와 가족은 부족한 보장 때문에 생활의 곤경에 처하고 정신적으로도 회복할 수 없는 고통을 겪는다. 그래서 우리는 정부가 현행 보상 제도를 전면 재검토해야 한다고 보며 아래의 사항을 제안한 바 있다.

1. 모든 산업재해 보상 관련 법규를 단일화하고 산업재해 전문법을 제정하여 노동자가 여러 종류의 법령을 알아야 하고 각기 다른 법규에서 각각 권익을 주장해야 하는 어려움을 해소하도록 한다.

2. 산업재해 노동자의 수요를 재조사하고 전체 보상 수준을 높여 피해 노동자와 가족의 생활이 곤궁해지지 않게 한다. 또한 산업재해보험 지급 비중을 높이고 고용주가 부담하는 보험 지급 차액 비중을 낮춰 노동자가 장기 소송을 통해야만 정당한 보상을 받을 수 있는 상황을 피한다.

3. 보상 제도에 노동자 재활과 예방 시스템을 포함하여 과로 피해 노동자가 이른 시일에 직장에 복귀해 존엄하게 일할 수 있도록 도와야 한다. 그뿐만 아니라 기존에 과로가 발생한 기업에 대해서는 담당 기관이 능동적으로 개입해 발생 원인을 이해하고 분석해야 한다. 아울러 개선을 요구해 같은 사건이 재발하지 않도록 방지해야 한다.

오랜 기간 민간단체들이 문제 제기하자 노동부는 2019년 12월 24일 마침내 '노동자 산업재해보험법' 초안을 행정원 심사에 부쳤다. 개정 내용은 보험 적용 대상 확대, 고용된 날로부터 보험 효력 발효, 사업주가 법에 따라 보험 납부를 하지 않아 노동자에 보장된 권익에 영향을 미치는 일을 방지, 보험급여 비중 대폭 상향, 적극적인 복직 재활 제도 계획 등이다. 그러나 현재(2021년 3월)까지 행정원은 심의를 완료하지 않고 있다. 행정원에서 심의를 마쳐도 국회의 심사에 부쳐야 한다. 개정법의 향방은 여전히 좀 더 기다려봐야 한다.

고위험군에 대한 건강 관리 기제 수립

현재 과로 인정 통계를 보면 노동부가 운용 분석을 더해 과로 고위험군을 식별하여 적극적으로 근로감독을 강화하고 과로 위험 요소를 제거해야 할 필요가 나타난다. 또한 능동적으로 '건강 관리 기제' 수립에 나서서 노동자 심리 지원, 건강검진 등을 제공해야 한다. 검진 결과에 따라 노동자에게 건강 관리를 제안하고 동시에 질병으로 인한 차별을 방지하기 위해 회사에 검진 결과가 노출되지 않도록 해야 한다.

효과적인 과로 예방과 권리 보장 정책의 시행만이 계속되는 과로 참사를 막을 수 있다.

제3부

과로에서
벗어나기

14장

과로하는데 어쩌죠?

만약 당신의 친구에게 과로 질병이 나타난 것 같다면 어떻게 해야 할까? 이는 우리가 가장 자주 받는 질문이다.

"제 매부가 과로사인 것 같은데, 어쩌면 좋을까요?" 어느 금요일 오후에 문의 전화를 받은 기억이 있다. 나는 당시 상대방에게 과로 인정 기준과 관련 절차를 설명했다. 노동자가 걸린 질병이 과로의 표적 질병이 아니어서 사망 원인과 관련된 증거 역시 한계가 있었고 과로 인정에 불리할 것 같았다.

가족들은 내게 물었다. 고인의 장례식이 이틀 후인데 이대로 장례를 치를 것인지, 곧바로 부검해야 하는지, 어떤 업무로 사인을 규명할 것이며 어떤 업무가 과로 인정에 유리할지. 그러나 장례식을 임의로 중단하는 것은 큰일이고 내가 가족을 대신해 결정할 수 없는 일이다. 그에게 과로 인정 작업의 장단점을 세세히 알리고 가족들이 결정을 내릴 수 있도록 도울 뿐이다.

사실 매번 과로 문의 전화를 받을 때마다 가족들은 늘 넋이 나가 있어 어찌해야 좋을지 모른다. 우리 역시 최대한 자료를 제공해 가족들이 판단하고 선택하게 할 수밖에 없다. 우리는 과거 사건의 경험을 토대로 관련 자료를 정리했다. '과로 인정 신청 절차', '산업재해 보상 청구 혹은 평가 소송', '심리상담 서비스'의 3가지 항목으로 구분했고 모두가 참고하도록 제공한다.

과로 인정 신청 절차

만약 노동자가 불행하게 과로에 처했거나 혹은 과로로 인한 발병이 의심된다면 우선 최대한 증거를 보전하고 수집한다. 수집해야 할 다음 5가지의 핵심 자료를 잘 기억하자.

○ 질병 진단증명 혹은 사망 증명서

○ 발병 전 6개월간의 노동시간 기록

○ 업무 내용 서술

○ 최근 비일상적 사건 발생 여부

○ 최근 건강검진 결과

만약 출퇴근카드 인식 기록이 없는 사람은 노동자의 업무 특성에 따라 가능한 많은 증거를 수집해 대략적인 노동시간을 짜 맞출 것을 제안한다.

예를 들어 출퇴근 시 회사 통근 차량을 이용한다면 통근 차량의 운행 시간, 대중교통을 이용한다면 교통카드로 지하철역이나 버스정류장을 드나든 기록, 컴퓨터 문서 저장 기록, 캘린더에 표시한 일정, 회사 건물 CCTV 화면, 휴대폰 통화기록, 메신저 대화 기록, 이메일 송수신 시간 등으로 추산할 수 있다. 만약 기사나 물류업 작업자라면 주행 기록기, ETC 기록 등을 참고할 것을 제안한다. 노동시간 관련 자료를 취합해 재해 이전 6개월의 월 연장근로시간 총합계를 계산한다.

위에 서술한 질병 진단, 업무시간 과부하 등이 만약 과로 인정 기준(부록1 참고)에 부합한다면, 관련 자료를 노동보험국에 보내 산업재해 급여를 신청하고 동시에 자료를 노동부 직업안전보건서에 보내 '과로 인정 협조 및 예방을 위한 특별 안건'을 발동한다. 해당 안건은 노동감찰기관을 통해 회사의 업무현장 상황 조사로 이어질 것이다. 그리고 각 지역 직업병 예방센터의 의사와 산업재해 노동자 개별 관리 담당자의 협조로 과로 인과 관계를 인정한다.

마지막에 노동보험국은 예방센터의 건의 보고를 참고한 뒤, 산업재해 급여의 심사 발급 여부를 판정할 것이다.

만약 결과가 산업재해가 아닌 것으로 판정되었다면 노동자와 가족은 이어서 쟁의 심의를 제기할 수 있다. 쟁의 심의도 통과되지 않는다면 노동부에 소원을 제기할 수 있다. 소원이 기각되면 행정소송을 제기할 수 있다.

비록 구제 절차에 '쟁의 심의', '소원', '행정소송'이라는 3번의 기회가 있지만, 사실 새로운 사건 증거나 설명을 제출하지 못하면 기존 판결이 바뀔 가능성은 크지 않다.([그림1] 참고)

[그림1] 과로 인정 신청 절차

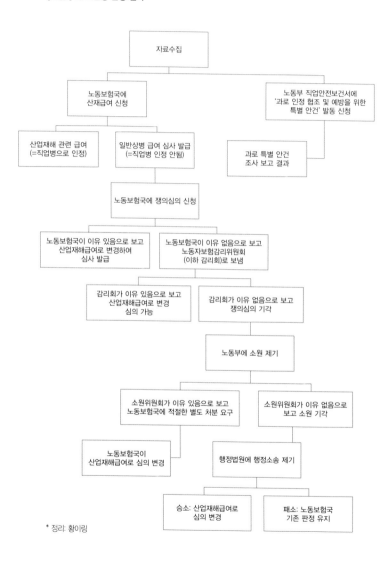

자료수집

노동보험국에
산재급여 신청

노동부 직업안전보건서에
'과로 인정 협조 및 예방을 위한
특별 안건' 발동 신청

산업재해 관련 급여
(=직업병으로 인정)

일반상병 급여 심사 발급
(=직업병 인정 안됨)

과로 특별 안건
조사 보고 결과

노동보험국에 쟁의심의 신청

노동보험국이 이유 있음으로 보고
산업재해급여로 변경하여
심사 발급

노동보험국이 이유 없음으로 보고
노동자보험감리위원회
(이하 감리회)로 보냄

감리회가 이유 있음으로 보고
산업재해급여로 변경
심의 가능

감리회가 이유 없음으로 보고
쟁의심의 기각

노동부에 소원 제기

소원위원회가 이유 있음으로 보고
노동보험국에 적절한 별도 처분 요구

소원위원회가 이유 없음으로
보고 소원 기각

노동보험국이
산업재해급여로 심의 변경

행정법원에 행정소송 제기

승소: 산업재해급여로
심의 변경

패소: 노동보험국
기존 판정 유지

* 정리: 황이링

산업재해 보상 청구 혹은 평가 소송

노동보험국이 사건을 과로 산업재해로 확정하면 회사는 법에 따라 의료보상, 의료요양 기간 원래 받아야 할 임금, 사망보상 등을 포함한 산업재해 보상을 지급해야 한다.(11장 참고)

만약 고용주가 위의 보상을 지급하지 않거나 노동자를 산업재해 의료요양 기간에 해고하면 노동자는 현지 노동국/처나 노동과(이하 노동국으로 통칭)에 노사 쟁의조정을 신청할 수 있고 조정회의를 통해 고용주에게 산업재해 보상 지급을 요구할 수 있다. 만일 조정이 성립되지 않으면 직접 노동국에 고용주의 위법을 고발하거나 행정기관에 처벌을 요구할 수 있다.

위에 서술한 것은 고용주가 법에 따라 당연히 지급해야 하는 산업재해 보상이다. 이에 더해 손해배상은 민사소송을 통해 고용주에게 보상을 청구하는 것이다. 그래서 노동자나 가족은 '재단법인 법률부조기금회'(Legal Aid Foundation of Taiwan, 약칭 법부)*의 각 지방 분회에 자문을

....

*   법률 부조는 전문 법률 지원이 필요하지만 소송비용 및 변호사 선임비용을 마련하기 어려운 사람들이 헌법상 보장된 소송권과 평등권 등 기본적 인권을 보장받을 수 있게 하는 지원 제도다. 법률부조기금회는 현재 대만 전역

예약할 수 있고 소송을 진행할 것인지의 여부를 평가받을 수 있다.

소송을 결정했다면 법부에 지원 신청을 할 수 있고 신청인의 수입과 자산이 지원 기준에 부합하기만 하면 변호사 선임비용과 재판비용 일체 혹은 일부를 지원받을 수 있다.

만약 자격이 지원 기준에 부합하지 않으면, 노동부는 노동자권익기금위탁법에 따라 '노동자 소송 즉시 지원 전담안'으로 처리를 돕는다. 변호사 비용을 보조하고 노동자의 소송을 지원하여 고용주에게 산업재해 보상과 배상 지급을 요구한다. 이 전담안의 자격심사 기준은 법부의 지원 건과 비교해 좀 더 느슨하다.

법부 혹은 전담안의 변호사비용과 재판비용 지원은 산업재해 노동자가 소송을 제기할 때의 부담을 줄일 수 있고 고용주에게 합당한 정의를 요구할 수 있다.

심리 상담 서비스

실질 권익을 얻는 문제뿐만 아니라 우리는 또한 수많은

....

에 총 22개 분회와 원주민 법률서비스센터를 보유하고 있다. 주로 법률 자문과 변호사 지원 신청 서비스를 제공한다.

산업재해 노동자나 가족이 갑작스러운 사고를 맞닥뜨리고 이를 받아들이기 힘들어하며 심리적으로 심각한 상처를 입는 것을 보았다.

"회사에 갈 때마다 울고 싶어져요. 약에 의지해야 비로소 감정을 억제할 수 있어요." 버스 기사 아성이 그중 한 예다.(7장 참고) 과로 산업재해 노동자는 일반 산업재해 노동자와 마찬가지로 심리적 외상의 문제에 부딪힌다.

산업재해 노동자뿐만 아니라 그의 가족 역시 심리 질병의 고위험군이다. 전에 한 과로사 노동자 가족을 만난 적이 있는데 그에게 심각한 수면공포가 있었다. 가족이 집에서 밤새워 일을 한 뒤 급사했고 이 갑작스러운 사건은 마음속에 그림자를 만들었다. 그는 깨어나면 또 가족 중 누군가 세상을 떠났을까 봐 줄곧 걱정했다. 스트레스가 커서 잠을 자지 못했다.

"케빈(가명)이 떠난 뒤로 나는 매일 마음이 너무 아파요. 시도때도 없이 내 심장소리가 들려요. 그 소리가 언제나 너무 커서 잠을 잘 수가 없어요." 어느 과로사 노동자의 아내가 자신의 불면 경험을 하소연했다. 그도 마찬가지로 갑작스러운 충격을 감당하지 못했다.

그러나 일반 과로 노동자나 가족은 심리 상담 지원을 찾는 일이 드물다. 사실 적시에 전문 심리 상담을 받으면 노동자와 가족은 더 많은 심리적 지지를 얻는다. 인생의 어두운 길을 함께 걸으며 더 힘을 내서 앞으로의 여러 도전과 마주할 수 있게 한다.

15장
과로 예방 자가 조치

대만 직장환경에는 위기가 숨어 있다. '과로' 위험이 당신과 내 주위를 몰래 염탐하고 있다. 잠시라도 주의하지 않으면 금세 위험에 빠져버린다. 과로사를 효과적으로 막으려면 정부 기관에 즉시 제도 개선을 요구하는 것뿐만 아니라 우리도 실제 행동에 나서야 한다. 다음의 과로 대항 수칙 5가지는 노동자가 모두 함께 맞서 싸우는 데 도움이 될 것이다.

첫 번째 수칙,
내 몸 바로 알고 경각심 높이기

내가 수많은 사건과 가족을 접촉하며 자주 듣는 말은 "전부터 과로 아닌가 걱정했었는데… 이렇게 될 줄은 생각도 못 했어요"라는 말이다. 가족은 항상 뼈저리게 후회하고 울며 하소연한다. '좀 더 일찍 알았더라면'이라고 생각하지 않는 사람이 없다. 사실 이미 이상하다는 낌새를 느꼈으니 걱정했을 것이다. 예를 들어 장기간 초과시간 연장근로, 비정상적인 휴식 시간, 늘 느끼는 몸의 피로, 오래가고 낫지 않는 잔병치레 등 말이다. 이것들은 모두 경고 신호이지만, 사람들은 이를 종종 무시하고 자신에게 나쁜 일은 일어나지 않을 거라고 여긴다.

일본 후생성은 1991년 발표한 '1989년 사회 경제면 인구 조사'에서 다수의 과로 급사 의심 사례의 원인을 분석했다. 모두 생전에 가족들에게 괴로움을 하소연했고 몸에 이상이 나타났다고 말했다. 이는 ① 전신이 쑤시고 피로감 ② 흉부 통증, 식은땀, 천식, ③ 어깨와 목의 통증과 손발의 마비 ④ 두통 등이다.

내가 전에 지원했던 사건들에서도 매우 높은 비율로 생전에 심각한 어깨 통증, 피로, 스트레스 과중을 가족에게 말했거나 감기와 비슷한 증상이 오랫동안 치료되지 않는 등 징조가 있었다. 일본의 분석 보고서와 약속이나 한 듯 일치한다.

건강은 천금을 주고도 사기 어렵다는 건 이미 알고 있다. 일단 한번 잃으면 감당할 수 없는 결과가 된다. 그래서 자기 몸이 보내는 경고 신호를 주시하고 조기에 발견해 미리 예방하는 것만이 효과적으로 과로의 발생을 막을 수 있다.

노동부가 펴낸 《셀프 과로 예방 수첩》에서는 과로의 주요 증상을 다음과 같이 정리했다.

- ○ 늘 피로를 느끼고 잘 잊어버린다.
- ○ 갑자기 늙었다고 느낀다.
- ○ 어깨와 목 부위가 뻣뻣하게 굳는다.
- ○ 피로와 답답함으로 잠을 못 이룬다.
- ○ 작은 일에도 짜증과 화가 난다.
- ○ 항상 두통이 있고 가슴이 답답하다.
- ○ 고혈압, 당뇨, 심전도 이상이 있다.
- ○ 체중이 갑자기 크게 변한다.
- ○ 최근 몇 년 운동해도 땀이 나지 않는다.
- ○ 스스로 몸이 건강하다고 여기고 병원에 가지 않는다.
- ○ 인간관계가 갑자기 나빠졌다.
- ○ 최근 일하면서 자주 실수하거나 불화가 생긴다.

위에 말한 몇 가지 증상에 해당한다면, 우선 당황하지 말자. 이는 단지 일차적인 점검일 뿐이지 반드시 발병한다는 건 아니다. 그러나 몸의 경고 신호를 소홀히 해서는 안 된다. 만약 당신이 위 증상에 부합한다면 좀 더 나아가 스트레스의 근원이 일과 관련 있는지, 그리고 스트레스의 원인을 없애거나 해결할 수 있는지 밝힐 수 있다. 또한 자신의 일을 여가, 휴식에 맞춰 조정하거나 불량한 생활 습관(흡연, 음주, 식습관 등)을 개선할 수 있다.

스스로 해결할 수 없다면 가족, 의사, 상사, 동료, NGO, 정부 기관, 심지어 민의대표자를 포함해 반드시 외부의 도움을 구해야 한다. 절대 혼자서 꾹 참고 넘겨선 안 된다. 특히 무리해서 억지로 버티려 하면 안 된다.

몸의 피로뿐만 아니라 심리 건강 상태 역시 소홀히 하지 말아야 한다. 적시에 친구에게 다 털어놓고 스트레스를 완화하는 것도 과로 발생을 줄인다. 게다가 친구에게 자신의 업무 상황을 이해시킬 수 있다.

다음의 '일터 피로 측정표'에 따라 현재의 과로 정도를 검사해볼 수 있다.

	문항 점수	점수 계산	당신의점수
[업무 피로] 1. 일이 당신을 정서적으로 고갈시키나요? (심리적으로 매우 피곤하게 만드나요?) 2. 일로 인한 좌절감을 느끼나요? 3. 하루종일 일한 뒤 기진맥진하나요? (완전히 기운이 없을 만큼 피곤한가요?) 4. 오늘 하루 일해야 한다고 생각하면 출근 전에 무력감이 느껴지나요? 5. 출근해서 매순간 견디기 어려운가요? (수시로 피곤을 느끼나요?)	항상 : 4 자주 : 3 가끔 : 2 드물게 : 1 전혀 : 0	(5문항 점수 합계) × 5	
[복무 대상에 대한 피로] 1. 복무 대상과의 상호작용이 어려운가요? 2. 복무 대상이 당신을 피곤하게 만드나요? 3. 복무 대상과의 접촉시간을 줄이길 바라요? 4. 복무 대상에게 싫은 감정을 느끼나요? 5. 복무 대상을 위해 하는 일이 많은 데 비해 받는 것은 적다고 느끼나요? 6. 복무 대상을 빨리 돌려보내고 싶은가요?	항상 : 4 자주 : 3 가끔 : 2 드물게 : 1 전혀 : 0	(6문항 점수 합계) × 25 ÷ 6	
[업무 과몰입] 1. 아침에 깨자마자 바로 업무를 생각하기 시작하나요? 2. 퇴근하고 귀가 후 여전히 업무를 생각하나요? 3. 침대에서 잠이 들 때 여전히 업무를 생각하나요? 4. 일을 위해 다른 활동을 희생하나요? 5. 더 많은 시간과 에너지를 일에 쏟기를 바라나요?	항상 : 4 자주 : 3 가끔 : 2 드물게 : 1 전혀 : 0	(5문항 점수 합계) × 5	

* 대만대학교 건강정책및관리연구소 교수 정야원이 연구 개발함.

업무 관련 과로 점수	
45점 이하	당신의 일 관련 과로 정도는 경미합니다. 당신의 일은 당신이 무력감, 심리적 고갈, 좌절감을 느끼게 하지 않을 것입니다.
45~60점	당신의 일 관련 과로 정도는 중간입니다. 당신은 가끔 일에 대해 무력감, 흥미 없음, 약간의 좌절을 느낍니다. 일에서 스트레스 근원을 찾아 재직훈련을 받고 직업 능력을 향상해 일의 만족도를 높이기 위해 스트레스 관리 기법을 배울 것을 제안합니다.
60점 이상	당신의 일 관련 과로 정도는 심각합니다. 당신은 이미 일로 인해 지쳐 나가떨어진 상태입니다. 당신은 심리적 고갈과 좌절을 느낍니다. 게다가 출근하는 것이 매우 견디기 어렵습니다. 적절하게 생활 방식을 바꾸고 운동과 휴식 시간을 늘릴 것을 제안합니다. 그리고 당신은 더 나아가 전문가 상담을 받아볼 필요가 있습니다.

복무 대상 관련 과로 점수	
50점 이하	당신의 복무 대상 관련 과로 정도는 경미합니다. 당신은 복무 대상에게 상호작용의 어려움, 매우 피곤함, 싫은 감정을 느끼지 않을 것입니다.
50~70점	당신의 복무 대상 관련 과로 정도는 중간입니다. 당신은 가끔 복무 대상에게 상호작용의 어려움, 매우 피곤함, 싫은 감정을 느낍니다. 복무 대상 관련 과로의 원인을 찾고 더 나아가 스스로를 조절해 여유와 휴식 시간을 늘릴 것을 제안합니다.
70점 이상	당신의 복무 대상 관련 과로 정도는 심각합니다. 당신은 늘 복무 대상에게 상호작용의 어려움, 과도한 피로, 싫은 감정을 느낍니다. 또한 빨리 복무 대상을 돌려보내고 싶어 합니다. 복무 대상에 대한 감정과 복무 대상 관련 과로 원인을 찾고 적절하게 생활방식을 바꿔서 운동과 휴식 시간을 늘릴 것을 제안합니다. 그리고 더 나아가 전문가 상담을 받아볼 필요가 있습니다.

업무 과중 정도	
50점 이하	당신의 업무 과중 정도는 경미합니다.
50~70점	당신의 업무 과중 정도는 중간입니다.
70점 이상	당신의 업무 과중 정도는 심각합니다.

* 2006년 노동위원회 노동안전보건서 《셀프 과로 예방 수첩》 참고

두 번째 수칙,
자립자강과 생활 균형 만들기

노동자가 좋은 건강 상태를 유지하려면 좋은 생활 습관을 확립해야 한다. 노동위원회는 자료에서 좋은 음식, 질 좋은 수면, 운동, 휴식 등을 포함한 과로 대응 방법을 알려준다.[1] 그중 식습관과 운동 부분은 아래 제안을 참고해 개선할 수 있다.

1. 식습관

1) 균형 잡힌 영양을 섭취한다. 우유 및 유제품, 고기·생선 및 가금류, 과일과 채소, 곡류의 4대 식품에서 섭취할 수 있다.

2) 음식 중 포화지방 섭취를 제한한다. 섬유질이 풍부한 식품(채소 등) 섭취를 늘려 위장 건강을 촉진한다.

3) 미디어가 제시하는 이상적인 몸매를 체중 감량의 목표로 삼지 않는다. 올바르지 않은 체중 감량은 거식증이나 폭식증을 초래할 수 있다.

4) 카페인을 함유한 식품(콜라, 커피 등)을 제한한다. 카페인을 과다 섭취하면 불면과 스트레스 발생이 증가한다. 동시에 흡연과 음주를 제한한다.

5) 적절한 때에 비타민을 보충한다. 특히 비타민C와 종합 비타민B는 피로를 줄일 수 있고 신체 기능 회복을 촉진하며 대사를 돕는 기능이 있다. 따라서 스트레스 상황에 처했을 때 도움이 된다. 그러나 지시 용량 주의사항을 참고해야 하며 과도하게 섭취해서는 안된다. 만약 각종 식품을 균형 있게 섭취한다면 체내에 충분한 비타민이 있을 수 있다.

6) 올바른 식사를 중시해야 한다. 과다한 정제 탄수화합물 (케이크, 디저트, 초콜릿 당류 등) 섭취를 피한다. 비록 이 식품들이 에너지를 빠르게 보충해줄 수 있지만, 민감하고 쉽게 화를 내며 정서 불안과 스트레스가 늘어나는 상태에 놓이게 만들 것이다.

7) 가공 면류 및 나트륨 고함량 식품을 과다 섭취하지 않는다.

2. 운동

1) 운동 강도: 220에서 나이를 뺀 것이 최대 심박수다. 처음 운동을 시작하면 매분 심장박동수는 최대 심박수의 60% 정도를 유지한다. 이후 점차 늘어나 최대 심박수의 80%까지 이른다.

2) 운동 빈도: 매주 3회 이상 운동하는 것이 가장 이상적이다. 매회 20~30분씩 운동한다. 운동을 일정표에 넣는 것

이 비교적 오래 지속할 수 있는 방법이다.

3) 운동 계획: 매일 기회가 될 때 걷거나 계단을 오르면 30분씩 활동량을 누적할 수 있다. 가령 귀가할 때 차에서 미리 내려 천천히 산보하듯 걸으면 하루종일 일했던 긴장을 풀 수 있다. 5층 이하는 엘리베이터를 기다리는 것보다 계단을 오르는 것이 좋다. 내려올 때는 엘리베이터를 타지 않는다. 수영과 자전거 타기는 비교적 힘을 들이지 않는 운동이면서 중간 난이도의 운동을 시작하는 방법이다.

4) 운동 시간: 일이 끝난 이후와 저녁 식사 전 빈 시간에 안배하는 것이 좋다. 한편으로 하루 동안 누적된 스트레스를 해소할 수 있고, 다른 한편 식욕을 충분히 낮춰 체중 유지에도 도움이 된다.

이뿐만 아니라 다음 표2)를 참고해 점수에 따라 자신의 위험 정도를 판별할 수 있다. 만일 이미 심각한 정도라면 가능한 빨리 업무 상태를 조정하고 의사의 진찰을 받아야 한다.

현재 노동부가 설치한 직업병관리서비스센터에는 각 지역 직업병예방센터와 여러 곳의 네트워크병원이 있다. 모두 노동자 과로 상황에 대한 '과로 진료' 시설이 있고 더 나아가 건강 관리 방안을 제공한다.

□ WHO 10년 내 심혈관질환 위험 정도표

10년 내 심혈관질환 위험	위험 정도
〈10%	경도 위험
10%-20%	중도 위험
20%-30%	고도 위험
≥30%	초고도 위험

* 건강검진 보고서 기록 및 이 표를 통해 심혈관질환 위험 정도를 추정할 수 있다.

□ 과부하 측정표와 노동시간 위험 정도표

	업무 관련 과로 점수	월 연장근로시간
저부하	〈45점 : 과로 정도 경미	〈37시간
중부하	45-60점 : 과로 정도 중등도	37-72시간
고부하	〉60점 : 과로 정도 심각	〉72시간

* 두 종류 이상의 업무에서 부하등급이 다를 경우 더 심각한 것을 선택

□ 뇌심혈관질환 위험과 업무 부하 촉발 뇌심혈관질환의 위험 등급

직업 촉발 뇌심혈관질환 위험 등급		업무 부하		
		저부하	중부하	고부하
10년 뇌심혈관질환 위험	〈10%	0	1	2
	10-20%	1	2	3
	≥20%	2	3	4

* 0=경도 위험, 1 또는 2=중도 위험, 3 또는 4=고도 위험

□ 직업 촉발 뇌심혈관질환 위험 등급별 노동자 건강 관리 조치

직업 촉발 뇌심혈관질환 위험		건강 관리 조치
경도 위험	0	조치 불필요, 일반 업무 종사 가능

중도 위험	1	생활양식 변경 제안, 노동시간 조정 주의, 최소 연 1회 추적
	2	생활양식 변경 제안, 의료 지원 고려, 업무 형태 조정, 최소 반기 1회 추적
고도 위험	3	의료 지원 강구 및 생활양식 변경 제안, 근로 제한 필요, 최소 분기 1회 추적
	4	의료 지원 강구 및 생활양식 변경 제안, 근로 제한 필요, 최소 1~3개월에 1회 추적

세 번째 수칙,
노동자 권리를 이해하고 지키기

노동자는 평소 자신의 노동시간 상황을 상세히 기록하고 수집할 수 있다. 출퇴근 시간, 출장과 각종 공무행사, 업무 장소가 아닌데 메신저 앱 등을 통해 연장근로를 하는 상황 등이 포함된다. 캘린더를 이용해 자세하게 기록할 것을 제안한다. 만약 노동시간이 너무 길거나 부하가 심하다면 상사에게 알려 조정한다.

만약 초과시간 업무 정도가 이미 근로기준법 규정을 위반했고 회사에서 이를 조정하지 않는다면 노동자는 각 지방정부 노동국/처에 제소할 수 있다. 제소로 인한 노사관계 긴장과 파탄을 막기 위해 노동자는 노동조합을 통하거나 익명으로 지방노동국/처에 회사 위법 사유를 고발할 수 있다.

우리는 특별히 노동자가 반드시 알아야 할 10가지 사항을 정리했다. 고용주가 다음 중 한 가지라도 위반했다면 근로기준법에 따라 2~100만 위안(80~4,000만 원)의 벌금을 내야 한다.

○ 고용주는 노동자 출근부 혹은 출근카드를 구비해 날마다 노동자의 출근 상황을 기재하고 5년간 보존해야 한다. 노동자가 출근 기록을 요구할 때 고용주가 거절해서는 안 된다.

○ 매일 정규 노동시간은 8시간을 초과해서는 안 된다. 연장근로시간을 합해 12시간을 초과해서는 안 된다.

○ 정규 노동시간은 1주에 40시간을 초과해서는 안 된다.

○ 월 연장근로시간은 46시간을 초과해서는 안 된다. 그러나 사업주가 노조의 동의를 거쳐, 노조가 없으면 노사협의회의 동의를 거쳐 연장한 노동시간은 1개월에 54시간을 초과해서는 안 되고 3개월에 138시간을 초과해서는 안 된다.

○ 연장근로시간이 2시간 이내이면 평일 시간당 임금액의 3분의 1 이상을 가산한다.

○ 재연장근로시간이 2시간 이내이면 평일 시간당 임금액의 3분의 2 이상을 가산한다.

○ 노동자는 7일 중 2일을 쉬어야 하며 그중 하루는 정기휴일이고 나머지 하루는 휴일이다. 고용주는 노동자에게 정기휴일 출근을 요구할 수 없다.

○ 휴일 노동시간이 2시간 이내인 경우 평일 시간당 임금에 1과 3분의 1 이상을 추가 지급한다. 2시간 이상 계속 일하는 경우 평일 시간당 임금에 1과 3분의 2 이상을 추가로 지급한다.

○ 기념일, 노동절 및 기타 중앙 주무기관이 정한 휴일은 모두 휴일로 해야 한다.

○ 노동자가 동일 고용주 혹은 사업단위에서 일정 기간을 지속 근무하면 매년 규정에 따라 특별휴가를 부여한다.

○ 고용주가 휴일(정기휴일 불포함) 출근을 요구하려면 노동자의 동의를 거쳐야 하며 임금을 2배로 지급해야 한다.

근로기준법 보장뿐만 아니라 2014년 7월 3일부터 '산업안전보건법'도 정식 시행 중이다. 그중 '과로 예방 조치'가 새로 추가되었다. 고용주는 교대제, 야간근무, 장시간 노동 등 이상 업무 부하로 촉발되는 질병에 대해 필요한 예방 조치를 제공해야 한다. 고위험군의 식별 및 평가, 의사면담 및 건강 지도, 노동시간 조정 혹은 단축 및 업무 내용 변경 조치, 건강검진과 관리 및 촉진, 예방 효과 평가 및 개선, 기타 안전 보건 관련 사항 등이 포함된다. 위반자는 3~15만 위안(120~600만 원)의 벌금이 부과될 수 있다. 직원에게 과로로 인한 직업병이 생기면 고용주에게 최고 30만 위안(1,200만 원)까지 벌금이 부과된다.

네 번째 수칙,
교대근무 관리하기

근무 여건의 특성상 교대근무자는 일반적인 주간 고정 노동자보다 과도한 피로와 휴식 부족의 문제가 쉽게 발생한다. 그래서 근무조 관리 및 시간 안배에 관해 노동부는 다음과 같이 권고한다.[3]

1. 근무조 교대 주기의 설계

1) 교대 빈도: 일주일에 한 번 조를 바꾸는 것이 보편적이다. 생체리듬을 고려할 때 주기가 긴 편이 비교적 적응하기 쉽다.* 그러나 교대 주기가 너무 길면 사회 부조화 현상을

....

* 한국에서는 짧은 교대 주기를 더 권고한다. 국제노동기구에서 교대근무 스케줄을 정할 때 부정적 영향을 최소화하기 위한 원칙으로 규칙적인 순환, 짧은 주기를 유지하도록 권고하기 때문이다. 생체리듬을 고려하면 교대근무 주기를 길게 가져가는 것도 가능하다. 그러나 이 경우 몇 가지 문제가 있

초래한다.

2) 교대 순서: 근무조 교대 순서는 생체시계 순방향 혹은 역방향을 채택할 수 있다. 생체시계 역방향 방식은 저녁반 혹은 야간반에서 주간반으로 전환할 때 휴식 시간을 늘릴 수 있다. 그러나 생리 적응성을 고려한다면 순방향으로 전환하는 것이 비교적 좋다.

2. 야간노동 수요 축소: 장기 야간노동은 결코 권장하는 근로 유형이 아니다. 야간반이나 새벽반으로 장기간 일하는 것은 피한다.

3. 교대근무 시 9~12시간 초과시간 근로는 가급적 피한다. 만약 초과하면 충분한 휴식 시간을 안배하여 과도한 피로를 막는다.

4. 교대근무자가 시간 내에 탄력적으로 출근할 수 있는 것

....

는데, 첫째는 야간 교대근무 기간에도 휴일은 다른 사람과 같이 생활하기 때문에 야간노동 완전 적응이 쉽지 않다는 것이다. 둘째로는 야간근무 기간일 때 지인 모임이나 결혼식 참석과 같은 사회 친목 활동 참여에 제약이 있다는 점이다. 반대로 주간-저녁-야간-휴일 순서로 1~2일 단위로 교대근무 주기를 짧게 하게 방법도 있는데, 이 역시 건강에는 좋지 않다. 교대 근무 주기가 짧거나 길 때 각각의 장단점은 있지만, 어느 것이 정답이라고 할 수 없으며 결과적으로 좋은 교대제는 없다. 따라서 ILO에서는 야간노동시간을 줄이는 것, 하루 노동시간을 줄이는 것 외에 교대제가 노동자의 몸과 삶에 미치는 해악을 줄일 수 있는 대안은 없다고 말한다. 더불어 연속 밤 근무를 최대한 줄이고, 야간근무 사이에 충분한 휴식을 보장하며, 노동자가 원할 때 근무 시간을 변경할 수 있는 자율성을 보장해야 한다는 등의 내용을 권고하고 있다.(한국노동안전보건연구소, 「좋은 교대제는 없다」, 2015. 11. 참고)

이 좋다.(예: 1시간 내 탄력 출근, 일찍 출근하면 일찍 퇴근) 이로써 교대제 적응성을 늘린다.

5. 충분한 휴식: 다른 시간대로 근무조 전환 시 1~2일의 간격을 두어야 한다. 휴가는 일반적인 정상 주말에 배치하는 것이 좋다. 교대자가 휴가를 이용해 사회활동과 가정생활을 할 수 있도록 안배하며 교대근무자에게 좀 더 적응 시간을 주도록 한다. 그러나 긴 휴가(4~7일)는 피해야 한다. 휴가 기간의 여가 활동이 오히려 쉽게 피로 누적을 야기할 수 있기 때문이다.

6. 교대제로 일하는 회사, 고용주는 가능한 편리한 식당, 교통, 숙박을 제공해야 한다. 여성 교대근무자를 위해 교대자의 복지와 탁아 서비스에도 주의를 기울인다.

7. 작업 내용의 안전에 주의해야 한다. 교대작업이 8시간이 넘으면 업무 능력이 떨어진다. 주의력이 필요하거나 중복성이 과도한 업무는 모두 교대근로에 적합하지 않다.

8. 만약 한 근무조에서 장시간 수면 부족 현상이 나타나면 업무 재배치를 고려한다. 일부 다른 요인들 때문에 부적응이 나타날 수 있기 때문이다.

다섯 번째 수칙,
단결과 연대로 노동자의 힘 발휘하기

노동자가 스스로 건강을 관리하고 좋은 생활 습관을 지니는 것 외에 노동자가 목소리를 내 열악한 노동환경을 개선하는 것도 핵심 과제다. 노동환경의 변화를 정부 공직자에게만 기댈 수는 없으며 노동자가 나서서 쟁취해야 한다.

현재 대만 노동자는 보편적으로 권리 의식이 부족하다. 어느 노동자가 출근 첫날 산업재해를 당한 적이 있다. 그는 자신이 아직 회사에 기여한 것이 없다고 여겨 공상 병가와 산업재해 보상 요구를 미안하게 생각했다. 사실 노동자의 재해 발생을 예방하는 것은 본래 고용주의 책임이다. 재해가 발생하면 보상을 받는 것 역시 노동자의 권리다. 스스로 위험을 부담할 필요가 없다. 노동자의 권리 의식이 부족한 데다 노사 쌍방의 권력이 대등하지 않다는 현실이 더해져 노동자는 감히 자신의 권리를 주장하지 못하게 된다.

그렇게 권리는 늘 무시되고 끊임없이 침해당한다. 그래서 노동자는 여러 방면에서 힘을 내 자기 권익을 지켜야 한다. 노동정책 제도에 대한 적극적인 관심, 온라인 서명, 투고와 발언, 능동적인 고발, 노동 관련 시위 참여 혹은 지원 활동, 더 나아가 노동조합에 가입해 조직적으로 사회 문제에 참여하고 더 큰 힘을 모아 권리를 신장해야 한다.

노조 조직 참여는 공동으로 과로에 대항하는 중요한 통로다. 영풍은행永豐銀行노조가 좋은 사례다. 영풍은행노조는 수년 전에 이미 적극적으로 과로 대항 조치를 제시했다. 노조와 회사 간 노사협상에 따라 휴일 출근은 '사전 예고제'를 채택해야 한다. 지점 직원이 휴일에 연장근로를 해야 한다면 지점은 사전에 본사 인사처와 노조에 공문을 보내 통보해야 한다. 상사가 임의로 노동자에게 휴일 출근을 요구하는 것을 피하기 위해서다. 노조는 또한 회사가 법에 따라 연장근로수당을 지급하는지 감독할 수 있다.

영풍은행노조는 2013년 회사의 실적 압박이 갈수록 심해져 노동자 건강 문제가 심각해지고 다수의 직원이 연달아 암에 걸린 사실을 발견했다. 노동자가 과로 위기에 처하는 것을 막기 위해 노조는 해당 연도 6월부터 각 지점에서 매일 가장 마지막으로 퇴근한 직원의 퇴근 시간을 정기적으로 공표했다. 그리고 노조의 감독을 통해 각 지점의 연장근로 실태를 관리했다. 일단 문제가 발생한 지점은 노조에서 좀 더 파악한 후 지점의 해명을 요구했다. 또한 노동자가 연장근로수당을 수령했는지 여부도 확인했다. 영풍은행노조는 지금까지 이 정책을 시행하면서 각 지점의 퇴근 시간이 뚜렷하게 개선된 것을 발견했다.

사실 영풍은행노조는 충분한 힘이 있었기 때문에 회사와 협상을 진행할 수 있었다. 가장 중요한 것은 노동자가 단체단결권의 힘을 발휘하는 것이다. 현재 영풍은행노조에 가입한 노동자 비율은 99.9%에 달한다. 노조는 노동자의 가입으로 강대해지고 노동자는 노조의 힘을 통해 자신의 노동권익을 보장받는다.

노동자는 사회 참여를 통해 자신의 이익을 보호하고 정부 기관에 완전한 제도 수립을 요구해야 한다. 그래야 고용주가 노동자의 건강과 안전의 중요성을 직시하게 할 수 있고 과로사의 공포에서 벗어날 수 있다.

과로 문제의 개선은 동시다발적이어야 한다. 노동자가 스스로 건강을 관리하는 것부터 노조에 참여하고, 노동정책 보장 범위를 넓히고, 노동환경을 바꾸고, 산업구조를 조정하는 측면까지 포용 범위가 복잡하다. 이 모든 것이 노동자 개인의 부담으로 떠넘겨져서는 안 되며 전체 사회의 지지가 필요하다. 또한 정책 수정과 구체적인 행동의 양 측면이 필요하다는 공동 인식이 형성되어야 한다.

국제연합은 '세계인권선언' 제24조에서 "모든 사람은 노동시간의 합리적인 제한과 정기적 유급휴가를 포함하여 휴식할 권리와 여가를 즐길 권리가 있다"라고 분명히 정했다. 노동자의 휴식권과 휴게권은 기본 인권이다. 고용주의 은덕이 아니다. 일과 생활의 균형을 취하는 것은 과로 신화를 근본적으로 해체하는 길이다. 노사정 3자가 함께 노동자의 기본 권익을 지키고 보호함으로써 비로소 과로의 비극을 끝낼 수 있다.

* 후주

1) 勞委會勞工安全衛生所出版,《過勞自我預防手冊》, 2006年.

2) 勞動部,《異常工作負荷促發疾病預防指引》.

3) 勞委會勞工安全衛生研究所出版,《輪班作業危害預防手冊》, 2001年.

현재 과로 인정 기준에 따르면 우선 '표적 질병' 여부를 확인해야 한다. 어떤 질병이 과로의 표적 질병인가에 관한 임상 연구에 따르면, 업무 부하 과중 혹은 업무 스트레스 과다로 인해 쉽게 나타나는 질병은 다음과 같다.

1. 뇌혈관질환: 뇌출혈, 뇌경색, 지주막하출혈 및 고혈압성 뇌병변
2. 심장질환: 심근경색, 급성심부전, 대동맥박리, 협심증, 심한 부정맥, 심장마비 및 심인성 급사

만약 노동자가 표적 질병이 있고, 장시간 노동 등 업무 부하 과중 인정 요건에 부합하며, 또한 직업적 요인을 배제할 증거가 없다면 원칙상 '과로직업병'으로 인정될 수 있다.([그림1] 참고) 만약 노동자가 앓는 뇌혈관 혹은 심장 질병이 상술한 '표적질병'이 아니라면 부검보고서에 따라 만약 질병과 업무 관련성을 증명할 수 있다면, 과로질병으로 인정된다. ([그림2] 참고)

[그림1] 직업성 뇌심혈관질환(표적 질병) 판단 흐름도

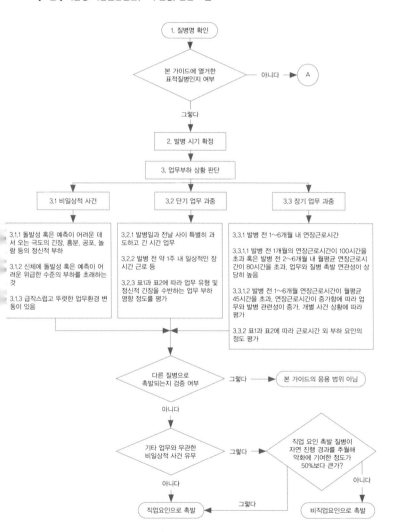

자료 출처: 직업 촉발 뇌혈관 및 심장질환(외상으로 유발된 것은 제외)의 인정 참고 지침

[그림2] 직업성 뇌심혈관질환(비표적 질병) 판단 흐름도

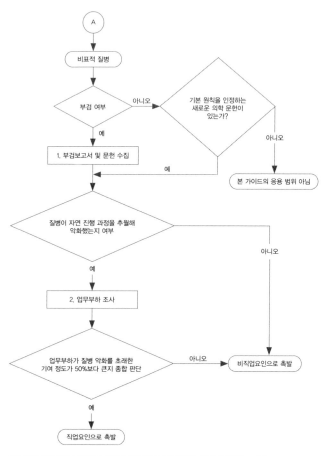

자료 출처: 직업 촉발 뇌혈관 및 심장질환(외상으로 유발된 것은 제외)의 인정 참고 지침

※ 기본 원칙을 인정하는 새로운 의학 문헌은 아래 2가지를 말한다.

1) 기존에 뇌혈관 및 심장질환이 있는 경우, 특정 업무조건하에 본 질병 촉발의 유병률이 비교적 높다.

2) 기존에 뇌혈관 및 심장질환이 있는 경우, 특정 업무조건하에 자연적 진행과정을 넘어 본래 질병이 현저히 악화한다는 인식이 있다.

388

무엇을 '업무 부하 과중'이라고 하는가? 현재 '비일상적인 사건', '단기 업무 과중', '장기 업무 과중'을 포함한 3개 지표를 토대로 인정할 수 있다.

1. '비일상적 사건'은 발병 전 24시간 내 발생한 것을 지칭하며 3가지 종류로 구분한다.

1) 정신적 부하 사건: 예상 밖의 사건은 늘 긴장, 흥분, 공포, 놀람 등 강렬한 정신적 부하를 유발하며 일과 관련된 중대한 사고에서 뚜렷하게 발생한다. 예를 들어 산업재해 사건(추락, 끼임)을 목격했거나 회사에 도둑이 들어 중대한 손실을 보는 것 등이다.

2) 신체적 부하 사건: 이 사건은 돌발적이거나 예측이 어렵고 위급한 수준의 신체적 부하를 무리하게 감당하게 한다. 예를 들어 사고가 발생해 구조 활동을 지원하거나 사고 처리 시 신체적으로 뚜렷한 부하를 받는 것 등이다.

3) 업무환경 변화 사건: 이러한 사건은 이상 온도, 소음 혹은 시차 등과 같은 급작스럽고 분명한 업무환경 변화를 지칭한다.

2. '단기 업무 과중'은 발병 당시부터 하루 전날까지의 기간에 특히 장시간 과도한 노동이 있었거나 혹은 발병 전 일주일 내에 평소보다 특히 과중한 업무를 하여 야기된 신체적,

정신적 부하 과중을 지칭한다. 업무시간뿐만 아니라 업무 부하 정도를 평가해야 한다.

3. '장기 업무 과중'은 발병 전 6개월 이내에 신체적, 정신적 부하가 과중했는지 뿐만 아니라 동시에 장시간 노동으로 인해 뚜렷한 피로 누적을 초래했는지 여부를 평가하여 지칭한다. 주로 업무시간이 계산 기준이 된다.

소위 '장시간 노동'은 발병일 전 1개월 연장근로시간이 100시간을 초과하거나 발병일 전 2~6개월 내 월평균 80시간을 초과하는 연장근로를 지칭한다. 이러한 종류의 연장근로 정도가 야기한 업무 부하와 발병의 상관성은 지극히 높다.

만약 발병일 전 1~6개월간 연장근로시간이 월평균 45시간을 초과했다면 연장근로시간이 증가함에 따라 업무와의 발병 관련성이 높아진다. 이는 당연히 개별 사건 상황에 따라 평가되어야 한다.

'단기/장기 업무 부하' 정의에서 '업무 부하의 정도'는 평가 대상에 업무 유형([표1] 참고)과 정신적 긴장이 수반되는 업무([표2] 참고)가 포함된다. 전자는 업무환경의 장기간 요소이며 후자는 업무 중 대면하는 정신적 스트레스 부하다.

상술한 관련 업무 부하 요건을 종합한 후에 약물이나 마약 복용, 음주 등과 같은 업무와 무관한 개인 요소를 배제해야 한다. 만약 기타 업무와 무관한 환경 혹은 개인 이상 사건 정황(원래 앓던 질병, 비만, 고령, 식습관, 흡연·음주 습관 등)이 있다면 해당 상황이 존재하는 조건에서 질병의 악화 정도가 자연 악화 속도를 초월하는지 여부를 종합 판단해야 한다. (원래 고혈압이 있었더라도 증상의 경중을 봤을 때 자연적인 심화 과정에서는 사망에 이르거나 심각하게 악화하지 않는다는 등) 만약 질병이 악화한 데에 업무의 기여도가 50%보다 크다면 직업적 원인으로 촉발했다고 인정할 수 있다.

[표1] 업무 유형별 부하 평가

업무 유형	부하 정도 평가에서 고려해야 할 사항
불규칙한 업무	예정한 업무 일정이 변동되는 빈도와 정도, 사전 통지 여부, 예측 가능한 정도, 업무 내용 변동의 정도 등
노동시간이 긴 업무	노동시간(휴게시간 포함), 실제 노동시간, 노동 밀도(실제 작업 시간과 준비 시간의 비율), 작업 내용, 휴식 혹은 낮잠 시간, 업무 내용, 휴게시설 현황(공간 넓이, 냉방시설 여부나 소음 등)
출장이 잦은 업무	출장 업무 내용, 출장(특히 시차가 있는 해외 출장) 빈도, 교통수단, 출장지 왕복 시간과 상황, 숙박 여부, 숙박 지점의 시설 현황, 출장 시 휴게나 휴식에 포함된 수면 상태, 출장 후의 피로 해소 상황 등
교대근무 혹은 야간근무	교대제(duty shift)변동 상황, 근무조 사이 시간 간격, 교대근무나 야간근무의 빈도 등

작업 환경	이상 온도 환경	저온 정도, 방한의복의 착용 실태, 연속 작업 시간의 난방 실태, 고온과 저온 사이 교대 노출 현황, 뚜렷한 온도 차가 있는 장소 간 출입 빈도 등
	소음	80데시벨을 초과하는 소음 노출 정도, 시점과 연속 시간, 청력보호구의 사용 실태 등
	시차	5시간 이상 시차 초과 정도, 시차 변동 빈도 등
정신적 긴장을 수반하는 업무 ([표2] 참고)		1. 일상적으로 정신적 긴장을 수반하는 업무: 사무, 업무 시작 시간, 경험, 적응력, 회사의 지원 등 2. 비교적 발병 직전에 나타났고 정신적 긴장을 수반한 업무 관련 사건: 사고 혹은 사건의 중요도, 초래된 손실의 정도 등

* 출처: 직업 촉발 뇌혈관 및 심장질환(외상으로 유발된 것은 제외)의 인정 참고 지침

[표2] 정신적 긴장을 수반하는 업무 부하 정도의 평가

[2-1] 일상적으로 정신적 긴장을 수반하는 업무

구체적 업무 내용	평가 관점	
늘 자신 혹은 타인의 생명과 재산을 위협할 수 있는 위험 업무를 담당	위험 정도, 업무량(노동시간, 노동 밀도), 근무 기간, 경험, 적응 능력, 회사의 지원, 예측 가능한 피해 정도 등	
위험을 피해야 할 책임이 있는 업무		
사람의 생명과 관련되거나 타인의 일생을 좌우할 수 있는 중대한 결정 업무		
고위험 물질을 처리하는 업무		
사회에 막대한 손실 책임을 야기할 수 있는 업무		
과다하거나 지나치게 가혹한 시간제한이 있는 업무	노동 내용, 난이도, 강제성, 징벌 여부	업무량(노동시간, 노동 밀도), 근무 기간, 경험, 적응 능력, 회사의 지원 등
일정 기간(납기일 등) 내에 완성해야 하는 어려운 업무	방해요소의 심한 정도, 달성 난이도, 징벌 여부, 납기일 변경 가능성 등	
고객과 심한 충돌이 발생하는 업무 혹은 복잡한 노사분쟁의 처리 담당	고객의 지위, 손해 정도, 노사분쟁 해결의 난이도 등	
주위의 이해를 얻을 수 없거나 지원이 없는 고립된 상황에서의 어려운 업무	업무 난이도, 회사 내 입장 등	
복잡하고 어려운 개발 사무나 회사 재건 등 업무	기획안에서 차지하는 위상, 집행 난이도 등	

[2-2] 비교적 발병 직전에 나타났고 정신적 긴장을 수반한 업무 관련 사건

사건	평가 관점
산업재해로 인해 심각한 부상 혹은 질병이 야기됨	산업재해 피해 정도, 후유증 여부, 사회 복귀 난이도 등
중대사고 및 재해 발생과 직접 관련됨	사고 크기, 가해 정도 등
비참한 사고나 재해를 경험(목격)	사고 및 피해 정도, 공포감, 이상성 정도 등
중대사고(사건)의 책임을 추궁당함	사고(사건)의 내용, 귀책 상황, 사회에 미친 부정적 영향 정도, 징벌 여부 등
업무상 중대한 실수	실패의 정도, 심각성, 손해 등의 정도, 징벌 여부 등
제한 시간에 업무를 완수하지 못함	제한 시간 업무량 내용, 달성 난이도, 강제성, 달성률, 징벌 여부 등
업무 이상 변동(전환배치, 인사이동, 직무 전환, 파견 등)	업무 내용, 신분 등의 변동, 이동 사유, 불리한 정도 등
상사, 고객 등과 중대한 분쟁 발생	분쟁 발생 시의 상황, 분쟁 정도 등

* 출처: 직업 촉발 뇌혈관 및 심장질환(외상으로 유발된 것은 제외)의 인정 참고 지침

○ 사업단위의 수장, 책임자 및 배차 인원을 갖춘 기사

○ 사업단위가 자체 고용한 경비 인원

○ 은행업에서 고용한 대표직 이상의 인원※(2015년 1월 1일부터 적용 대상 폐지)

○ 신용협동조합업에 고용된 대표직 이상의 인원※(2018년 1월 1일부터 적용 대상 폐지)

○ 정보서비스업에 고용된 사업경영 관리 업무를 맡은 책임자※

○ 정보서비스업에 고용된 시스템 개발 엔지니어와 유지보수 엔지니어※ ※

○ 법률서비스업에 고용된 사업경영 관리 업무를 맡은 책임자※

○ 법률서비스업에 고용된 법무 인원※ ※

○ 법률서비스업에 고용된 변호사

○ 개인서비스업의 가사도우미 및 간병인(1999년 1월 1일부터 적용 대상 폐지)

○ 광고업에 고용된 대표직 이상 인원※

○ 광고업에 고용된 창작자※ ※(2015년 1월 1일부터 적용 대상 폐지)

○ 광고업 고객 서비스 기획자(2015년 1월 1일부터 적용 대상

폐지)

○ 회계서비스업에 고용된 회계보조 인원, 회계사법의 자격소
지자※※

○ 회계서비스업에 고용된 회계사

○ 항공회사 기내 근무 직원(기내 전면부와 후면부 근무 인원)

○ 보안업의 대표급 이상 인원※

○ 보안업의 보안인원, 자동관제센터 모니터 요원

○ 부동산중개업의 부동산중개인(사무책임자 포함)

○ 증권회사의 외근 고급사무원, 사무원은 '증권회사 담당자
및 사무원 관리규칙'에 따른 면허증 소지자(2015년 1월 1일
부터 적용 대상 폐지)

○ 관리고문업의 관리 고문※※(2015년 1월 1일부터 적용 대
상 폐지)

○ 보험업의 외근 생명상해보험 사무원, 보험사무원 관리규칙
에 따른 등록증 소지자

○ 의료보건서비스업(국군병원 및 부설 민간 진료처 포함)의 수
술실, 응급실, 중환자실, 분만실, 수술마취 회복실, 화상 병
실, 중증도 병실, 정신과 병실의 의사 및 기술 요원, 청소원
(2012년 3월 30일부터 청소원 적용 대상 폐지, 2014년 1월 1일
부터 의사 및 기술 요원 적용 대상 폐지)

○ 의료보건서비스업(국군병원 및 부설 민간진료처 포함)의 혈액

투석실, 고압산소치료시설, 방사선 진료 부문, 호흡치료실의 의사 및 기술 요원; 검사 작업 부문, 혈액은행의 의사 검사원; 실험실, 연구실의 연구원, 기술 요원; 관리정보시스템 부문의 프로그래머, 유지보수 엔지니어, 구급차 구호기술 인원, 구급차 기사, 응급구조요원(2012년 3월 30일부터 적용 대상 폐지)

○ 의료보건서비스업(국군병원 및 부설 민간진료처 포함)의 기관 이식팀 의사 및 기술 요원(2014년 1월 1일부터 적용 대상 폐지)

○ 의료보건서비스업에 고용된 레지던트 의사(공공의료원에 공무원 법제에 따라 들어간 자는 불포함)

○ 탁아소 보육교사 및 사회복지 서비스 기관의 지도교사(보육교사, 보조 보육교사 포함), 요양보호사(2013년 1월 1일부터 탁아소 보육교사 적용 대상 폐지)

○ 건축사무소의 개별 건 대표자, 건축규격 설계자, 현장감독자(2015년 1월 1일부터 개별 건 대표자 및 건축규격 설계자 적용 대상 폐지)

○ 실내디자인장식업의 개별 건 대표자, 전문기획설계 인원, 현장 감리 인원(2015년 1월 1일부터 개별 건 대표자 및 전문기획설계 인원은 적용 대상 폐지)

○ 건축및공정기술서비스업의 기획 주최자, 공정규격 설계자,

감독자(2015년 1월 1일부터 기획 주최자 및 공정규격 설계자 적용 대상 폐지)

○ 건축 전문규격 설계 기획자, 현장감독자(2015년 1월 1일부터 전문규격 설계자 적용 대상 폐지)

○ 영상매체업의 송출역, 중계역 및 중계소 등 외부플랫폼 작업자

○ 광고업의 송출플랫폼, 중계플랫폼 등 당직 업무 담당 근무자

○ 영화상영업의 책임자※(2015년 1월 1일부터 적용 대상 폐지)

○ 영화제작업의 조명기사, 조명보조, 촬영기사, 촬영보조, 전기공정 인원과 촬영 현장 승강기 조작 전담 및 궤도 가설 작업자

○ 일반숙박업 객실 메이드(2013년 2월 1일부터 적용 대상 폐지)

○ 중앙 담당기관이 심사 발급하는 '미용 2급', '남자 이발 2급' 및 '여자 미용 2급' 등 직업기술 자격증을 소지한 작업자(2015년 1월 1일부터 적용 대상 폐지)

○ 학술연구 및 서비스업의 연구자※※/※※※

○ 경제부 상업사 회사 등기에 바이오테크 서비스업(영업항목 코드 IG)으로 귀속되는 사업단위에 속한 실험실 및 연구소 연구원

○ 재단법인 국제합작발전 기금회의 해외 기술단 농림어목업에 종사하는 작업자

○ 축산법 규정에 따라 가축 도살 및 위생 검사를 집행하는 자

○ 대통령, 부통령, 대통령 비서실장, 국회비서실장 사무실 직원(2018년 2월 27일부터 대통령, 부통령, 대통령 비서실장 사무실 직원은 적용 대상 폐지)

○ 국회의장, 부의장 사무실, 외교부 외빈 접대 지원 인원

○ 선발부서 내에서 업무를 수행하는 인원

○ 교육법규에 따라 시험을 처리하는 내부 인원

○ 중앙은행 수장 수행원

○ 법무부 및 소속기관 특수차량 기사

○ 국회의원 공무수행 차량 기사

○ 교통부 소속 각 항무국 항만작업 선박의 예인선, 기중선 선원(2015년 1월 1일부터 기중선 선원 적용 대상 폐지)

○ 해운소속 각 조선소 정박 지시공(2015년 1월 1일부터 적용 대상 폐지)

○ 국방부 비군속 보안요원(2020년 2월 21일부터 적용 대상 폐지)

○ 타이베이 시정부 공보처의 시장 여정 수행 전속 촬영기사 및 취재차량 기사

○ 타이베이 시정부 공무국의 양생 공사 양수장, 각 지방행정 구역 양수장 조작 인원

○ 국회 열람책에 있는 공영사업단위의 국회 연락업무 인원

○ 모라꼿Morakot* 재해 후 행정원 복구추진위원회 공무차량 기사(2015년 1월 1일부터 적용 대상 폐지)

○ 벼 수확기에 곡물의 점검 매수 혹은 건조작업에 종사하는 인원

○ 장례서비스업의 장례서비스 인원

○ 여행업의 가이드 및 인솔 인원

○ 사업단위에 고용되어 매월 임금이 15만 위안(600만 원) 이상인 관리·감독 인원※

○ 어선 선원

○ 무역항 부두 선박화물 하역 위탁업의 차량기기 조작 인원, 지상근무 인원, 배선작업 인원, 해체고정작업 인원, 차량기기 정비사

○ 선박 업무 대행업의 책임 관리·감독 인원

※ 고용주에게 고용되어 사업 경영 및 관리 업무를 책임지고 일반 노동자의 고용, 해고 및 노동조건에 관해 결정권을 가지는 관리자급 인원

※※ 전문지식 혹은 기술로써 일정한 임무를 완수하고 그 성패에 책임을 지는 업무

※※※ 업무 자체가 간헐적 방식으로 진행되는 일

....

* 2009년 8월에 발생해 대만을 동서로 관통한 태풍.

현행 노동보험 산업재해 급여 기준 규정에 따르면, 산업재해 노동자가 '직업상병의료진단서'를 가지고 병원에서 진료를 받으면 국민건강보험 부담을 면제받을 수 있다. 산업재해로 인해 치료받느라 일할 수 없게 된 지 4일째부터 보험 가입 임금의 70%가 지급되며 그 기간은 1년이다. 2년째에는 50%로 줄어들고 기간은 1년으로 제한된다.

산업재해로 인해 기능을 상실한 경우엔 등급에 따라 일회성 보상금이 지급된다. 영구 작업 능력 상실로 진단받은 경우라면 기능 상실 연금이 지급되고 20개월분의 직업상병 기능 상실 보상 일시금을 추가로 받는다. 만약 피보험자가 2008년 7월 17일 노동보험 수정 조항 시행 전에 가입했다면 기능 상실 급여를 일시 청구할 수 있다. 최고액은 노동보험 가입 임금 일당의 1,800배다.

산업재해로 사망하면 조건에 부합하는 유족에게[1] 5개월의 장례 수당이 지급되고 유족연금을 신청할 수 있으며 추가로 10개월분의 산업재해 사망 보상 일시금을 받을 수 있다. 만약 유족이 없거나 조건에 부합하는 유족이 없을 경우 10개월분의 장례 수당이 일시 지급된다. 만약 피보험자가 2008년 7월 17일 노동보험 수정 조항 시행 전에 노동보험에 가입했다면 유족이 조건에 부합하는지와 관계없이 모두 40개월의 유족수당 일시 청구를 선택할 수 있다.

□ 근로기준법과 노동보험 산업재해 보상 비교

	근로기준법 고용주 보상 책임	노동보험 산업재해 지급 기준
의료	간호비, 교통비를 포함한 필수적인 의료비용을 마땅히 보상해야 한다.	국민건강보험의 일부 부담 지급. 단 미용외과, 의치, 의안, 환자 수송, 특별 간호간병 등은 포함되지 않는다.
상병	노동자가 의료요양 중 일할 수 없을 때 고용주는 원래 수령했던 임금액에 따라 보상해야 한다. 단, 치료 기간 만 2년에도 여전히 완쾌하지 못했고 지정한 병원에서 기존 업무 능력을 상실한 것으로 진단받았지만, 장애급여 기준에는 부합하지 않는 경우 고용주는 일시에 40개월분의 평균 임금을 지급하여 임금 보상 책임을 면제받을 수 있다.	당장 직업상병을 치료 중이어서 일할 수 없는 경우, 4일째부터 산업재해 상병급여가 지급된다. 최대 2년까지 지급되며 첫해에는 월 보험 가입 임금의 70%까지 지급되고 2년째는 50%로 줄어든다.

기능 상실	노동자가 치료 종료 후 지정 병원 진단을 거쳐 영구 후유장해로 심의된 경우, 고용주는 평균 임금 및 기능 상실 정도에 따른 기능 상실 보상금을 일시 지급해야 한다. 기능 상실 보상 기준은 노동보험 조례의 관련 규정에 따른다.	산업재해 노동자가 치료 후에도 증상에 변화가 없고 재치료를 받아도 여전히 치료 효과를 기대할 수 없으며 지정 병원에서 영구 기능 상실로 진단받아 기능 상실 급여 기준 규정에 부합한다면 기능 상실 등급(1~15등급) 및 보험 가입 임금을 산정기준으로 삼아 일회성 기능 상실 보상금을 지급한다. 영구 업무 능력 상실로 평가된 경우 기능 상실 연금 지급을 신청해야 한다. '보험 가입 연수*월 보험 가입 임금*1.55%'로 계산한 금액이 4,000위안(16만 원) 미만이면 4,000위안을 지급한다. 그리고 20개월분의 직업상병 기능 상실 보상 일시금을 지급한다. 만약 2008년 7월 17일 수정 조항 시행 전에 보험에 가입한 경우라면 기능 상실 보조금 일시 청구를 선택할 수 있다.(보험 가입 임금 일급의 최고 1,800배까지 청구할 수 있다.)
사망	평균 임금 5개월분의 장례비 지급 외에 유족에게 평균 임금 40개월분의 사망 보상을 일시 지급해야 한다.	조건에 부합하는 유족에게 5개월분의 장례 수당과 유족 연금을 지급한다. '보험 가입 연수*월 보험 가입 임금*1.55%'에 따라 계산하며 3,000위안(12만 원) 미만이면 3,000위안을 지급한다. 추가로 10개월분 직업상병 사망 보상금을 일시 지급한다. 만약 유족이 없거나 조건에 부합하는 유족이 없으면 10개월분의 장례 수당을 지급한다. 만약 2008년 7월 17일 수정 조항 시행 전에 보험에 가입한 경우라면 유족의 조건을 막론하고 5개월분의 장례 수당 및 40개월분의 일시 유족수당 청구를 선택할 수 있다.

* 후주

1) 연금과 산업재해 사망 보상의 청구가 가능한 유족의 조건은 다음과 같다.

① 배우자가 다음 중 하나에 해당하는 경우: 생계유지 능력이 없고 두 번째

규정의 자녀를 부양함. 나이가 만 55세 이상이고 혼인 관계를 1년 이상 지속함. 만 45세 이상이고 혼인 관계를 1년 이상 지속했으며 월수입이 기본임금을 초과하지 않는 경우.

② 자녀 또는 입양 관계가 6개월 이상인 입양 자녀가 다음 중 하나에 해당하는 경우: 미성년이고 생계유지 능력이 없거나 25세 이하 학생으로 월수입이 기본임금을 초과하지 않는 경우.

③ 부모 · 조부모: 만 55세 이상이고 월수입이 기본임금을 초과하지 않는 경우.

④ 손자녀: 자녀 규정과 동일함.

⑤ 형제자매가 다음 중 하나에 해당하는 경우: 미성년이고 생계유지 능력이 없거나 만 55세 이상이고 월수입이 기본임금을 초과하지 않는 경우.

노동 착취는 이제 그만!

정야원 대만직업안전보건연대 이사장

장시간 노동과 일의 과부하에서 오는 피로감은 몸과 마음의 건강을 해칠 뿐 아니라 노동자의 가정과 사회생활에도 악영향을 미친다. 저임금 노동환경의 대만에서는 필요한 만큼의 수입을 얻기 위해 수많은 노동자가 장시간 일한다. 그러나 고된 노동을 한다고 해서 반드시 빈곤한 처지를 벗어날 수 있는 건 아니다. 최근 과로 문제는 첨단과학기술업계, 의료업계, 언론 홍보계 등 비교적 고임금의 직업 계층에 더욱 만연해 있다.

이 책의 저자 황이링은 수년간 국회의원 보좌관으로 일하다 민간단체로 자리를 옮겨 현재는 '대만직업안전보건연대' 집행위원장이다. 이링은 오랫동안 산업재해와 직업병 문제에 관심을 가져왔고 적극적으로 제도 개혁을 발의했다. 그는 사회적 관심과 논쟁을 불러일으킨 여러 과로 사건은 물론, 사회적 관심을 받지 못한 버스 운전기사, 화물차 운전기사, 사무원, 보안요원, 엔지니어, 의사, 간호사, 홍보책임자 등 많은 사건에서 무수한 산재 노동자를 도왔다. 이 책의 다른 저자인 베테랑 언론인 까오요우즈와 함께 중요한 지표가 될 과로 사건들을 선별하고, 산업재해 노동자 가족이 직업병 인정을 구하는 험난한 여정에 동행해 권익을 다투는 심정 면면을 자세히 서술했다.

이 사건들을 통해 우리는 산업재해와 직업병의 인정이 얼마나 어려운지, 그리고 얼마나 뜨거운 사회적 논쟁거리인지 알 수 있다. 예를 들어 종종 그렇듯이 노사가 제시한 증거가 정반대일 때 노동보험국은 어느 쪽을 믿고 채택할까? 다른 업무 부하나 과중은 어떻게 증명할 것인가? 의사는 어떻게 판단하나? 그리고 업무환경을 폭로할 증거를 얻기 어려울 땐 어떻게 처리해야 하나? 애초에 기자회견이나 보도를 통해 알려진 산업재해 사건은 대부분 지난한 싸움을 해왔고 이미 오랜 시간 정부 기관 공문으로 돌고 돈 것들이다. 산업재해 사건으로서 일반적인 절차를 밟아서는 합리적인 대답을 얻을 수 없기 때문에 이런저런 방법을 동원했던 결과다. 산업재해 노동자는 보상 청구 과정에서 막대한 자원과 인맥을 가진 사측을 상대할 힘이 없는데도 오히려 늘 정부 기관의 의심 어린 질문에 부딪힌다.

인명의 가치를 값으로 흥정하는 '노동력 상품화'의 극치는 산업재해자와 그 가족에게 감내하기 어렵고 받아들이기 힘든 무게로 다가온다.

산업재해자가 보상받을 권리를 쟁취하는 것뿐만 아니라 산업재해와 직업병을 어떻게 예방할 것인가도 중요한 과제다. 그러나 우리는 이 책에서 노동시간과 임금 규정의 불합리성, 기업에 만연한 위법, 정부 기관의 소극적 행태를 본다. 기업은 늘 시장의 극심한 경쟁을 들먹이며 인건비를 낮추려고 한다. 정부 역시 국제 경쟁력을 이유로 규제를 강화하려 하지 않는다. 장시간 노동과 저임금이라는 착취 모델은 사실 힘 있는 사측과 무력한 노동자, 정부의 방임과 사회 무관심의 산물이다. 또한, 이것이 과로 문제의 구조적 원인이다.

이런 노동 착취를 어떻게 근절할 수 있을까? 백여 년 전엔 서구에서도 장시간 노동이 일반적이었다. 그러나 법으로 노동시간을 제한해야 한다는 사회적 요구가 부단히 이어졌고, 19세기 이래 8시간 노동제(8시간 노동, 8시간 수면, 8시간 휴식)는 서구 노동운동의 주축이었다. 특히 오로지 생계유지를 위해 위험하고 단조롭고 의미 없는 일을 하는 노동자에게 적당한 노동시간과 합리적인 임금의 보장은 더욱 중요하다. 8시간의 '휴식'은 노동자가 일에서 얻은 피로를 해소하게 하고, 8시간의 자유는 노동자 역할 외에 다른 사회적 역할을 맡을 수 있도록 사회활동에 참여하거나 자아를 수립하고 탐색할 시간을 준다. '자유 시간'은 개인뿐만 아니라 공공 참여, 민주적 사회 발전에도 중요한 의미가 있다.

책에서 다룬 사건을 통해 우리는 이들 과로 문제에서 공통점을 보았다. 영리 기업이 비용 절감을 위해 충분한 인력을 고용하지 않으려 하고, 이윤을 추구하느라 노동자의 안전과 건강을 돌보지 않는 것이다. 노동자는 경영진의 요구를 거절하기 어렵거나 혹은 날이 갈수록 좁아지는 입지 때문에 자발적으로 연장근로를 할 수밖에 없다. 이는 최근 직장 과로 문제가 계속 발생하는 원인임이 분명하다.

노동자의 심신 건강을 희생해 경제발전과 맞바꾼 착취 경제모델은 지속하기 어려울 뿐만 아니라 사회 불평등을 악화시키는 중요한 요인이다. 착취당하는 노동과 작별하고 과로의 그림자에서 벗어나 불필요한 직업병을 줄이려면 정부의 강력한 개입이 필요하다. 그러나 이는 노사문제에 대한 사회 대중의 태도에 달렸다. 이 책은 개별 과로 사건을 기록으로 남기려는 시도일 뿐만 아니라 나아가 합리적인 노동환경을 만들기 위한 노력이다. 독자들이 이 책을 통해 깨닫고 행동할 힘을 얻기를 바란다.

과로를 막는 바른 길

황쑤잉 대만여성연대 이사장

오랜 기간 여성 노동에 종사하며 온갖 취약 실태를 다 보았다고 여겼는데 국회의원이 되어 노동자 문제를 접하고서, 특히 '과로' 문제를 알고 나서 비로소 취약계층의 무력과 절망이 무엇인지 깨달았다.

젊은 엔지니어, 보안요원, 의사들은 사회에 첫발을 떼며 육중한 일의 무게에 파묻혔다. 그들은 미처 도망칠 겨를도 없이 한을 털어낼 수 없는 어머니와 목이 빠지게 아빠가 돌아오기만을 기다리는 어린아이를 남기고 떠났다. 자본가는 그 고통을 이해하지 못하고 덮어놓고 책임을 미룬다. 그들은 직원들의 '노동력'을 어떻게 주주의 '이익'으로 바꿀 것인가에만 관심이 있고 '노동력'을 제공하는 사람도 돌봄과 존중이 필요하다는 사실은 무시한다.

노사 양쪽의 자원과 권력이 대등하지 않으니 정부 입법

과 정책의 규범은 무엇보다 노동자를 보호하는 방향이어야 한다. 그런데 수십 년에 걸친 인권 의식의 고양에도 불구하고 가장 기본이 될 '근로기준법'마저 개선되지 않았다. 오늘날까지 여전히 제84조 제1항이―기본적인 노동시간 보장마저 없애는 '노예조항'이 존재한다. 비록 우리의 노력으로 의료계 종사자는 이 조항을 적용받지 않게 되었지만, 보안요원의 경우 월 노동시간이 최장 360시간에 이를 수 있었다. 휴일 없이 매일 12시간 일하는 셈이다. (노동부가 이후 관련 규정을 수정해 2016년부터는 보안요원의 노동시간이 연장근로시간을 포함해 월 288시간을 초과해서는 안 된다.) 일반적으로 근로기준법의 적용을 받는 노동자라도 늘 '출근은 카드인식제, 퇴근은 재량근로제'의 위법 요구에 직면한다. 근로기준법의 시행 효과가 뚜렷하지 않은 데다 '노예조항'이 뒷문을 활짝 열어두어 노동자는 과로의 고위험 환경에 처한다.

과로의 정의가 엄격한 것도 문제다. 내가 과로사 사건을 돕는 과정에서 노동부를 재촉해 인정 기준을 낮추도록 했지만, 노사 양쪽의 정보가 달라 '과로 노동시간' 및 '업무 스트레스 부하'를 증명하기 어려웠다. 이는 노동자와 가족이 과로 혹은 직업병의 인정을 쟁취하는 데에 큰 어려움과 장애가 된다.

나는 피해자 혹은 가족을 대동하고 토론회나 기자회견을 열면서 그들을 대신해 정의를 쟁취할 수 있기를 바랐다. 그러나 행사가 끝나면 늘 내 사무실에 숨어 마음을 가라앉혀야 했다. 마음이 산산조각 난 어머니들의 탄식을 대면하기 어려웠다. 왜냐하면 그분들이 '과로치사'나 '직업병'을 인정받고 제도의 개선을 요구한다고 하더라도 그분들의 자녀가 다시 돌아올 수 없다는 걸 알기 때문이다.

이 책은 이 문제에 관해 많은 관찰과 분석을 했다. 저자 황이링은 내 보좌관이었다. 그는 국회에서 처리한 사건 경험으로 과로 노동자의 처지를 서술했고 노동자가 처한 어려움과 제도상의 문제를 독자가 이해할 수 있게 했다. 그리고 또 다른 저자 까오요우즈는 역시 오랜 기간 취약계층과 사회 정의에 관심을 두었던 기자다. 그들은 책 출간을 통해 대만의 과로 문제를 부각했고 더 많은 개선 역량이 모이길 바라고 있다.

현행 제도와 노동환경을 살펴보면 과로 방지 노력의 부족, 인정 과정의 어려움, 산업재해 보상의 결함 등 정부가 과로 문제를 대하는 소극적 태도가 여실히 드러난다. 최근 여론의 압박을 받은 행정원이 노동시간을 줄이는 법 개정을 제기했으나 경영계의 방해로 오히려 노동시간을 더 탄력적으로 운용하게 되었다. 노동시간이 줄어듦으로써 기업에 미칠 충격에 대응한다는 이유다. 동쪽 벽을 허물고 서쪽 벽을 세우는 꼴이다. 과로를 끝내겠다는 정부의 결심은 보기 어렵다.

합리적인 노동환경을 만들고 노동자의 안전과 건강을 유지하는 것은 정부, 기업, 노동자가 함께 노력해야 할 목표다. 우리는 더 적극적으로 행동해야 한다. 과로를 끝내고 모든 노동자가 과로사의 악몽을 떨치도록, 노동자의 어머니 마음이 더는 부서지지 않도록, 그리고 모든 노동자 가정이 과로로 파괴되지 않도록.

과로의 공포에서 벗어나도록

쑨요우리엔 대만노동전선 사무총장

온통 상심 가득한 이 책을 위해 추천의 글을 쓰리라 생각하지 못했다. 이렇게 긴 마음의 준비가 필요할 줄이야!

과거 몇 년 동안 책의 추천사를 썼던 경험과 달랐다. 내가 일하는 대만노동전선의 출판 사실을 널리 알리기 위함이든 몇 권의 사회운동 서적을 위해 초청받은 대화 자리든 그동안 비교적 가볍게 독자와 이념, 감상을 공유할 수 있었다. 20년 남짓 저항하는 삶의 축적으로 주제와 맥락을 파악할 수 있었고 글을 쓰는 것 역시 숙달되어 익숙해졌던 거다.

『과로의 섬』의 저자 두 사람은 모두 오랜 벗이다. 한 명은 노동자 정책 제안 방면의 중요한 동료인 황이링 집행위원장이고 다른 한 명은 오랜 기간 취약계층 권익에 관심을 기울여온 베테랑 언론인 까오요우즈다. 추천사를 부탁

413

받고 나는 그들이 세심하게 묘사한 책 속의 개별 사건들을 다시금 읽었다. 나도 일부 사건에 참여했었기 때문에 글을 읽으며 그 사고 현장으로 돌아가기 일쑤였다. 글을 쓰면서도 아픔을 경험했던 심정에 다시 빠져들어 벗어나기 힘들었다. 어느 기자회견에서의 슬픔과 분노, 도움을 받지 못한 가족이 길 위에서 걸음을 멈춰 그가 눈물을 닦고 다시 용기를 내 앞으로 나아가길 기다렸던 때, 메신저와 전화로 서로의 불안을 위로하고 속이 상해 잠을 이루지 못했던 깊은 밤…. 모든 장면에 과로사나 과로 질병 위험 아래 있는 노동자의 괴로움이 있었다.

이 책은 최근 몇 년간 대만에서 날이 갈수록 심각해지는 '과로' 문제를 핵심으로 다룬다. 저자들은 이링이 국회의원 보좌관이던 10여 년간, 그리고 현재 산업재해 정책 제안 업무를 맡아 도왔던 많은 과로사와 과로 질병 사건을 정리했다. 첫 만남부터 변호사 자문, 산업재해 인정까지 함께한 모든 과정을 업무 기록과 구술 방식으로 전개하며 써 내려갔다. 이는 독자를 현장으로 데려갈 뿐만 아니라 과로 문제를 더 깊이 이해하게 한다. 또한 현행 법제도가 노동자와 가족에 대한 보장 부분에서 부족하다는 점을 분명히 밝히고 있다. 그래서 이 책은 단지 피눈물 나는 개별 사건 이야기가 아니라 미래 대만 산업안전제도의 재건을 위한 중요한 참고 자료다.

이 책의 제1부는 '피로의 흔적'이다. 최근 노동자가 과로로 사망에 이르는 산업재해 사건이 계속해서 일어나고 있다. 미디어의 폭로를 통해 대만 사회는 '과로사'라는 말을 널리 이해하게 되었다. 과거 선망의 직업이던 과학기술산업 엔지니어, 의료인부터 보안요원, 운전기사, 판매원, 사무직까지 과로사의 희뿌연 먼지는 어느 한 곳 빠짐없이 내려앉았고 대만 노동자의 벗어날 수 없는 악몽이 되었다. 그러나 '과로'는 과정이고 '죽음, 장애'는 결과다! 대체 어떤 노동환경이 노동자가 다른 선택의 여지 없이 마지막에 이 고통스러운 결과를 받아들이게 한단 말인가? 그리고 사건 발생 이후에 피해 노동자와 가족은 끝없이 막막한 정의 구현의 먼 길을 어떻게 걸어가야 하나? 정부, 사업주, 국회의원과 정책 발의 단체는 어떤 역할을 하는 걸까? 저자는 사건 옆에서 동행한 경험으로부터 내용을 서술하고 근로감독 기록, 정부 통계 및 매체 보도 등을 보충 자료로 덧붙였다. 두말할 것 없이 이 책은 독자가 개별 사건이 추구한 진상과 정의 구현의 우여곡절을 이해하는 데 사용될 명확한 지도다. 동시에 '긴 노동시간, 낮은 임금'의 착취 구조가 만든 과로 문제를 살펴볼 수 있도록 했다.

이 책의 제2부 '제도가 사람을 죽인다?'는 1부의 이야기를 바탕으로 제도의 구조적 측면을 돌아본다. 어떤 사회적 가치가 비극이 반복되는 착취 구조를 방임하는지, 노동자가 일하다 병에 걸리면 빠르게 도움과 보호를 받을 수 있는 사회적 지지 시스템이 있는지 등을 포함했다. 전자는 그동안 대만 경제 발전을 주도해온 착취 경제 관념에 도전한다. 특히 기업은 장시간 노동이 높은 생산성을, 낮은 임금이 경쟁력을 보장한다는 뒤떨어진 규율을 신봉하며 근로기준법 제84조 제1항의 '재량근로제'라는 만능 주문을 마구잡이로 외쳤다. 그리고 수많은 노동자를 불리한 노동환경에, '늘 바쁘고' '늘 쪼들리고' '늘 피로한' 과로의 구렁텅이로 몰아넣었다. 후자에선 현재 산업재해 제도의 문제점을 분석하고 비판했다. 특히 과로 인정과 후속 보상, 배상과 길고 긴 재활의 어려움은 모두 전면적인 제도 개혁으로 해결돼야 할 것들이다. 이 책은 또한 많은 개선안을 제시한다. 여기엔 산업재해보험 입법, 산업재해 보호제도 개정과 근로기준법 재량근로제 조항 폐지가 포함된다.

이 책은 수많은 대만 노동자의 알려지지 않은 노동실태를 기록했다. 이 비극의 완전한 폭로를 통해 정부는 과로가 사회에 미치는 충격이 얼마나 큰지 인식해야 한다. 장시간 노동, 저임금 등 착취 경제의 낡은 관념이 사라지고 구제 시스템이 확립되어 산업재해를 예방함으로써 대만 노동자가 진정으로 과로의 공포와 위험에서 벗어날 수 있기를 바란다.

과로가 줄면 삶은 늘어난다

허밍시우何明修 대만대학교 사회학과 교수

　마르크스는 1844년 독서노트에 당시의 노동을 이렇게 묘사했다. "사람들이 생산 활동에 종사할 때 자신이 마치 동물인 것처럼 느낀다. 동물의 행위(먹고 마시고 배설하고 잠자는 것)를 할 때만 비로소 자신이 사람 같다고 느낀다." 나는 이것이 자본주의체제에 대한 마르크스의 가장 중대한 고발이라고 본다. 사람이 비인간적으로 생활하게 하는 것, 오직 비인간적인 활동에서만 인간적인 존중을 찾을 수 있는 것은 빈부의 불균형보다 훨씬 더 심각한 문제다. 마르크스의 말로부터 200여 년이 지났는데 상황은 여전하지 않은가? 현재 대만의 일부 사람들은 '출근해서는 벌레, 퇴근해서는 용'으로, 일하지 않는 시간에 마음껏 향락을 즐겨 보상받으려 한다. 더 많은 사람은 주말에 밀린 잠을 보충하며 아무것도 하지 않는 소확행이 찬양받을 만한 인간

행복이라고 여긴다.

마르크스가 자본주의 죄상을 규탄하던 시대, 산업혁명의 발원지인 영국에서는 수많은 아동이 매일 14시간씩 일하도록 강요당했고 그들의 심신 건강은 심각하게 훼손됐다. 일부 공장숙소의 이불은 항상 따뜻했는데 그 이유는 막 퇴근한 노동자가 즉시 잠에서 깨워진 노동자의 침상을 바로 이어받았기 때문이었다. 20세기 초가 되어 선진 자본주의는 발육이 끝나지 않은 아동을 더는 착취하지 않았지만, 노동자의 신체 상해는 여전히 존재했다. 미국 작가 시어도어 드라이저Theodore Dreiser는 1900년에 출간한 소설에서 이렇게 썼다. "버스회사가 교통안전을 돌보지 않아 사고가 빈번했다. 버스회사 사장 입장에서는 목숨을 잃은 기사와 승객을 돈으로 배상하는 것이 설비를 개선하는 것보다 훨씬 저렴했다." 업튼 싱클레어Upton Sinclair는 1906년 출간한 소설에서 시카고의 도축장을 묘사했다. "안전사고가 너무 많아 어떨 때는 작업자의 팔이 도살된 가축과 함께 기계에 물려 들어가 공장에서 생산한 고기 부스러기가 되었지만, 소비자들은 알 길이 없었다." '악덕 자본가(robber barons)'가 횡행하던 시대였다. 돈 있고 권력이 있으면 떵떵거릴 수 있었고 목숨을 팔아 연명하는 노동자는 조용히 운명에 체념하고 두려움에 떨며 배를 채울 방법을 스스로 찾을 수밖에 없었다.

21세기 초에 대만은 이미 서비스업이 주도하는 후기 산업사회에 진입했다. 위에서 말한 피범벅이 된 광경은 아마도 이제 보기 드물지만, 사람을 잡아먹는 자본주의의 본성이 바뀐 것은 결코 아니다. 각양각색의 대만 노동 실태가 드러난 이 책을 읽기 시작하면 보기만 해도 마음이 아프다. 물론 사람의 손발이 잘리고 즉시 목숨을 잃게 만드는 위험은 대폭 줄었지만, 이를 대체한 장시간, 재량근로제의 노동이 곳곳에서 벌어진다. 서로 다른 영역에서 노동자는 만성 질병의 위험을 감수하며, 불행하게도 피해를 보면 복잡한 의학진단과 치료, 길고 불확실한 산업재해 인정 및 법률 소송과 마주해야 한다. 과거에 우리는 목숨을 파는 노동을 '소가 되고 말이 된다'라고 말했다. 지금은 '간을 팔고 신장을 판다'라고 한다. 시대의 진보는 단지 즉각적인 외과수술에서 만성 처방전으로 옮겨간 듯하다. 그러나 심신을 해한다는 본질은 여전히 변하지 않았다.

대만에 이미 너무 많은 과로 컴퓨터 엔지니어, 의료인, 버스 운전기사들이 있다. 그들은 자본주의 착취의 무게, 고통을 몸으로 감당한다. 만약 이전의 노동착취가 노예 등의 채찍 흔적, 아동 노동자의 영양실조, 사지가 불완전한 노동자를 적나라하게 드러내 보인다면, 당대 노동자의 고통은 간 기능 지수, 심전도, 초음파로 나타난다. 똑같이 노동자에게 거대한 고통과 상처를 가져다줄 뿐이다.

어떻게 해야 대만이 '과로의 섬'이라는 악명에서 벗어날까? 왜 자본주의는 우리 몸과 마음에 해로울까? 왜 끔찍한 질병을 보여주는 담뱃갑 위의 '공익광고'보다 더 소름 끼칠까? 그 이유는 우리가 이런 상황을 내버려 두기 때문이다. 과로를 GDP 숫자를 '끝까지 노력해서 높이는' 유일한 방법으로 잘못 알고 경제를 위해 사장이 필사적으로 '자유 경영'을 하게 했다. 19세기의 아동노동을 법률로 금지한 것처럼 20세기엔 산업안전보건 제도를 시작했다. 이것은 모두 노동자의 단결에서 오는 것이다. 한 걸음 한 걸음 열심히 발의하여 이에 부정적인 고용주와 정부 관리들이 양보하도록 압박해야 한다. 이렇게 해야만 자본주의가 인간적인 길을 걷게 할 수 있고 우리도 비로소 마르크스가 묘사한 '노동소외'에서 멀어져 진정 사람답게 살 수 있다.

2019년 10월 아시아직업환경피해자네트워크 컨퍼런스가 서울에서 개최되었다. 한국과로사·과로자살유가족모임은 한국노동안전보건연구소 상임활동가이자 직업환경의학 전문의인 최민 활동가의 도움으로 이 컨퍼런스에 참가했고 '아시아의 과로사와 과로자살'을 주제로 대만, 홍콩, 일본의 발제자들과 함께 토론했다. 나도 유가족모임의 일원으로 토론회 현장에 참석했다. 그리고 그 자리에서 발제자로 나온 대만직업안전보건연대(Taiwan Occupational Safety and Health Link)의 황이링과 처음 만났다. 첫인사를 나눈 자리에서 그는 자신의 책 『過勞之島』을 내게 선물했다. 그때 이미 이 책을 번역해야겠다고 마음먹은 것 같다. 토론회 마지막 날 나는 그에게 한국어판 출간을 제안했고 그는 흔쾌히 허락했다.

책을 읽는 내내 놀라웠다. 대만의 직장 과로 문제가 한국과 너무 닮았기 때문이었다. 책에 서술된 과로사 사건들이 대만이 아닌 한국에서 벌어진 일이라고 해도 전혀 이질 감이 느껴지지 않았다. 마치 거울에 비춘 것처럼 두 나라의 과로 문제는 소름 끼칠 만큼 똑같았다.

1부는 저자가 사건 해결에 동행했던 과로사 유가족들의 실제 사례를 엮은 것이고 나는 그분들과 같은 경험이 있다. 과로사 인정 과정에서의 고난을 묘사한 장면을 번역하며 나도 같이 힘들고 아팠다. 대만 과로 문제의 사회 구조적 원인을 분석하는 2부에서는 과로를 야기하는 한국 사회의 구조적 문제가 겹쳐 보였다. 과로를 조장하는 위법한 일터 관행으로 대만의 재량근로제를 언급한 부분에서는 한국의 포괄임금제 남용이 떠올랐고, 이윤을 위해 근로기준법과 산업안전보건법 위반을 일삼는 기업과 이를 방관하고 묵인하는 정부는 한국의 상황을 설명한 것이 아닌지 착각이 들 정도였다. 3부에서 소개한 대만의 과로 인정 절차는 한국과 매우 유사했는데, 이는 두 나라 모두 일본의 과로사 관련 제도를 참고했기 때문이다. 과로사 문제 인식과 대응에서 대만과 한국은 일본에 비해 여전히 초보적인 단계에 머물러 있다. 과로사 방지를 위한 법과 제도의 개선으로 나아가기 위해 무엇보다 과로사는 사회적 문제라는 인식의 전환이 시급하다.

지난해 코로나19의 대유행으로 한국에서 비대면 소비가 확산했고, 배달 물량이 급증하면서 올해 초까지 20명이 넘는 택배노동자가 과로로 목숨을 잃었다. 장시간 노동뿐만 아니라 직장 내 괴롭힘, 과중한 업무 스트레스로 고통을 호소하다 스스로 목숨을 끊는 과로자살 사건도 종종 접하게 된다. 이런 과로죽음 소식을 들을 때마다 마음이 편치 않다. 안타깝게 떠난 귀한 생명과 사랑하는 가족을 떠나보내고 끝없는 슬픔과 긴 고통을 홀로 견뎌야 하는 남은 이들이 떠오르기 때문이다.

  한국엔 아직 과로사, 과로자살에 대한 법적 정의가 없고 공식적인 통계자료도 없다. 그러나 높은 자살률과 최장 노동시간으로 악명 높은 한국 사회에서 과로사와 과로자살은 개인의 문제가 아니라 명백한 사회 문제다. 한국과 꼭 닮은 대만의 과로사 실태를 다룬 책을 번역하면서 나는 한국 사회의 과로사 문제를 다시금 상기시키고 싶었다.

  내 동생을 죽게 만든 그 회사가 근로기준법 위반으로 또 적발되었다는 소식을 들었다. 벌써 세 번째다. 회사는 여전히 보란 듯이 불법을 저지른다. 관리 감독을 해야 할 정부 기관은 이를 보고도 못 본 체하며, 사법기관은 솜방망이 처벌로 불법을 저지른 기업에 면죄부를 준다. 많은 논란 끝에 올해 1월 중대재해처벌법이 국회를 통과했으나, 이를 개정 보완하려는 쪽과 무력화시키려는 쪽의 공방이 아직도 진행 중이다. 지금 이 순간에도 일터에서 노동자들이 다치고 죽는 사고가 끊임없이 일어난다. 나는 묻고 싶다. 과연 우리는 대만과 다르다고 말할 수 있는가?

대학에서 중국어를 공부했고 회사 업무와 관련한 번역을 종종 했지만, 책 번역은 처음이었다. 전문 번역에 완전히 무지했기 때문에 열정만 가지고 무모하게 도전할 수 있었던 것 같다. 작년과 올해에 걸쳐 수개월 동안 퇴근 후와 주말, 심지어 휴가 기간에도 내내 책 번역에 매달렸는데, 몸은 비록 고단했지만 하고 싶은 일을 하는 데서 오는 순수한 즐거움을 느꼈다. 코로나19로 인해 외출이 제한되면서 오히려 번역 작업에 더 많은 시간을 할애할 수 있었다.

소위 잘 팔리는 소재의 책이 아님에도 불구하고 시원스럽게 출판 제의를 받아주고 서툴고 거친 번역을 정돈해준 최인희 편집자에게 진심으로 감사의 마음을 전한다. 그리고 처음 만난 나를 믿고 번역을 허락해준 저자 황이링에게도 다시 한번 감사드린다. 혹시라도 저자에 누가 될까 여러 차례 검토하며 오역을 수정했지만 그럼에도 불구하고 만약 원저와 다르게 기술된 부분이 있다면 이는 전적으로 나의 부족함 때문이다.

이 책의 번역과 출간을 도와주신 많은 분에게, 특히 바쁜 와중에 귀한 시간을 내어 번역 초안 검토와 전문 용어 감수를 맡아주신 직업환경의학과 최민 전문의, 천지선 변호사께 깊이 감사드린다.

2021년 5월

장향미

과로의 섬

2021년 6월 9일 초판 1쇄 발행

지은이	황이링 · 까오요우즈
옮긴이	장향미

편집	최인희 조정민
디자인	이경란
인쇄	도담프린팅
종이	타라유통

펴낸곳	나름북스
등록	2010.3.16. 제2014-000024호
주소	서울시 마포구 월드컵로15길 67 2층
전화	(02)6083-8395
팩스	(02)323-8395
이메일	narumbooks@gmail.com
홈페이지	www.narumbooks.com
페이스북	www.facebook.com/narumbooks7

ISBN 979-11-86036-64-8 (03330)
값 17,000원